기독교윤리학의 한국적 수용과 정립

기독교윤리학의 한국적 수용과 정립

초판 인쇄 2016년 4월 25일
초판 발행 2016년 4월 30일

지은이   이장형
펴낸이   이찬규
펴낸곳   북코리아
등록번호 제03-01240호
주소   13209 경기도 성남시 중원구 사기막골로 45번길 14
          우림2차 A동 1007호
전화   02-704-7840
팩스   02-704-7848
이메일   sunhaksa@korea.com
홈페이지 www.북코리아.kr
ISBN   978-89-6324-482-2 93230

값 15,000원

이 저서는 2011년 정부(교육부)의 재원으로 한국연구재단의 지원을 받아
수행된 연구임(NRF-2011-812-A00084)

기독교윤리학의
한국적 수용과 정립

基督教倫理學의 韓國的 受容과 定立

이장형 지음

북코리아

2012년 9월 연구년 중에 「다문화시대의 기독교윤리」라는 책을 묶어 낸 후 만 3년이 넘어 새로운 책을 내놓게 되었습니다. 사실, 이 책은 한국연구재단의 인문저술 연구지원 프로그램의 결과물입니다. 어떤 과제나 지원이 주어지지 않더라도 글을 쓰고 책을 쓰는 것이 연구자, 교수들의 과업입니다만 현실적으로는 어떤 특별한 동기나 지원 등이 없으면 잘 이루어지지 않는 것이 저술 작업이기도 합니다. 특히 요즘은 인문학 분야에서도 연구 성과의 계량적 측면이 강조되다 보니, 책의 저술보다는 단편적인 논문에 치중하는 경향이 제 개인의 경우만은 아닌 것 같습니다. 이공계 분야에 비하면 현저히 적은 재정적 지원이 주어지는 인문학 분야의 연구에서 부족한 사람에게 연구의 기회가 제공되었고, 필자 나름대로 많은 공력을 들이긴 했지만 그 주제가 너무나 방대해서인지 기대하고 목표로 삼았던 것들을 충분히 이루지는 못한 것 같습니다.

이 책의 소박한 저술 동기는 학자들이 기독교윤리학개론을 가르치면서, 저마다 임의의 기준에 의해 이 땅에서의 기독교윤리학의 유입 혹은 소개 등을 소개하고 있다는 점 때문이었습니다. 현재의 기준으로 놓고 볼 때 결코 세련되지는 못했지만, 이미 신학교육 초창기부터 선교사들에 의해 기독교윤리가 가르쳐졌고 보급된 교재가 있었음을 무시해서는 안 된다는 것입니다. 즉 우리 기독교윤리학자들이 익숙한 서구의 현대 기독교윤리학자들만을 중심으로 생각하여, 마치 이 땅에서 기독교윤리학이 가르쳐지고 논의된 지 얼마 되지 않은 것처럼 소개하는 경우를 경계해야 할 필요가 있다는 사실입니다.

그런데 이런 구체적인 동기와 목적에서 출발하기는 했지만, 한국에서 기독교윤리학이 언제 어떤 내용으로 가르쳐지기 시작했는가를 추적해 내는 일은 결코 쉬운 작업은 아니었습니다. 특히 이런 작업은 역사학적인 지식과 방법론을 필요로 하는 부분이 많다 보니 상당한 어려움이 있었습니다. 이런 면에서 저의 약점을 많이 보완해 준 고마운 분들이 숭실대 오지석 교수, 설충수 교수, 장신대 이치만 교수, 백석대 안수강 박사 등이며, 이분들에게 많은 빚을 졌습니다. 지금은 고인이 되셨지만, 연구 관련 자료를 제공해 주신 이천 한국기독교박물관 설립자 한영제 장로님께도 감사를 드립니다.

거창한 문제 제기에 비하여 제대로 답을 제시해 주지 못한 부족한 책이지만 한국의 기독교윤리학에 관한 유입과 정립을 좀 더 깊게 생각하는 계기가 된다면 저의 수고에 대해 보람을 느낄 것입니다. 책 전체를 돌이켜 보니 고(古)문헌들에 대해 깊이 숙고하지 못하고 해제와 표피적인 차원에 머무른 경우가 많다는 점을 부정할 수가 없습니다. 방대한 고문헌을 해독해 내는 일은 개인으로서는 역부족이라는 점을 깨닫는 계기가 되었습니다. 연구의 부족함에 대한 지적은 겸허하게 수용할 준비가 되어 있으며, 부족한 부분은 후속 연구를 통해 채워갈 수 있으리라 생각합니다.

책을 마무리하면서, 여러 감사한 사람들의 얼굴이 떠오릅니다. 지면에 모두 열거할 수는 없지만, 필자가 재직하고 있는 백석대학교의 최갑종 총장님 등 여러 전공 교수님들께서 성심을 다해 도와주셨고, 기독교윤리학의 선배인 장신대 임성빈 교수, 한남대 조용훈 교수의 격려, 동료학자 남서울대 문시영 교수의 조언도 큰 힘이 되었기에 감사를 표하지 않을 수 없습니다.

힘들 때마다 멘토가 되어 주시는 가나안교회 장경덕 목사님, 항상 기도로 후원하는 어머니 안상덕 권사님, 사위의 삶을 항상 걱정하는 장인어른 전기채 박사님, 남편을 바라보며 고생을 즐거움으로 알고 살아가는 아내 전경희와 대한민국 수의장교로 남수단 파병 중인 아들 이본, 그리고 여러 식구들에게도 고마움을 표합니다. 끝으로, 인문학 분야의 책들이 잘 팔리지 않는 어려운 여건 중에서도 손익에 개의치 않으시고 출판을 담당해 주신 도서출판 북코리아 이찬규 사장님과 편집진에도 감사를 표합니다.

주후 2016년 4월
천안 안서동 연구실에서
저자 배상(拜上)

차례

기독교윤리학의 한국적 수용과 정립

한국인의 기독교윤리 저술활동 사례

한국 기독교윤리의 발전과 정초를 위한 제언

표 차례

I

한국사회와 기독교윤리학의 수용과 정립의 문제

1.
한국사회에서 기독교윤리학이란?

1) 한국 기독교윤리학의 정의 및 특징

'한국 기독교윤리학'이란
무엇일까?

'한국 기독교윤리학'이란 무엇일까? 이런 유형의 질문은 한동안 한국의 인문학계 전반에 걸쳐 제기된 질문이기도 하다.[1] 예를 들어 한국의 철학이란 무엇인가, 한국 신학이란 무엇인가 등의 학문 분야별로 다양한 질문이 주된 이슈로 부각되면서, 이와 관련한 논쟁 및 서적 출간도 활발하였다. 신학계에서는 한동안 한국적 신학에 관한 논의가 한국의 사상적·문화적 토착화 논의와 연계되어 논쟁의 뜨거운 주제가 되기도 하였다.

---

[1]   이와 관련한 단초를 제공해 준 책들은 유초하, 『한국사상사의 인식』(서울: 한길사, 1995), 맹용길, 『기독교윤리 실천방법론』(서울: 장로회신학대학교 출판부, 1998), 심재룡 외, 『한국에서 철학하는 자세들』(서울: 집문당, 1987) 등이다.

필자의 관심은 또 다른 거대담론과 미시적 논의를 촉발시키고자 하는 것보다는 한국사회가 기독교를 수용하고 이해하는 과정 속에 드러난 '기독교윤리학'이라는 학문의 수용과 정립의 모습을 살펴보려는 데 있다. 이 책이 제한된 시간에 진행된 개인 연구라는 점에서 내용상 그 한계를 둘 수밖에 없고 연구가 가능한 범주에서 연구목표를 설정하였다.

그렇다면 우선 한국 기독교윤리학을 어떻게 이해할 수 있을 것인가? 이 물음에 대해 학문의 주체성, 정체성(주제성), 공간성이라는 세 가지 기본 전제를 두고 답을 모색할 수 있다고 생각한다.

**기독교윤리학을 누가
연구하고 가르치는가?**

우선, 누가 연구하고 가르치는가라는 차원에서 한국 기독교윤리학을 들여다보면 한국 기독교윤리학은 한국인에 의해 탐구되었다는 성격이 강하다. 한국인이라는 잠정적 합의를 전제로(국수주의에 빠져서는 안 되겠지만) 한국인에 의해 추구된 특징을 갖는다. 혹 요즘처럼 다문화, 다인종화되어 가는 사회 속에서는 시대착오적인 논의 혹은 개념 이해나 규정으로 적절치 않다고 보일 수도 있다. 여기서 말하고자 하는 바는 결코 혈통적 순수성만을 주장하거나, 이 요소가 반드시 충족되어야 하는 불가결의 요소라는 것은 아니다. 단지, 완벽하게 규정하기 어려운 것을 잠정적으로 스케치하는 느슨한 정의나 개념 이해 정도로 보아도 좋겠다. 어쨌든, 한국 기독교윤리학은 한국인에 의해 수행되는 신학의 한 분야로 전개되는 특징을 갖고 있다고 볼 수 있다.

한국이라는 정체성 혹은
주제성의 함의를 인정할 필요

둘째, 한국이라는 정체성 혹은 주제성의 함의를 인정할 필요가 있다. 즉 기독교윤리학에서 다루는 주제가 한국적 상황과 연관되거나 한국의 정체성을 드러내 주는 특징을 갖게 되는 경우가 많다는 점에 주목해야 한다는 점이다. 물론 기독교윤리학은 기독교 신앙 및 교리와 관련된 도덕적 삶에 대한 일관성 있는 합리적 연구이며, 인간의 덕과 행위, 사회적 정의 등 다양한 전통적 주제를 다루고 있는 것이 사실이다. 제임스 구스타프손(James Gustafson)에 의하면 윤리적 사고에 있어서는 세 가지 전통적인 관심사가 있다. 그것은 선의 소재와 성격, 인간의 본성, 도덕적 행위의 표준 등이다.[2] 물론 지나치게 광범위하다고 느낄 정도로 기독교 윤리관의 관점에서 고민해야 할 윤리적 범주는 깊고 넓다. 그런데 적어도 한국의 기독교윤리는 인류 공통의 문제를 다룬다고 하더라도 한국적인 주제 의식과 방법론 등 한국인 특유의 학문적 기질과 담론이 영향을 주면서 전개되었다고 보아야 한다. 이를 명시적으로 밝혀내기는 어렵지만, 이미 하나의 합의 및 잠정적 전제가 형성되어 있다고 볼 수 있다. 이런 부문에 관심을 집중할 때 한국 기독교윤리학은 더욱 구체화될 수 있다.

---

[2]   cf. 고재식, 『기독교윤리학 방법론』(서울: 대한기독교출판사, 1990), 67-80.

셋째는, 공간성을 들 수 있다. 어떤 면에서 가장 포괄적인 관점이라고 볼 수도 있는데, 한국이라는 공간 속에서 전개되는 측면을 반영한다는 점이다. 이 말은 콘텍스트라는 실천적 배경을 가리키는 말이다. 역사적으로는 거슬러 올라갈 수 있지만, 어쨌든 한국이라는 공간의 제한된 상황 속에서 전개되는 데 따른 특징을 중요시해야 한국적 기독교윤리학이라는 정의가 교섭될 수 있다고 볼 수 있다. 실제로 한국사회에 있어서 기독교 및 근대적 학문은 구한말 외세의 침입과 곧 이어지는 일제강점기의 암울한 시대상황 속에서 유입되었다는 특징이 있다. 특히 일제강점기 약 35년의 역사는 한국이라는 공간에서 전개된 기독교윤리학이 어떻게 구성되고 모양새를 갖추어갔는지 정치, 사회, 문화적인 측면에서 관심을 가질 필요가 있다. 아직도 다양한 논의들이 촉발될 정도로 우리의 학문 및 사상사를 왜곡시킨 점이 있다는 사실을 고려할 때, 이 강점기라는 특수성은 꼭 고려되어야 하는 요소라고 할 수 있다.

 기독교윤리학의 한국적 수용과 정립

2) 한국 기독교윤리학 이해를 위한 역사적 시대구분

방법론적으로 많이 채택되는
중요한 방식은 시대구분

역사 이해와 그 기술에 있어서 방법론적으로 많이 채택되는 중요한 방식은 시대구분이다. 한국의 기독교윤리학 유입, 수용의 역사도 한국의 역사와 결코 무관할 수 없다. 그렇다고 기독교윤리학의 역사를 살펴보면서 한국 역사의 시대구분에 기계적으로 얽매일 필요는 없지만 합리적인 이해와 기술을 위해서는 시대구분을 구체화하는 작업이 필요하다. 특히 한국에 기독교와 신학이 유입된 것은 근대화와 깊이 연관되어 진행되었기에 필자는 네 단계로 구분할 필요가 있다고 보고, 책의 장을 구성하였다. 단순화와 도식화의 위험이 있긴 하지만 이는 서술과 이해를 위해 취한 방식이다.

원래 언어학에서 시작되어 역사학적 연구에 폭넓게 쓰이고 있는 '통시적 입장'과 '공시적 입장'이라는 표현을 생각해 보자면, 이 연구는 통시적 연구를 위주로 공시적 연구를 함께 추구했다고 할 수 있다.[3] 필자가 기독교윤리의 역사를 개항기, 형성기, 정립기, 성숙기 등으로 구분한 것은 통시적 연구에 해당된다. 이 책에서 개항기에는 기독교윤리학 교재를 중심으로, 형성기에는 신학교의 커리큘럼 내지는

---

3 • 통시적(diachronic, 通時的): 어떤 주제나 체계의 연구에서 구분한 것으로 '시대의 변화에 따라 달라지는 어느 시점부터 다른 시점까지의 수직적 시간'이라는 개념으로 이해할 수 있다.

  • 공시적(synchronic, 共時的): 어떤 주제나 체계를 연구함에 있어 특정한 시기에 전개된 양상을 횡적으로 고찰하는 입장을 말한다.

교육내용 중심으로, 정립기에는 다시 기독교윤리학 교재를 중심으로 전개하여 통시적이기는 해도 등위(等位) 비교를 할 수 없는 한계가 있다. 이로 인해 한국 기독교윤리학의 변화, 고양, 진보의 개념을 비교하기 곤란한 연구의 제한점이 있다. 평가적인 서술에서 크게 벗어날 수는 없지만 우선 기독교윤리학의 유입과 정립을 서술하는 데 의미를 두고자 한다. 이제 한국 역사 속에서 기독교윤리학이 유입된 네 단계를 살펴보도록 하자.

필자가 구분한 네 단계(제1기~제4기)의 구분은 정확한 연대상의 구분은 아니다. 일종의 한국적 신학 및 기독교윤리학의 정립이 이루어져 가는 과정을 보여 주는 단계가 있었다는 점을 설명하려는 것이다.

제1기:
개항기의 기독교윤리학

제1기는 개항기(기독교의 전래기)의 기독교윤리학이다. 한국과 기독교와의 접촉은 경교를 통한 유입가능성을 제기하며 신라시대까지 거슬러 올라가는 논의도 있지만 일반적으로는 본격적인 기독교선교와 사상의 유입을 개국, 개화기로 본다. 어떤 면에서 신학(神學)은 신학(新學)의 가장 대표적인 지로(指路)가 되고 있다고 볼 수도 있겠다. 물론, 천주교의 사상과 신학을 놓고 보면 조선시대 실학자들의 사상 등과 함께 관련되며 훨씬 거슬러 올라갈 수도 있다. 그렇지만, 이 책에서는 개신교 사상을 중심으로 언급함으로 구한말의 개화기에 주목할 것이며, 이때 본격적으로 소개되기 시작한 『성교촬리』, 『미이미 세례문답』 등 초기 교리서들을 살펴보는 가운데 기

     기독교윤리학의 한국적 수용과 정립

독교윤리사상의 유입을 논할 것이다. 연대기적으로 본다면 1884년 일어난 갑신정변, 1885년의 갑오경장이 주요 사건이며, 1897년 대한 제국이 시작되는 시점까지를 주목해 볼 수 있다. 대체적으로 선교사들이 제작, 보급한 초기 교리서들은 기독교의 진리가 어떻게 소개되었고, 수용되고 있는지를 알 수 있는 중요한 자료들이다.

제2기:
신학교육의 형성기

제2기는 신학교육의 형성기이다. 연대기적으로는 대한제국의 시작 이후 1910년 일제에 의해 한일합병이 일어난 때까지를 주목해볼 수 있다. 이 시기는 장로교와 감리교의 신학교가 본격적으로 세워지는 과정이기도 하며, 그 속에서 기독교윤리학이 어떻게 학문으로 자리매김해 가는가를 주목할 필요가 있다. 평양에 세워진 장로교신학교는 미 북장로교 맥코믹신학교(McCormick Theological Seminary)의 보수신학 선교사들이 교수로 활동하면서 한국 개신교가 짧은 시간에 성장할 수 있도록 기초를 제공했다.

제3기:
신학교육의 정립기

제3기는 신학교육의 정립기이다. 물론 이 시기는 정치사적으로 보면 일제강점기인데 상당히 체계적인 신학 교과과정이 형성되었으며, 평양장로회신학교의 경우 스왈론(W. L Swallen, 蘇安論, 1865-1954)에 의해 번역된 기독교윤리학 교재가 사용된 것으로 보인다. 이 책은 번역서이긴 하지만 여러 면에서 상당히 체계화된 기독교윤리, 윤리신학, 철학의 교수 가능성을 보여 주는 교과서였다. 특히 지수왕 목사의『윤리학등사본』(강의노트)과 대조해 볼 때 중요한 교재였음을 짐작할 수 있다.

제4기:
신학교육의 성숙기

제4기는 신학교육 성숙기이다. 이 시기는 연표 상으로는 1930년 전후에 해당되는 일제강점기 중 후반대로 볼 수 있으며, 주로 다양한 기독교윤리 관련 편집, 번역서들이 한국교회에 소개되었으며『그리스도륜리표준』,『그리스도 모범』등 일정한 체계를 갖춘 상당히 많은 도서들이 유입되었다. 서양의 많은 책들 중 일정한 책들만이 채택, 번역되는 과정이 한국적 수용의 과정을 보여 주는 중요한 측면이라 할 수 있겠다.

한국인에 의한 본격적인 기독교윤리학의 수용이 전개된 사례로서 한치진을 대표적인 인물로 들 수 있다. 그는 미국 유학을 마친 학자로서 한국 기독교윤리학 정립에 크게 기여했다. 그의 기독교윤리학은 지식인에 의한 기독교윤리학의 본격적인 정립을 보여 주는 한 사례가 되고 있다. 그의 학문적 식견과 저술범위가 폭넓었음에도 불구하고 6·25 때 납북된 이래 그다지 관심과 주목을 받지 못한 아쉬운 점이 있다. 그는 철학적 혜안(慧眼)에 기독교윤리를 응축하여 한국적 수용을 보여 준 대표적인 인물이었다.

사실, 해방과 함께 잠시 미군정이라는 상황에 놓이기도 했지만

　기독교윤리학의 한국적 수용과 정립

한국사회는 정치적·사상적으로 자유를 경험하게 된다. 신학뿐 아니라 모든 서구학문이 본격적인 발전과 새로운 차원의 모색을 하게 된다. 기독교의 경우 일제강점기에 신사참배 문제로 신학교가 폐교를 당했고, 또 해방 후에는 신사참배 문제를 비롯한 여러 갈등의 난제가 겹쳐 교단과 신학교가 지속적으로 분열되는 아픔을 맞이함으로써 과거의 시간들을 안정적·체계적으로 돌아볼 여유도 없이 새로운 전환점을 맞이한 경향이 있다.

해방 이후에는 신학의 전반적인 발전과 함께 기독교윤리학 분야에 대해서도 많이 언급되었고 실제로 저작들이 지속적으로 출간되기 시작했다. 이 책에서는 해방 이후에 빛을 본 다양한 저작들을 고찰하고 평가하기보다는 앞으로 한국교회와 사회를 위해서 기독교윤리학이 어떤 방향으로 나아가야 할 것인가를 다루는 데 초점을 맞추고자한다. 따라서 해방 이후의 시대구분 및 윤리학의 전개과정 논의는 좀 더 후일의 과제로 남겨야 할 것으로 생각한다.

3) 기독교윤리학의 역사를 묻는 이유

기독교가 최근 교세와 그 영향력 면에서 양적 성장이 멈춤으로써 많은 어려움을 겪고 있는 것은 사실이지만 한국 역사에 있어서 길지 않은 시간에 크게 성장했고 사회적 영향력 또한 지대하다는 것은 대체로 인정하는 사실이다. 세계적으로 보더라도 한국만큼 많은 신학교[4]와 교수들이 역동적으로 활동하고 있는 경우는 흔하지 않다고 하겠다. 가령, 정규신학대를 비롯하여 평생교육기관, 사회교육기관, 교단 인정 군소 신학교 등이 있다. 그렇다면 이 땅의 역사 속에서 신학의 여러 분야 중 하나인 '기독교윤리학'을 어떻게, 무슨 교재를 갖고 가르쳤을까 하는 문제를 추적하는 것은 학문의 뿌리, 역사와 관련된 굵직한 과제이며, 학문의 지속적이며 안정적인 발전을 위해서 던지게 되는 질문과 대답이기도 하다. 이런 질문을 던지는 첫째 이유는 솔직히 기독교윤리학을 가르치는 사람마다 마치 자신이 한국에서 기독교윤리학 강의를 처음 구성하여 가르치는 것처럼 착각에 빠지거나, 가장할 가능성과 위험이 도사리고 있기 때문이다. 기독교윤리학의 수용과 정립에 관한 역사관을 간과하는 경우 이러한 우를 범하기 마련이다.

한국 선교 초기에서 일제강점기까지의 신학과 윤리학의 맥락

어떤 면에서 한국 선교 초기에서 일제강점기까지는 나름대로 일관성 있게 신학과 윤리학의 맥락을 읽을 수 있다고 본다. 그런데 해방 후 정치적·사상사적 혼란 속에서 특히 한국교회는 표면적으로 대두된 신사참배 문제 등에 기인하여 한국교단의 지속적인 분열이 가속화되었으므로 선교 50년 이후

---

4 한국의 대학들은 교육법에 의하여 설립준칙주의를 취하고 있으므로 신학교육과정의 경우 대부분 정규대학과 대학원의 형태로 운영되고 있다. 그런데 신학 분야의 경우 지나치게 교단 중심적 신학대를 설립함으로써 교파주의적 신학을 양산해 낸 부정적인 면이 있다. 그럼에도 불구하고 이들 신학교는 신학교육의 지속적인 성장과 발전의 교두보가 되고 있다.

기독교윤리학의 한국적 수용과 정립

의 역사를 정리해 내긴 쉽지 않다. 그러나 그러기에 더욱 절실하게 이 과업의 필요를 느끼게 된다. 시기적으로 기간에 제한을 두고 시도하는 한정된 연구이지만 기독교윤리학의 학문적 역사를 되돌아보는 것은 향후 성숙한 한국교회와 신학적 진보를 이루기 위해 반드시 필요한 작업이다. 물론, 윤리학의 가르침과 관련된 궤적을 추적한다는 것은 상당한 노력을 필요로 하는 과제이고, 또 성과를 내기도 쉽지 않은 과정인 것이 사실이다. 사료의 확보 자체가 쉽지 않고, 확보한 자료를 검토하는 경우 윤리학과 관련한 예상 혹은 기대했던 내용들을 수확하지 못하는 경우도 많기 때문이다. 특히 한국사회는 역사 속에서 안정된 시기를 지나온 것이 아니다. 기독교와 신학문의 유입은 서구 · 일제의 강점기를 통하여 정착되었으며, 해방 후에는 몇 년 지나지 않아 6 · 25라는 혼란과 비극을 경험하게 된다. 이는 신학을 포함한 인문학 분야의 전반적인 사료 보존과 자료 확보가 실질적으로 어렵게 된 일차적인 사유이기도 하다.

구체적인 연구 작업에 임하여 역사적으로 신학교육의 내용들을 얼마나 돌이켜 볼 수 있을까? 비록 장로교와 감리교의 선교사들이 연합하여 사역하는 경우가 많이 있었지만 역사적으로 장로교의 숱한 교단 분열의 아픔과 그 중심에는 신학교, 혹은 한국인 신학자들이 중심에 있었기에 결코 안정되고 일관성 있는 교수, 학습의 맥락과 커리큘럼 등을 확보하지 못한 점도 부정할 수는 없다. 6 · 25 이후로는 분단국가로 남아 있기 때문에 장로교의 메카라고도 불렸던 평양에서 대부분의 신자들이 월남하였고, 신학교 또한 남한에 재건되어 그 맥을 이어가고 있다고 볼 수 있다.

아마 평양신학교의 맥을 잇고 있다고 자처하는 장로회신학대학교, 총신대학교, 고신대학교조차도 모두 온전한 학교 설립 이후의 학사 관련 자료를 확보하고 있지는 못한 것으로 보인다. 이런 어려운 배경이 있고, 특히 다른 분과 학문에 비해 많은 학자군(群)을 이루고 있지 못한 기독교윤리 분야의 궤적을 추적하는 일은 매우 난해한 작업이 될 것이며, 대부분의 역사적 연구가 그러하듯 자료의 한계 및 해석의 한계에 봉착할 수밖에 없다.

기독교윤리학의 한국적 수용과 정립

2.
한국사회와 기독교윤리학의 접촉

개신교는 종교사상보다 한국인들의
개화사상을 움트게 한 채널

한국의 개신교는 처음에는 종교사상이라기보다는 한국인들의 심리 속에 개화사상을 움트게 하는 채널로서 반영되고 유입되었다. 사상 자체에 대한 깊은 숙고의 겨를도 없이 열강 침입의 틈바구니 속에서 국운을 회복하려는 동기에서 받아들인 경우가 많았기 때문이다. 특히 천주교보다도 개신교가 유입되는 상황은 더욱 그랬다고 볼 수 있다. 진교훈은 한국 개신교사상의 유입을 철학사 관점에서 논하면서 개화사상기에 개신교를 적극적으로 받아들인 사회계층은 자립적 중산층이었으며 그들은 유교와 그리스도교가 서로 모순되는 것으로 보지 않았던 것 같다고 기술한 바 있다.[5] 그런데 개화와 동시에 진행된 기독교사상, 특히 윤리적인 관점에

---

5   진교훈, "서양철학의 수용과 전개", 한국철학회 편, 『한국철학사(하권)』(서울: 동명사, 1987),

서의 이해, 평가, 소개는 지극히 피상적이거나 극히 지엽적인 일면만
을 논의하는 경우가 많다. 예를 들어 백종현의『윤리개념의 형성: 현
대 한국사회의 철학적 문제』라는 책에서 '기독교윤리'를 다루는 것을
보면 19세기 기독교가 유입되면서 기독교 윤리 · 도덕의 강령이 한국
사회 문화에 큰 영향을 미쳤다고 사실을 언급하고 있다.[6] 그런데 그는
기독교윤리의 특징을 ① 상벌이 따르는 타율적 윤리, ② 현세적 · 내
세적 타력 구원의 종교, ③ 보편적 의무의 도덕으로 설명하고 있다.[7]
타 종교사상에 비해 현저히 적은 서술 분량을 고려한다고 하더라도
과연 이런 특징만으로 기독교윤리 개념 형성을 파악할 수 있을지에
대해 분명히 의문점이 있다. 이러한 질문과 동시에 한국 기독교윤리
학이 과연 무엇일까라는 고민을 풀어야 하는 과제가 주어져 있다.

**한국에서 기독교윤리학이라는 학문이
어떻게 시작되었는지 질문**

이 책은 어떤 면에서 학문의
역사와 관련되는 책으로, 한국에서 기독교윤리학이라는 학문이 어떻
게 시작되고 세워져 왔는가를 질문하는 데서 시작하였다.[8] 필자가 기

387.

6 백종현,『윤리개념의 형성: 현대 한국사회의 철학적 문제』(서울: 철학과현실사, 2003), 83.

7 Ibid., 86-96 참고.

8 대부분의 학문은 그 학문의 역상에 관심을 갖기에, 많은 학문 분야에서 그 학문의 유입, 연구
역사와 관련된 분야를 논하는 연구가 행해진다. 예를 들면, 의료와 관련된 연구 분야인 의사
학, 수학의 발전과정을 연구하는 수학사 등을 제시할 수 있다.

독교윤리학의 학문적 역사에 구체적으로 관심을 갖게 된 것은 대부분의 기독교윤리학 개론서들이나 입문서들이 기독교윤리학의 학문적 유입 혹은 정립에 대하여 관심이 없거나 거의 논하지 않는 것으로 보이기 때문이다. 대부분의 책들은 기독교윤리학을 집필하는 자신들의 관심 분야와 관련된 특정한 인물이나 윤리설 혹은 이론에서 출발하는 방식을 취하고 있다. 사실 한국인 저자에 의한 기독교윤리학 개론 저작은 공헌도 면에서 현저하게 부족하다. 이런 면에서 한국기독교윤리학회에서 출간한 공동저작『기독교윤리학 개론』[9]은 나름대로 그 공헌도를 인정할 수 있겠다.

이런 열악한 상황들을 고려해 볼 때 한국의 기독교윤리사상 및 학문적 자리매김에 대하여 통시적이며 공시적으로 다룬 연구는 흔치 않다.[10] 이런 면에서 맹용길, 박봉배, 강원돈, 손규태, 유경동 등의 윤

---

9 한국기독교윤리학회 편,『기독교윤리학 개론』(서울: 대한기독교서회, 2010). 초판은 2005년에 발행되었다. 이 저서에는 제1부에 기독교윤리학의 이론적 기초, 제2부에 기독교윤리사상의 역사, 제3부에 기독교윤리학의 사회적 실천을 담았다. 책의 공동 집필자는 권순구, 구미정, 김철영, 김형민, 김희수, 노영상, 문시영, 박종균, 박득훈, 박철호, 박충구, 양명수, 오주연, 유석성, 이장형, 이재천, 임성빈, 장도곤, 장윤재, 정경호, 정원범, 정종훈, 조용훈, 한기채 등이다.

10 한국에서 기독교윤리학자들이 소속된 학회는 2015년 현재 세 단체이다. 에큐메니칼 계열의 학자들이 주로 참가하는 한국기독교학회 산하의 한국기독교윤리학회와 복음주의를 표방하는 한국복음주의신학회 산하의 한국복음주의윤리학회, 인문학적 소통을 중시하는 성격이 강한 한국기독교사회윤리학회 등 세 학회를 들 수 있겠다. 학회별 규모, 성원 등을 살펴본다면, 한국에서 신학계열의 기독교윤리학자들의 규모와 활동 정도를 파악할 수 있다. 한국기독교윤리학회의 경우 2014년 '학술정보자료집'을 발간하였는데, 기독교윤리학의 학문 분야를 생명의료과학윤리, 사회경제문화윤리, 정의정치평화윤리, 생태여성주의윤리, 기타 분야 등으로 분류하고 있으며, 연구자 자료를 제출한 회원은 총 56명으로 기재되어 있다. 한국기독교윤리학회 편,『학술정보자료집』(서울: 도서출판 동연, 2014).

리학사 관련 연구는 매우 의미 있는 위치를 점한다. 그리고 강영안과 진교훈 등의 철학적 연구에서 한국의 기독교 혹은 기독교윤리 사상가를 부분적으로 다룬 연구들도 참고할 만한 가치가 있다. 따라서 한국에서 전개된 기독교윤리학의 수용과 정립을 설명하기 위해서는 기독교윤리학의 학문사 혹은 수용 과정을 논한 주요 저서들과 논문들을 통하여 얻게 되는 지식 또한 중요하기에 이를 되짚어 볼 것이다.

**대부분 개론서들은 기독교윤리학의
시작에 대한 문제의식 부족**

그러나 대부분 기독교윤리학의 개론서들이 지닌 아쉬움은 왜 거기서부터 기독교윤리학이 시작되는가에 대한 문제의식과 답은 거의 발견하기 어렵다는 점이다. 필자는 이점에 주목하고 현재까지 전해지는 역사적 자료들을 중심으로 답을 찾아가는 작업을 시도하고자 한다. 사실, 이 책이 이 문제에 대해 분명한 기준을 제시하거나 효과적이고 체계적으로 얼마나 만족스러운 답을 제공할 수 있을지는 걱정이 앞선다. 역사적 연구에 있어서 모든 진술들은 사료를 근거로 해야 하며, 아울러 파편으로 남아 있는 기억들을 모아 조각을 맞추는 연구가 되어야 하는데 연구자들이 입수하여 파악한 자료들은 양적으로나 질적으로 한계점을 지녔다. 그러나 분명한 점은 한국기독교 역사 속에서 발견되는 초창기 교리문헌 및 교과서, 일제강점기 선교사들과 유학파들에 의해 유입된 문서들이나 번역서들을 면밀히 살펴보게 되면, 그 가운데 상당한 기독교윤리적 고민이 있다는 것을 발견할 수 있다. 그리고 이 자료들을 연구함으로써 기독교윤리학의 유입과 출발시기를 반세기 이상 당길 수 있다는 데 나름대로 의미가 있다고 생각한다.

기독교윤리학은 학문의 성격상
철학에 기대고 있는 부분이 많아

특히, 신학의 다른 분야보다도 기독교윤리학 분야는 학문의 성격상 철학에 기대고 있는 부분이 많은 것이 사실이다. 학문 유입 당시에는 더욱 그러했다고 할 수 있는데, 이런 접근이나 분야를 '철학적 윤리'라고 배제할 경우 윤리학의 존립 기반 자체를 상실하는 우를 범할 수도 있다. 서양철학의 한국 수용과 기독교신학의 한국 수용의 양상은 어느 정도 유사한 모습을 보이고 있는 점에 주목할 필요가 있다. 이에 대한 연구의 예는 진교훈의 서양철학의 한국 수용에 관한 연구에 잘 나타나 있다.[11] 1910년대까지 한국의 서양철학 유입에 관한 연구에 있어서 중요한 텍스트들은 대체로 예수회 신부들이 저술한 한역서학서, 청말 중국학자들의 저서 및 번역서, 일본어 철학서적의 중국어 번역서 등이 텍스트로 사용되었다. 왜냐하면 이때까지 조선의 지식인들은 한문으로 된 것만을 학문으로 여겼고, 서양어는 물론이고 일어조차도 배우려고 하지 않았기 때문이다.

기독교윤리학과 밀접한 관련이 있는 조직신학 분야 등 신학의 인

---

11   진교훈, "서양철학의 수용과 전개", 397.

접 학문 분과에서도 적지 않은 연구들이 나와 있다. 특히 보수신학 전통에서는 일반적으로 기독교윤리학이 독립분과로 구성되어 있지 않다는 점을 염두에 두어야 한다. 김광열은 『신학지남』에 발표된 "총신에서 조직신학의 논의"란 논문에서 평양신학교의 레이놀즈(이눌서)와 구례인(J. C. Crane)에 의한 조직신학교육을 소개하고 있다. 간하배(Harvie M. Conn)의 저술에 의하면 레이놀즈는 1924~1937년 14년간 평양신학교에서 강의했는데 중국인 저자 차유밍의 『조직신학』을 통해 가르친 것으로 보인다고 소개한다. 이 책은 미국 개혁주의 신학자 찰스 핫지(C. Hodge)의 책 등을 토대로 집필된 것이다. 구례인은 정통주의 입장에서의 변증뿐 아니라 에밀 브루너 등 현대 신학자들의 신학사상을 분석, 비판하여 소개했다. 그러나 이 책은 구원에 대한 설명에서, 단지 영적 영역에서만의 구원을 말하는 것이 아니라 영적 영역과 아울러 육적 영역 모두에 관련되는 구원임을 강조하고 있다. 이로써 신자의 현세 생활에 대한 중요성을 제시하고 있다고 볼 수 있다. 김광열은 간하배의 글을 인용하여 평양장로회신학교 교과과정에 '기독교 사회봉사' 과목이 편성되어 있다는 점에 주목했으며 클라크(C. A. Clark, 곽안전)는 교육, 보건, 농업, 예술 분야에서의 선교사들의 업적을 논하면서 선교사들이 사회복음에 무관심하지 않았다는 점을 소개하고 있다.[12]

사실 한국의 신학계만큼 일종의 학문적 계보에 충실한 경우도 많지 않다. 기독교윤리를 다루는 신학 분야를 살펴보면 신학의 지평에 따라 차이가 나는데 보수신학 계열에서는 조직신학 분야나 실천신학

---

12   김광열, "총신에서 조직신학 논의", 『신학지남』 317호(2013. 12), 58-83.

 기독교윤리학의 한국적 수용과 정립

분야에서 기독교윤리학을 다루기도 한다. 충분히 예상 가능한 일이지만, 한국기독교 유입 초기에는 오히려 일종의 '복합학적' 성격을 갖고 가르칠 수밖에 없었음을 고려해야 한다. 신학교수 자원의 한계를 느낀 현실적인 고려였겠지만 오히려 현재의 한국신학계가 참고해야 할 모습이라고 볼 수도 있다. 국내의 대부분 신학 교과과정이 조직신학, 역사신학, 성서신학, 실천신학 등 세부 분과로 구성되고 있으며, 서구 신학과정에서는 복합적인 주제와 전공으로 공부한 이들까지도 국내의 활동에서는 어느 한 세부 전공에만 매몰되는 현상을 한국신학계는 보여 주고 있기 때문이다.[13] 사실 기독교윤리학은 어떤 분과의 학문보다도 복합적·학제적으로 다양한 분과와 상호 학문적인 연구를 촉발하고 추진할 수 있는 잠재력을 갖고 있기도 하다.

---

[13] 이런 면에서 예장(통합)직영신학대학인 장로회신학대학교에서 기독교윤리학을 '기독교와 문화'라는 전공 분야로 확대 개편한 것은 선구적이고 바람직한 개편으로 보인다. 그런데 좀 더 확장되어 오히려 철학, 신학, 윤리학, 선교 및 문화연구 등을 아우르는 개편도 시도해볼 수 있을 것으로 보인다. 한국 신학계에서의 기독교윤리학 교과목 편성 및 교육체계 등에 대해 전반적으로 정리해 본다면 신학의 대중화 및 자기반성을 통해 기여할 수 있는 부분이 있을 것으로 보인다.

3.
'한국 기독교윤리학'에 대한 역사적 접근의 필요성

1) 한국 기독교윤리학의 출발점에 대한 쟁점들

기독교윤리학의 유입에 대한
체계적인 문헌적 연구 필요 대두

맹용길은 『한국 기독교윤리사상』 1, 2권을 출간하였다. 이 책은 한국에 기독교윤리학이 본격적으로 기초를 놓고 정착되기까지 기독교사상을 말하는 사람들의 사상을 정리하려는 의도의 출판으로 한국 기독교윤리학계에 큰 족적을 남긴 것이 사실이다. 그는 1993년 간행된 『한국 기독교윤리사상(I)』을 통해 김재준, 함석헌, 김교신, 한경직 등의 윤리사상을 다루고 있다. 특별히 윤리적 출발점과 관계되는 요소들(윤리적 출발점, 인간, 사회, 가치), 윤리적 규범과 주지(Motif), 기독교윤리학적 문제들(개인생활, 가정생활, 일과 노동, 정치생활, 경제생활, 교회생활)을 다루는 정형화된 형식을 취함으로써 통시적인 비교가 가능하도록 기술하였다. 『한국기독교윤리사상(Ⅱ)』에서는 홍현설, 윤성범, 서남동, 정하은 등을 다루고 있다. 네 권의 기획이 두 권으로 끝난 아쉬움이 있지만, 맹용길 혹은 누군가에 의해 3, 4권의 작업이 추가로 이루어지기를 기대한다고 밝혔다. 그런데 그 책의 1993년 당시의 서문에 보면, 기독교윤리학이라는 학문이 소개된지 30년이 지났다고 기술하고 있는 대목은, 여러 면에서 생각할 거리를 제공한다.[14] 그는 '서문'의 언급과는 달리 제1권에서 김교신, 함석헌 등을 다루며 이들의 신학활동의 시기를 일제강점기부터라고 언급하고 있다. 이를 보더라도 기독교윤리학의 유입에 대한 보다 체계적인 문헌적 연구의 필요성이 대두된다. 사실 이 땅에 기독교윤리학이들어온 것은 이미 100여 년이 지난 시점임을 간과하고 있기 때문이다.[15]

2) 한국의 토착화 담론과 기독교윤리학

이장식, 강원돈, 손규태, 이종성, 유경동
등의 한국 윤리사상 논의

　　　　　　　　　　　　이장식은 한국 윤리사상과 관련하여 하나님의 말씀이 성육신하여 현실 세계에 나타나신 성탄

14　맹용길, 『한국기독교윤리사상(Ⅱ)』(서울: 장로회신학대학교 출판부, 1994), 머리말 서문.

15　역사적 연구에 있어서 통시적 연구와 공시적 연구는 두 가지 모두 필요한 연구이다.

절을 맞이하여 그 말씀이 한국에서는 어느 정도로 또 어떤 모양으로 성육신 곧 현실화하였는지 살펴볼 만하다고 했다. 그러나 유불도 3대 종교가 한국 민족과 같이 호흡해 온 긴 역사에 비하면 기독교의 역사는 이 땅에서는 너무 짧으므로 그 말씀이 온전히 한국인의 윤리로 자리매김되었다고 단언하기는 곤란하다는 입장을 취한다. 그는 구한말 개국 이후에 한국인의 윤리적 가치관이 서양문물의 영향으로 급변해 갔는데 이 새로운 윤리사상이 온전하게 결실하기 위해서는 기독교의 신학적 해석의 도움을 필요로 하는 것이 많다고 했다.[16]

강원돈은 "한국 기독교윤리학의 어제와 오늘"[17]이라는 매우 의미 있는 연구 논문을 남겼다. 물론 기독교 초창기의 신학자들에 대해서는 "신학의 여러 분야를 넘나들며 계몽교사의 역할을 하였기 때문에, 이들을 전문적인 윤리학자로 규정하기는 힘들다"고 평가하고 있다.[18] 그의 이러한 입장은 한국의 지정학적 상황과 역사적 발전단계, 당대 문제에 대한 투철한 인식으로부터 우러나오는 기독교윤리학의 이론들이 다양한 이론적 여과 과정을 거쳐 열매를 맺을 때 비로소 한국의 기독교윤리학의 성과로 볼 수 있다는 입장이다.[19] 필자는 이런 주장에 대해 상당 부분 동의할 수는 있지만, 선교사들이 논의한 내용 중에는 매우 전문성을 내포한 부분도 많다는 점을 간과해서는 안 될 것이라

---

16   이장식, "韓國 倫理思想과 基督敎 神學", 『기독교사상』 104호(1966. 12)」, 34.

17   강원돈, "한국기독교의 어제와 오늘", 『신학연구 50년』(서울: 도서출판 혜안, 2003), 299-348.

18   Ibid.

19   Ibid.

고 본다.

결국, 강원돈의 논의는 맹용길의 책에서도 언급된 한경직과 김재준의 윤리사상을 상당히 대조적인 관점에서 분석하고 있는 것으로 볼 수 있으며, 홍현설과 정하은을 소개한 부분을 평가하고 있다. 아울러 그는 토착화 신학 담론과 연결하여 윤성범의 신학을, 민중신학의 윤리적 담론과 관련해서는 서남동과 김용복 등을 논했다. 이들에 대해 윤리적 관점에서 소개하여 평가했으며, 사회윤리학을 체계화한 인물로는 고재식을 소개하여 평가했다.[20] 이는 기독교윤리학의 학문적 지평과 외연을 크게 확장하는 작업으로 보이기도 하는데, 사실 인물을 어떤 기준에 의해 설정하고 해독해 가는가 하는 문제는 항상 새로운 논쟁점을 야기할 소지가 있으며, 의견 수렴이 쉽지 않은 문제이기도 하다.

손규태는 『개신교 윤리사상사』에서 세계사적 관점에서 주요 신학자들을 다루고, 한국의 신학자들 가운데 '김재준의 사회참여신학과 윤리사상', '서남동의 민중신학과 윤리사상', '변선환의 종교다원주의 신학과 윤리사상' 논의를 의미 있게 언급, 평가하고 있는데 이것은 세계 신학적 맥락에서 한국의 윤리사상을 함께 다루고 있다는 점에서 의미를 부여할 수 있다.[21]

이 책의 주요 내용은 다음과 같다. 손규태는 전체 8부로 구성된

---

20 사실 한국 기독교윤리학계에서 사회윤리를 대중화하고 논하게 된 데에는 고범서 박사의 공헌을 기억해야 한다. 본 집필에 있어서, 필자는 라인홀드 니버를 본격적으로 소개한 학자인 고범서의 신학에 대해서는 별도의 논문으로 정리할 계획을 갖고 있다.

21 손규태, 『개신교 윤리사상사』(서울: 대한기독교서회, 1998).

『개신교 윤리사상사』에서 두 부분을 한국 윤리에 할애하고 있다. 제7부에서는 현대신학자들의 윤리사상을 다루면서 다섯 명의 윤리학자를 소개하는데 그중 김재준의 사회참여신학과 윤리사상, 서남동의 민중신학과 윤리사상, 변선환의 종교다원주의 신학과 윤리사상을 언급하고 있다.[22] 제8부 한국교회와 윤리적 현실에서 제1장 세계 에큐메니칼 운동의 사회윤리, 제2장 경제윤리: 신자유주의 세계경제체제에 대한 비판, 제3장 문화윤리: 탈근대주의와 탈식민주의 논리, 제4장 사회윤리: 한국교회 사회선교에 대한 연구를 언급하고 있다.

이종성은 두 권으로 간행된 윤리학 논저 중『윤리학 Ⅰ』제4장과 5장에서 서양윤리의 발전사와 동양윤리의 발전사를 언급하고 있다. 그는 이 저서에서 일반적인 윤리학 개설서들과는 달리 윤리적 사상에 관련된 학문의 역사 전개에 주목하였다. 서양윤리 분야에서는 고대 로마와 알렉산드리아로부터 중세를 거쳐 현대에 이르기까지 저명한 다수의 학자들을 소개하였고, 동양윤리 분야에서는 인도, 중국, 일본 등의 윤리관의 흐름을 망라하였다.[23] 그러나 이러한 동서고금의 사상들이 기독교윤리적으로 어떤 점에서 상호 연계성과 내적인 의미를 갖고 있으며 그 차이점이 무엇인지에 대해서 설명하지 않았다는 점과 한국의 신학사상과 윤리관에 대해서는 일체 논의하지 않았다는 점에서 한계점이 있다.

유경동은『한국감리교 사상과 기독교 윤리』에서 기독교세계관

---

22   Ibid., 13.

23   이종성, 『윤리학 Ⅰ』(서울: 대한기독교출판사, 1992), 제4장, 제5장.

          기독교윤리학의 한국적 수용과 정립

을 조망함에 있어 감리교 인물들을 중심으로 최병헌의 '보편주의', 신석구의 '못난이 윤리', 이용도의 '영성윤리', 최용신의 '여성운동', 홍현설의 '기독교현실주의', 윤성범의 '신학과 희망의 윤리'를 통해 현실성 있는 실천적 윤리이념을 관철하고 인간의 영성 차원을 부각시켰다. 최병헌은 종교는 원시의 존재요, 만물의 어머니요, 무극의 길이요, 참의 으뜸이기 때문에 마음을 달아보고 탐색해야 한다는 차원을 지향했으며 기독교가 이러한 원리를 추구하는 모든 종교의 정점의 위치에 있다고 보았다. 신석구는 윤리를 '관계'에 대한 학문으로 보고 인간과 인간의 관계, 인간과 인간 이외의 모든 것과 대면하는 상황에서 제기되는 도덕적 가치에 의미를 두었다. 이용도는 고(苦), 빈(貧), 비(卑)의 정신을 통해 영성윤리를 보여 주었으며, 최용신은 봉사와 희생정신을 통한 여성운동과 농촌계몽운동에 솔선했다. 그리고 홍현설은 기독교의 사회책임윤리를, 윤성범은 하나님의 자연스러운 은혜에 입각한 인간의 반응을 강조했다.[24]

---

24 유경동, 『한국 감리교 사상과 기독교 윤리』(서울: 감리교신학대학교 출판부, 2011). 여섯 인물에 대한 윤리적 관점은 필자가 발췌하여 정리했다.

3) 기독교 지식인을 통한 서양철학과 기독교윤리의 만남

기독교윤리학과 철학의 교섭과
내적 연관성

한국인으로서 대학과정에서 서양 철학과목(논리학)을 처음 강의한 이는 미국 브라운대에서 경제학을 전공한 백상규이다. 그가 1915년 조선총독부가 공포한 〈전문학교규칙〉에 의해 개교한 경신학교 대학부(후에 연희전문학교로 승격)에서 강의한 과목은 논리학이었다.[25] 가톨릭신학교에서는 이미 대학의 예과로서 철학과를 운영했으며, 1906년 대한제국 학부에서 인가한 평양의 숭실대학의 1909~1910년, 1912~1913년 교과과정을 살펴보면 1909년 과정에서는 1학년에 윤리학 또는 철학, 3학년에 논리학이 편성되어 있고, 1912년 과정에서는 2학년에 윤리학, 3학년에 논리학, 4학년에 철학이 편성되어 있다.[26] 이는 선교사 교수들에 의해 철학교육이 필수적으로 시행되고 있었다는 것을 보여 준다.

---

25 이광래, 『한국의 서양사상 수용사』(서울: 열린책들, 2003), 258.

26 숭실대학교 100년사 편찬위원회, 『숭실대학교 100년사(1권 평양숭실편)』(서울: 숭실대학교 출판부, 1997), 147-148. 참고.

[표 1] 숭실대학 교과과정(1909~1910)[27]

과목 \ 학년	1학년		2학년		3학년		4학년	
성경	신약사 가리아서 에베소서 시편	1 2 2	소예언서 (이사야서) 로마서	3 2	레위기 히브리서	3 2	다니엘서 요한계시록	2 3
수학	대학대수	4	삼각법 입체기하	2 2	측량술 해석기하	3 2	미적분학	3
물리학	열(1학기) 광(2학기)	3	자기학 전기와 X선	3	정성화학	3	정량화학	3
자연과학	비교동물학	3	발생학 생물학	3	천문학	3		
역사학	미국사	3	영국사	3	20세기사	3	전기	2
인문과학	윤리학 또는 철학	3	경제학 또는 교육학	3	논리학	3	심리학	3
어학	영어	3	영어	3	영어	3	영어	3
웅변 · 음악	음악	1	웅변	1	토론	1		

[표 2] 숭실대학 교과과정(1912~1913)[28]

과목 \ 학년	1학년		2학년		3학년		4학년	
성경	마태복음 이사야서 I . II	3	요한복음 잠언 빌립보서	3	히브리서 야고보서 소예언서	3	로마서 시편 다니엘서	3
수학 및 천문학	대학대수	5	삼각법과 측량	3	해석학 이론천문학	3 3	실용천문학 선택수학	3 3

---

27   Ibid., 147.

28   Ibid., 148.

과목＼학년	1학년		2학년		3학년		4학년	
역사 및 경제학	영국사	3	미국경제사	3	근대경제사 (구라파 및 동양) 경제학 사회학	3 3	교회사 민법	2 3
자연과학	생물학 화학	3 2	고급식물학 물리학	3 3	농업 물리 화학	3 3 3	심리학 임학(林學) 지질학 광물학	3 3 3 3
인문과학	기초심리학 및 교육학	3	윤리학	2	논리학 종교사 기독교사 사회학	3 3	심리학 철학	3 3
어학	고전 고전 영어 일본어 음악	2 1 3 3 2	작문 토론 영어 일본어 음악	1 3 3 2	논어 화법 영어 일본어 음악	2 1 3 3 2	화법 및 토론 영어 일본어 음악	1 5 5 2
실과	공작 제도	3 3	공작	3	공작	3	공작	3

기독교윤리학의 역사를 살펴봄에 있어서, 철학교육의 역사를 배제할 수 없다. 왜냐하면 기독교윤리학과 철학은 상호 깊이 교섭되는 내적 연관성을 갖고 있기 때문이다. 그런데 한국의 역사적 상황 속에서 누가 언제 철학을 처음 가르치기 시작했는지 단정하여 선포하는 것이 중요한 것은 아니다. 일반적으로 논의되는 연도보다도 훨씬 그 이전부터 철학이 강의되고 있었다는 점을 고려해야만 한다.

조선총독부령에 의해 경성제국대학이 설립된 후 철학과가 1926

　기독교윤리학의 한국적 수용과 정립

년 법문학부에 소속되어 개설되었으며, 1929년 첫 철학과 한국인 졸업생을 배출하기 시작하였다.[29] 또한 1926년 일본 릿교대학(立敎大學) 철학과 출신의 이재훈(李載薰)이 귀국하여 이화여전에서 '윤리학 강의'를 담당했으며, 1929년 동경제대 문학부 윤리학과를 졸업한 김두헌(金斗憲)이 귀국하여 심리학을 이화여전에서 강의하기 시작하였다.[30]

신학교육과정 초창기부터 철학과 윤리학을 가르쳤음에 주목

이런 면에서 본다면 신학교 교육과정에서 상당히 초창기부터 철학과 윤리학, 기독교윤리학을 가르쳤다는 점에 주목해야 한다. 1910년 평양장로회신학교 교과과정을 보면 5학년으로 구성된 2학년 2학기 교과과정에 왕길지(G. Engel, 1864-1939) 선교사가 강의하는 윤리학 4시간이 편성되어 있다.[31]

한치진의 경우, 한국인으로서 최초로 서양철학서를 저술한 학자로 평가받는다. 그는 협성신학교의 교수로 재직하였고,[32] 이화여전에

29　이광래, 『한국의 서양사상수용사』, 258 참고.

30　Ibid., 266.

31　조경현, 『초기 한국장로교 신학사상: 평양 장로회신학교 교수단을 중심으로』(서울: 그리심, 2011), 209. '도표(2) 평양장로회신학교 2학년 교과과정비교' 참고.

32　1930년 12월 남북 감리교회의 합동으로 조선감리회 창립총회가 소집되었고 곧이어 1931년 6월에 연합삼부(동, 중, 서부)연회가 개최되어 완전한 합동이 이루어졌고, 이에 따라 남녀 협성신학교는 하나로 합했으며, 합병 당시 두 신학교의 교수진은 다음과 같다. 기이부(교장), 채부인(교장), 김인영, 김종만, 천실라, 홍에스더, 기이부 부인 최매리, 한치진, 고봉경, 김인식, 정경옥, 이윤재, 김창준, 도마련, 이동제 등. 이성삼, 『韓國監理敎會史』(서울: 기독교대한감리회 본부교육국, 1992), 47 참고.

서 활발하게 학문적 활동을 전개하였다. 그는 목사 안수를 받지는 않았지만 그가 기독교윤리학을 소개하고 연구한 것을 고려한다면 기독교윤리학의 학문적 역사는 일반적으로 논의되는 것보다 그 시기를 훨씬 더 위의 시점으로 소급하여 생각해야 한다.[33] 홍정완의 논문에서는 1928년 그가 미국 남가주대학교에서 철학박사 학위를 받고 1928년 귀국한 것으로, 이태우의 논문에서는 1930년에 귀국한 것으로 소개되어 있다. 이런 문제가 발생하는 이유는 그에 대한 사료적·문헌학적 접근이 제대로 이루어지지 않았기 때문이다. 필자의 주된 관심사 가운데 하나인 한치진의 사상은 이 책의 뒷부분에서 다시 다루겠지만, 그동안 제대로 소개되거나 언급되지 않은 이유는 세 가지로 정리할 수 있겠다. 첫째, 한국의 서양철학계를 대표한 이들이 해외에서 유학하고 온 안호상, 이종우, 이재훈, 김두헌 등과 경성제대를 졸업한 신남철, 고형곤, 박종홍, 박치우 등이었다는 점이다. 한치진은 미국 유학파 학자였지만, 1933년에 결성된 〈철학연구회〉의 구성원이 아니었고, 1933년 7월 17일에 창간된 전문적인 철학학술지 『철학』의 집필진이 아니었다. 둘째, 그의 사상은 '과학주의적' 경향이 짙다고 평가하기도 하지만 그의 저술들에는 기독교적 사고가 다분하다는 점이다. 특히 윤리학 부분에서는 기독교윤리에 관한 관심이 두드러진다. 이

---

[33] 진교훈은 그의 책에서 한치진 박사의 철학개론에 대해 "오늘날에도 손색이 없는 구성을 가지고 있으며, 풍부한 영문철학서를 참조하여 저술된 것이다. 이 책은 오랫동안 서양철학의 훌륭한 입문서 역할을 하였다"고 평가한 바 있다. 진교훈, "서양철학의 수용과 전개", 404. 그런데 한치진이 1931년 미국에서 학위를 받고 귀국하여 1932년에서 1937년까지 이화여전 교원으로 근무하였다고 소개하고 있다.

   기독교윤리학의 한국적 수용과 정립

런 사유로 그는 다른 많은 철학자들과 거리가 소원해졌다. 셋째, 한치진은 미군정 시대에는 '사회교육' 분야에 관심을 두고 활동을 하였고, 1950년 한국전쟁 이후 납북된 후 그의 생사를 모르고 또한 그의 활동에 대한 정보가 없었으므로 그의 저서의 복간 등이 제대로 이루어지 않았다. 이러한 이유로 더 이상 철학자 한치진, 기독교윤리학자 한치진의 이름을 발견하기가 어려웠던 것이다.

이태우는 그의 논문에서 일제강점기의 대표적인 서양철학자 네 명을 소개하면서, 원학으로서의 철학(이관용), 합리적 세계관과 인생관으로서의 철학(한치진), 현실비판과 실천학으로서의 철학(박종홍), 이데올로기로서의 철학(박치우) 등을 소개하고 있다.[34] 그는 한치진의 귀국 연대를 1930년대로 소개하면서 「조선일보」 26건, 「동아일보」 89건, 「조선중앙일보」 13건 등 주요 언론지들을 통해 왕성하게 활동했다고 소개하고 있다.[35] 그는 『철학과 인생』 등의 인용 및 분석을 통해 한치진의 철학을 다분히 인생관적이고 세계적이라고 평가하며, "그에게 철학은 생활의 일상적 경험과 과학적 연구로 얻은 일체 사실을 종합하여 일치하는 합리적 세계관과 인생관을 작성하려는 지적 분투이

---

34 이태우, "일제강점기 한국철학자들의 철학관: 신문, 잡지를 중심으로", 영남대학교 인문과학연구소, 『인문연구』 58호, 389-420. 한국연구재단의 지원을 받은 필자의 한치진 관련 연구로 "한치진을 통해 본 한국 기독교사상계의 기독교윤리 이해" 등 최근 심도 있는 연구가 몇 편 발표된 것은 매우 바람직한 일이라고 본다. 이와 관련된 논문으로는 2010년 10월 『역사문제연구』 24호에 발표된 홍정완의 "일제하 해방 후 한치진의 학문체계 정립과 민주주의론"이며, 단행본으로 출간된 『종교와 역사』에 실린 이진구의 논문 또한 좋은 자료와 해석의 시각을 제공하고 있다.

35 이태우, "일제강점기 한국철학자들의 철학관: 신문, 잡지를 중심으로", 401.

다"[36]라고 소개하고 있다.

이진구의 논문 "한국 근대 개신교 지식인의 종교인식"은 한치진의 『종교철학대계』를 중심으로 한치진의 사상을 소개하고 있다. 종교의 본질, 비교의 시각을 통해 본 기독교, 조선 기독교의 현실에 대한 비판적 성찰이라는 소항목 하에 한치진의 책 『종교철학대계』를 전반적으로 소개하여 분석하고 있는데, 순수하고 사변적인 논리로만 전개된 것이 아니라 당대의 현실적인 문제에 깊이 개입하는 모습을 보여주고 있다고 결론부에서 평가하고 있다.[37] 한치진이 이렇게 평가될 수 있는 이유는 결국 그의 관심이 기독교적 세계관을 바탕으로 한 윤리적 실천이었음을 반증하는 것으로 귀결될 수 있을 것이다. 아울러 그의 생애와 관련하여 특정 교단에 속한 신학자나 목회자가 아니라 철학과 사회학을 가르치는 개신교 평신도 지식인으로 규정짓고 있음도 필자의 관심과 맥을 같이 한다. 그러나 특정교단 소속이나 목사안수 등이 신학의 필수적 요건이라고 할 수는 없으며, 그의 저작과 사상적 범주 등을 놓고 볼 때 기독교윤리학자라고 말할 수 있을 것이다.[38]

---

36 Ibid., 402.

37 이진구, "한국 근대 개신교 지식인의 종교인식", 서울대학교종교문제연구소 편, 『종교와 역사』(서울: 서울대학교 출판부, 2006), 291.

38 이런 맥락에서의 이해를 위해서는 한치진이 협성신학교(현 감리교신학대학교)의 학술지인 『신학세계』의 주요 필자로 등장하여 기독교윤리와 관련된 연구 성과물을 게재했다는 점에 주목할 필요가 있다. 『神學世界』(The *Theological World*)는 1916년 2월에 창간되어 1940년 감리교신학교가 폐교될 때까지 계속 발행되었다. 현재는 1975년 1월에 창간된 『신학과 세계』가 그 맥을 이어가고 있다.

강영안의 『최신철학개론』 분석

강영안은 『우리에게 철학은 무엇인가』 제4장 "우리 철학 용어는 어디에서 왔는가"에서 한치진의 『최신철학개론』을 분석하면서, 그가 비록 미국 유학을 통해 영어로 철학을 공부하였지만 현대 서양철학이 한국에 수용된 시기가 일본인들이 이미 번역에 대한 고뇌와 시행착오를 거의 끝낸 뒤였기 때문에 한국의 첫 철학개론서에 한국의 철학 용어를 사용하기 위한 큰 고민의 흔적 없이 일본 번역어를 수용하고 있다고 지적하고 있다.[39] 실제로 번역의 시대를 먼저 이끈 이들이 일본인들이다. 그들은 이미 19세기부터 서양어에 대한 번역뿐만 아니라 중국어에 대한 번역에 몰두하였다. 19세기 중후반 이후 서양학문에 대한 용어는 일본인들의 번역어가 그대로 수용되고 있었다. 그렇기 때문에 일본인들의 번역어는 서양학문의 용어와 논의 전반에 큰 영향을 끼쳤다. 물론 철학과 신학계에 끼친 영향을 굳이 설명할 필요가 없을 정도이다.[40]

---

39   cf. 강영안, 『우리에게 철학은 무엇인가?』(서울: 궁리, 2002), 177ff.

40   Ibid., 197.

4.
한국 기독교윤리학의 출발점

대부분 학문의 첫걸음이 그러하듯 한국에서의 초기 신학교육은 매우 초라한 모습으로 출발한 것이 주지의 사실이다. 채필근은 초창기의 신학교육 상황에 대해 이렇게 언급하였다. 1896년 6월에 중국에서 선교하고 있던 선교사 네비우스(John L. Nevius)가 한국교회에 초청을 받고 와서 선교사들과 같이 선교방법을 의논하는 가운데 교회 발전과 부흥은 성경을 가르치고 교역자 양성을 하는 데 있다고 역설했다. 그래서 가을부터 서울에서 신학반(Theological Class)이라는 명칭으로 전국에서 뽑힌 지도자적인 몇 학생을 1개월간씩 공부시켜서 일터로 보냈던 것이다. 그러니까 평양신학교의 모체는 1890년 가을 서울에서 1년에 1개월씩 가르친 신학반이

기독교윤리학의 한국적 수용과 정립

었던 것이다.[41] 명칭 자체가 보여 주듯이 학교라기보다는 작은 '성경 공부반'을 연상시키는 출발이었다.

그러나 1906년 북장로교 선교지부의 결정에 의하여 대학부가 개설되는데, 이 대학부는 장로교와 감리교 양 교파의 연합사업으로 교육사업에 상당한 동력화가 시작되었고, 양적 증가도 수반되고 있음을 반영한다고 볼 수 있다. 백낙준은 이 전문학교 과정의 개시는 또한 중등학교 학생 수의 증가를 의미한다며 이 해에 중학교에 등록한 신입생 총수가 전년의 160명에 비하여 255명으로 늘어나 있다고 했다.[42]

당시 선교사들은 한국과 한국인들의 교육 전반에 대해 다음과 같이 질문하게 되었다. 한국인들이 자기들의 요구에 응하기 위하여 받아야만 될 교육은 어떠한 교육이 되어야 하는가? 현 상태에서는 그러한 교육을 실시할 책임은 누가 져야 하는가? 또한 그 교육목적을 달성하는 방법은 무엇이냐 하는 것이었다.

당시 사회의 근대화 욕구를 반영한
'실업교육' 방향 제시

이 질문에 대해 그들은 우선 당시 사회의 근대화의 욕구를 반영하여 '실업교육'이라는 실용적인 교육 방향을 제시한 것으로 보인다. 즉 한국은 청년들을 구출할 수 있는 교육, 의지를 굳세게 하고 심정을 감동시키는 교육, 그리고 일할

---

41   채필근 편, 『한석진 목사와 그 시대』(서울: 대한기독교서회, 1971), 115; 박용규, "평양신학교 초기편사", 『신학지남』 165호(1974. 6), 90.

42   백낙준, 『한국개신교사』(서울: 연세대학교 출판부, 2002), 338.

줄 알게 하는 교육을 요청했던 것이다. 그러므로 하운셸(C. G. Hounshell) 은 같은 선교부의 윤치호가 주창하는 실업교육 이상에 동조하였다. 교육을 실시할 책임은 분명히 선교사들에게 있다고 하였다.[43]

한국의 초창기 신학교육이 선교사들이라는 제한된 자원에 의해 실용주의적 교육 풍토 속에 진행된 한계가 있었음에도 불구하고, 필자가 초기 신학교육의 여러 교재 중『윤리학』이 있었음을 발견한 것은 하나의 가능성이었고 희망이었다. 이는 사실 이 책을 계획하고 가능하게 한 하나의 출발점이기도 했다. 분량으로나 내용적으로 결코 가볍지 않은 '윤리학' 관련 책을 선교사 교수가 번역해서 강의했다는 것은 의미 있는 일이었기에, 이 문제는 스왈론 선교사의 삶과 또 그를 배출한 맥코믹신학교 및 19세기 말 미국 신학교육과 사회 상황에 관심을 갖게 되는 계기가 되었다. 이런 단순하지 않은 상황 속에서 한국에서는 신학교육이 어떻게 진행되었는가를 살피는 가운데 특히 많은 선교사들을 파송한 맥코믹신학교의 영향이 컸기 때문에 맥코믹의 신학교육은 어떤 과정을 통해서 이루어졌는지 기독교윤리학 분야에 초점을 맞추어 구체적으로 살펴보는 과정도 필요했다.

백낙준은 한국교회사 연구에 있어서 선구자의 위치를 점하는 학자이다. 그는 초기의 신학교육을 어떻게 평가하고 있는가? 다음 설명을 보면 성경학교 수준이라고 보면서도 다양한 과목이 교수되었다는 다소 애매한 주장을 하고 있다.

---

[43]   Ibid., 410-411.

　기독교윤리학의 한국적 수용과 정립

목사 후보생들은 고등교육을 받은 사람들이 아니었다. 그들이 배우는 신학과목은 기독교를 철학적 입장에서 다루는 것들이 아니요, 거의 전적으로 성경공부였다. 그러므로 신학교는 사실상 교회 일꾼들을 위한 성경학교에 불과하였다. 그러나 교회사, 성서신학, 실천신학, 교양과목도 들어 있었다.[44]

수준 높은 신학교육이 전개되지 못한 것으로 보는 선입견

이 인용문에서 드러나듯 소위 네비우스 선교정책에 의해서 우리나라의 경우 온전한, 수준 높은 신학교육이 전개되지 못한 것으로 보는 선입견이 지금까지도 한국 신학교육의 평가에 있어서 큰 영향을 주었다. 그러나 백낙준이 초기의 신학교육을 다음과 같이 설명한 것은 객관적인 기술로 볼 수 있다.

그들은 지방교회에서 일하는 현직 교역자이었으므로 장기간 신학교에 재학하여 있을 수가 없었다. 이러한 이유로 1년에 3개월씩 공부하고 5년 만에 전 신학과정을 마치게끔 하는 새로운 교육안이 나왔다. 1905년 재한 장로교회 치리기구행 선교부협의회는 이 5개년 안을 승인하고 평양에 장로회 연합신학교를 정식으로 개설하였다. 이듬해에는 세 학급에 40명의 학생들이 재학하였다. 감리교선교부는 그때 아직 신학교를 설립하지 않았으나 유능한 지도자, 권사, 농촌 전도인들을 활발하

---

44   Ibid., 317-318.

게 양성하고 있었다.[45]

한국기독교 선교에 많은 영향을 끼친 네비우스 선교정책은 효과적인 선교를 위한 일종의 가이드라인, 혹은 민중 지향적 교육의 방향을 말해주는 것이지 신학교육 전체를 약화시키기 위한 결정적인 지침으로 볼 필요는 없을 것이다. 특히 당시 일반교육 상황을 놓고 비교하면 이런 점이 더욱 두드러진다. 이런 점들을 고려하면 개화기의 기독교교육과 신학교육은 다음과 같은 특징을 드러낸다고 이해할 수 있다.

양적인 면에서 한국 근대화 교육에 기독교는 지대한 영향

첫째, 외적인 면, 양적인 면에서 한국의 근대화 교육에 있어서 기독교는 지대한 영향을 주었다. 구식 교육관행을 탈피하여 신식 학교교육을 시킨다는 것은 대단한 충격이기도 했지만, 가장 잘 수용된 부분이기도 하다. 지금도 한국은 종교 국가가 아님에도 불구하고 국공립학교를 제외한 사립학교의 상당수가 기독교적 이념을 바탕으로 하는 기독교계 학교로 운영되고 있다. 이런 현상은 개화기에 근대교육의 시작이 교회와 선교사들에 의해 행해졌다는 점에 뿌리를 두고 있다. 당시까지의 대중적인 주요 교육기관이었던 서당이 국공립학교 내지는 교회가 경영하는 학교로 대

---

45   Ibid., 317.

치되었고, 교회에서는 체계화된 교육제도를 세우고 있어 초등학교로부터 중학교와 전문학교에 이르기까지 모든 학교가 그 제도에 따라 운영되고 있었으므로, 교회학교의 지도력과 영향력이 매우 컸다고 볼 수 있다.[46] 이런 상황 가운데 근대화된 신식학교 설립이 진행되면서 유능한 교사를 구하기 위해 혼란이 가중될 정도였다는 기록을 볼 수도 있다.

우리는 지금 교육혁명의 진행 중에 처하여 있다. 기독교나 비기독교 기관을 막론하고 학교들이 하루 밤새에 생기곤 한다. 관찰사가 학교를 시작하고, 군수가 학교를 세우고, 면장이 학교를 시작하고, 동장이 학교를 세우고 있다. 7개 학교 이사회가 선생 한 사람을 놓고 서로 빼앗아가려 한다. 봉급이 올라갔고, 평양(숭실)학교 졸업생이 때를 만났다. (중략) 교육 관념이 크게 달라지고 초빙하는 교원형도 변하여지니 구식 서당의 위신이 떨어지고 한문과 서양과학의 지식을 겸비한 선생들만이 자리를 차지하게 되어 있는 현상은 참 흥미 있는 일이다.[47]

근대화의 교육은 실업교육과 실용적인 쪽에 치중

둘째, 근대화의 교육은 실업교육과 실용적인 쪽에 치중하였고 이런 가운데 기독교신학 역시 심도 있는

---

46   Ibid., 410.

47   Ibid.

신학적 해석보다는 실용적인 가르침 위주로 전파된 가능성은 충분히
있다. 이장식은 '신학적 고민의 필요성'을 제기하면서 이 문제를 다음
과 같이 지적한 바 있다.

> 구한말 개국과 함께 서양문물이 한국에 수입되기 시작한 통로는 기
> 독교 선교 운동과 정부의 신문화 정책이었다. 이때부터 한국의 근대화
> 작업이 시작되었으나 서양문화는 문자 그대로 기독교문화라고 말하기
> 곤란할 정도로 기독교윤리에서 멀어진 것들이 많았다. 이 현상을 세속
> 화라고 하든 혹은 성인 사회현상이라고 하든 기독교의 윤리적 가치관
> 이 소외당한 것만은 사실이다. (중략) 한 가지 예를 들면 직업윤리에 있어
> 서 직업은 평등하며 노동은 신성하다는 정의는 살아 있으나 그것의 평
> 등성과 신성성의 본래적인 이유 설명, 즉 신학적 설명은 오늘 망각되었
> 다는 것이다.[48]

**선교사들의 신학교육에 대한
편향된 부정적 평가의 재고 필요**

셋째, 우리나라 최초의 근대 대
학인 숭실대학이 선교사들에 의해서 설립되어 운용된 것을 보면 대
부분 선교사들의 신학 및 고등교육에 대한 편향된 부정적인 평가는
재고되어야 할 필요가 있다. 다시 말하자면 다양한 서양 학문이 도입,
전개되고 있는 지금 상황에서 볼 것이 아니라, 서구문물과 학문의 유

---

[48] 이장식, "韓國 倫理思想과 基督敎 神學", 41.

   기독교윤리학의 한국적 수용과 정립

입기라는 정황이 충분히 고려되어야 할 것이다. 초창기의 과도기적인 단계를 넘어서면서 차츰 기독교계 신학교육은 대학교육 체제를 갖추어 진행되었고, 특별히 개화사상에 눈을 뜬 교육에 대한 강한 욕구가 반영되면서 짧은 시간 안에 매우 발전적 형태로 성장해갈 수 있었다. 따라서 기독교윤리학의 학문적 자리매김도 이런 맥락에서 이해할 필요가 있다.

이제 다음 장에서는 사회와 한국기독교 공동체 내에서 기독교윤리학이란 학문 내용과 방법이 유입, 수용, 정립, 발전되어 가는 일련의 과정을 다양한 문헌적 검토를 통해 살펴보고자 한다.

II

한국의 개항기와 기독교윤리의 유입

1.
초기 선교부의 윤리의식

이만열의 1880년대 수용기,
1890년대 정착기, 20세기 초 격동기 구분

이만열은 19세기 후반 한국의 기독교사를 1880년대의 수용기, 1890년대의 정착기, 그리고 20세기 초 10년간 격동기로 대별한다. 이러한 구분은 서양문화의 수용과 정착이라는 관점에 유용한 시대구분이다. 이만열은 이 구분을 통해 기독교 수용의 특징을 다음의 세 가지로 설명하고 있는데 한국사회의 기독교윤리 유입을 이해할 수 있는 중요한 단서가 될 수 있다.

첫째, 1880년대를 전후하여 기독교를 수용하려는 동기와 수용의 실제는 다르게 나타나고 있다는 점이다.

둘째, 1890년대의 기독교도 종교적 교리의 측면과 사회적 · 운동적 측면의 두 흐름으로 파악된다는 것이다. 유일신관과 개인윤리는 나름대로 당시 한국사회의 전통과 충돌하고 때로는 개혁하는 모습도 보였다. 1890년대의 기독교도 종교적 신앙적인 요소와 참여적 사회

개혁적 요소를 동시에 포용하고 있었다. 주목되는 것은, 종교적 계열이라 할 유일신관과 개인윤리가 극히 제한적이긴 하지만 사회개혁적 행동성으로 외연화되고 있었다는 것이다.

셋째, 20세기 초에 이르러 기독교는 탈민족주의화의 경향으로 이끌려지게 되었다. 20세기 초 한국은 영·미의 지원을 받아 극동에서 러시아에 대항하고 있던 일본의 세력권에 흡수되고 있었다.[1]

초기 선교부의 입장은
1880년대 급진적 개혁 인사들의 것과 유사

이러한 이해를 가지고 초기 선교부의 입장부터 살펴보는 것이 필요하다. 우선 초기 선교부의 입장은 1880년대 급진적 개혁 인사들의 것과 가깝다. 선교사들이 전파하는 종교인 기독교가 사람들을 교화하는 가장 좋은 수단이며 그래서 한국의 문명 발전에 필요불가결하다고 받아들여졌다. 선교사들의 논지를 증명하기 위해 서구 국가들의 진보된 문명이 그 증거로 제시되었다.[2]

1892년 무렵에는 배재학당 활판소에서 영문활자와 한글활자를 직접 주조해서 사용할 정도로 큰 규모의 시설을 갖추고 있었다. 당시에 이룩된 '성서체'는 기독교계통 학교(미션 학교)의 교과용 도서뿐만 아니라, 「독립신문」(1896년 4월 7일 「독닙신문」이라는 제호로 창간) 등 많은 간

---

1   이만열, 『한국기독교와 민족의식』(서울: 지식산업사, 2000), 254.

2   백종구, "초기 개신교 선교부의 사회 윤리", 『敎會史學』 1권 1호(2001), 126.

행물을 출판하는 데도 두루 사용되었다.[3]

　　초기 선교사들의 윤리의식은 주로 그들의 활동을 기록한 선교회
보나 그들이 발행한 신문, 잡지에 드러난다. 특히 한국인들을 개종시
키고 그들의 신앙을 돈독하게 하기 위해 교육한 초기 교리서에서 그
중요한 실마리를 찾을 수 있다. 그렇다면 초기 선교사들의 윤리의식
은 어떤 특징을 갖고 있을까? 그 특징은 윤리교육과 관련해서 어떤
평가를 내릴 수 있을까?

실제적인 면에서 사회에 영향력을 행사할 수 있게 한 중요한 동인

구한말의 시대상황에 있어서
윤리는 실제적인 면에서 기독교가 사회에 영향력을 행사할 수 있게
한 중요한 동인이라고 할 수 있다. 물론 윤리를 어떻게 정의하느냐에
따라 다양한 문제제기가 가능하지만, 선교사들은 '금주·금연·도박
금지' 등 생활에서 실천해야 하는 소박한 문제에서부터 시작하고 있
다. 신앙과 삶을 분리하지 않았고 '교회교육' 또한 '신자들의 바른 생
활'에 대한 강조로 이어지고 있었다. 선교사들의 윤리의식은 그들이
번역하여 보급한 '초기 교리서'들을 통해서 집중적으로 소개되고 있
으며, 초기 교리서의 분석은 이런 면에서 중요한 의미를 갖고 있다고
볼 수 있다. 많은 초기 교리서들은 교파를 떠나서 주로 공통적인 의식
으로 수용될 수 있는 내용을 담았다.

3　　이종국, 『출판 변천 연구 한국의 교과서』(서울: 일진사, 2001), 103.

2.
초기 교리서 속에 나타난 기독교윤리

기독교윤리를 구체적으로 처음
만나게 하는 기독교교리서

우리 전통사회는 『동몽선습』, 『명심보감』, 『소학』 등을 교과서로 삼아 인간교육을 실시하였고, 훈계를 통해서도 인간교육을 시행하였다.[4] 이런 종래의 전통적인 교육은 나름대로 효과도 있었지만, 개항 이후 서양문물의 파고 앞에서 그 힘을 잃게 되었다. 경전을 잃어버린 종교인들이 방황하듯 전통적으로 중요하게 여겨온 큰 가치와 잣대의 보고(寶庫)들을 상실하는 상황이 전개되고 있었던 것이다. 이런 정황 속에서 초기 교리서들은 그만큼 더 큰 파급력을 지닐 수 있었다. 한국 기독교윤리학의 수용과 정립과정을 논함에 있어서 왜 기독교 초기의 교리서들을 언급해야 하는가 하는 것도 사회적으로 이런 배경과 맞물려 돌아간다. 새로운 서구사상이

---

4 김태길, 『한국윤리의 재정립』(서울: 철학과현실사, 2010), 384.

유입되었는데 그 가운데 첫 만남이 사회진화론과 기독교윤리의 두 흐름이었으며, 기독교윤리를 구체적으로 처음 만나게 되는 것이 기독교교리서를 통해서였기 때문이다.

윤리사상과 종교는 밀접한 관련이 있다. 한국의 역사 속에서 구한말, 개화기와 한일합방 등 근대화 과정은 기독교와 깊은 관련이 있음을 부정하는 사람은 거의 없을 것이다. 구체적인 평가는 다양한 논의가 가능하겠지만, 그 영향력 면에서 서구의 기독교와 선교사들은 구한말 다양한 경로로 유입되어 활동하는 가운데 사회에 영향을 끼쳤다. 의료사업, 교육사업 등을 통해 이민족의 근대화 과정에 뿌리 깊게 영향을 미쳤다. 그렇다면 한국기독교의 역사 속에서 신학교육과 교과목 등 구체적인 커리큘럼, 윤리적 사상 및 입장 등은 어떠했을까? 완벽한 재구성은 가능하지도 않고, 의미도 없을 것이다. 그러나 그들의 관심과 고민, 노력에 귀를 기울여야 한다. 이 장에서는 장로교와 감리교의 초기 교리서의 내용을 고찰하는 과정을 통해 윤리의식을 살펴볼 것이다. 생소한 초기 교리서들의 요목을 살펴봄으로써 한국 기독교윤리학을 구성하는 큰 틀과 요체들이 무엇이었는지를 간파할 수 있다.

1) 장로교 초기 교리서:『셩교촬리』,『그리스도문답』

장로교 초기 교리서인『셩교촬리』(聖教撮理)와『그리스도문답』은 각기 1890년과 1893년에 언더우드(Horace G. Underwood)가 발행한 것으로 기독교의 교리와 생활을 접목시켜 삶 속에서 실천하도록 교훈함으로써 기독교윤리적 관점을 이론과 실생활에서 깊이 있게 조명하였다.

①『셩교촬리』

언더우드가 1890년에 발행한
기독교 기초 교리서

이 책은 미 북장로교 선교사 언더우드가 1890년에 발행한 기독교 기초 교리로, 영국 웨일즈 출신의 중국 선교사 그리피스 존(G. John)이 한문으로 작성한 것을 선교사 언더우드가 한글로 옮긴 전도문서다. 언더우드는 1885년 4월 5일에 내한한 이래 문서선교의 중요성을 깨닫고 한국어를 열심히 배워 입국 1년 후에는 한국어로도 설교할 정도가 되었다. 그는 성경의 한글 번역 사업에 주도적으로 참여하는 한편 기독교교리를 알리기 위한 책자 발간에 힘썼다. 바로 그 대표적인 성과가『셩교촬리』의 간행으로 나타난 것이다.

1889년 10월 장감 양교파의 선교사들이 언더우드의 자택에 모여 문서사업의 활성화를 위해 방안을 논의하던 중 죠션셩교셔회(대한기독교서회 전신) 창립을 발기했고 이듬해 6월 25일에 창립하면서 최초의 간행물인 교리서 『셩교촬리』를 발행했다.[5] 국판 6편, 순 한글 내려쓰기의 체재로 죠션셩교서회에서 발행했으며 인쇄는 삼문출판소에서 담당했다. 언더우드는 "요긴한 말을 거두어 한 편을 만드나니 청컨대 … 밋기를 깁히 바라노라"[6]고 발행 목적을 밝혔다.

**매일 기도, 주일성수, 나라에 충성할 것,
전통문화에 대한 긍정적 태도**

삼위일체 중 제 삼위인 성령, 성신에 대한 칭호 문제가 개화기 이후 계속 논란이 있었는데 『셩교촬리』에서는 지금처럼 성령이라는 호칭을 사용했다. 기독교의 교리 중 삼위일체(성부/샹뎨, 성자, 성령)와 기독교인들이 지켜야 할 일들을 소개했다. 특히 기독교인의 생활태도로 날마다 기도하고, 안식일(주일)을 지키며 각자 직분을 지키고 나라에 충성할 것과 전통문화에 대해 긍정적인 태도를 지녀야 한다는 것 등을 가르쳤다. 또한 예수를 믿는 사람이 간절히 바라는 바는 세상에서 누리는 잠깐의 복이 아니라 장차 오는 세상의 긴 복이니 반드시 선을 행해야 하며 그 마음을 망령되이 해서는 안 된다고 교훈했다.

---

5   이만열, 『한국기독교문화운동사』(서울: 대한기독교출판사, 1992). 313, 317.

6   『셩교촬리』(1893), 1.

세대 개혁과 삶의 실천을 통한
신앙과 삶의 균형 강조

이처럼 기독교의 교리와 생활을 간략하게 설명한 것으로 비록 적은 분량이었지만 개신교 전파에 가장 널리 반포된 전도문서로 평가받는다. 1894년에 재판(국판 9면), 3판(국판 8면)이 연이어 발행되었고 1907년에는 4×6판 12면의 새로운 체재로 동경 감리교인쇄소에서 간행되기도 했다.[7] 용환규는 『성교촬리』는 전도문서이면서도 신학 전반의 내용을 담고 있다는 점, 교회가 무엇인지에 대해서는 구체적으로 언급하고 있지 않다는 점, 성경에 대한 구체적인 진술이 미약하다는 점, 그리스도인의 생활, 예배 방식에 대해 자세히 설명하고 있다는 점 등을 들었다.[8] 즉 초기 교리서는 교리 자체에 대한 설명보다는 당시 시대적 욕구에 부응하는, 즉 세대를 개혁하며 삶의 실천을 통한 신앙과 삶의 균형을 무엇보다 강조함으로써 기독교의 영향력을 확대해 가는 데 주력했다고 평가할 수 있겠다. 길지 않은 분량이므로 전체적인 내용 중 윤리적 논의가 가능한 부분을 살펴보고, 윤리적 함의를 분석해볼 수 있다.

성교(예수교)를 중국에 전한지 오랜지라 교의 중요한 도리를 새기어

---

7   기독교대백과사전편찬위원회 편. "성교촬리", 『기독교대백과사전(9권)』(서울: 기독교문사, 1983), 542. cf. 김양선, "한국기독교 초기 간행물에 대하여", 『사총』12·13합집(1968년); 숭실대학교 한국기독교박물관학예과(편), 『한국기독교박물관소장 기독교자료해제』(서울: 숭실대학교한국기독교박물관, 2007). 177.

8   용환규, 『한국장로회 신앙고백 연구』, 백석대학교 기독교전문대학원 박사학위논문(2011).

책을 만든 것이 많으나 사람이 다 얻어 보기 어렵기로 이제 요긴한 말을 모아 한편을 만드니 청컨대 도를 중히 여기는 이는 자세히 보고 보는 대로 믿기를 깊이 바라노라[9]

상제는 하늘도 아니오 땅도 아니니 맑은 기운은 하늘이 되고 흐린 기운은 땅이 된 것이니 모두 상제께서 만드신 물건이라 천지는 가히 쓰는 것이 되고 공경할 것은 아니오 오직 공경할 것은 다만 상제뿐이니라[10]

사람이 만물 중에 신령함이 되어 육신이 있고 영혼이 있어 합하여 사람이 되니 육신은 기운(엮은) 물건이라 형상이 있고 영혼은 신령한 것이라 형상이 없으니 사람이 죽으매 몸은 흙으로 돌아가고 혼은 상제 앞에 이르러 심판을 받으니 그 생전의 착하고 악한 것을 알고 험(판단)하여 갚되 혹 천당으로 상을 주시고 혹 지옥으로 벌을 주시나니 사람이 금수로 더불어 다른 것은 영혼이 있음이라 고로 마땅히 참 도(道)로써 그 신령함을 보호하여 기를 것이니라 천하 사람이 다 죄가 있어 상제의 명을 거스르니 마땅히 상제의 벌을 받아 지옥에 들어갈 것이로되 다만 상제의 사랑하심이 심히 크사 특별히 예수를 보내어 세상에 내려 사람을 구하사 믿는 자로 하여금 길이 죽는 것을 면하고 길이 사는 것을 얻게 하시니라[11]

---

9 『성교촬리』, 1.

10 Ibid., 1-2.

11 Ibid., 3.

성령은 이에 상제시니 삼위일체 중 셋째 위라 그 공효는 곧 사람을 감동하여 착한 대로 옮기게 하고 사람의 어진 마음을 회복케 하고 사람으로 하여금 행할 바를 행하게 하고 고칠 바를 고치게 하시느니라 사람의 마음이 악한대 행하면 미혹함이 쉬운고로 마땅히 상제께서 성령을 주어 그 마음이 감화케 하심을 구하여 악한 것을 고치고 착한 것을 행하고 예수를 믿어 하늘 길을 좇아 행하여 영혼 구함을 얻게 하니라 성령은 지극히 조촐하시니 만일 사람의 마음에 거하면 반드시 감화하여 착한 것을 행하고 상제를 사랑하고 사람의 도를 마땅히 행할 것을 힘써 행하느니라[12]

예수를 믿는 자는 마땅히 안식일을 지킬 것이니 예배당에 있어 도를 듣고 마음을 기르고 상제를 찬송하고 집에 있어도 또한 세상일과 다른 공부를 그치고 집사람과 한가지로 성경을 읽고 기도하며 찬미하느니라 예수를 좇는 자가 반드시 직분을 지켜 선비와 농부와 장인과 장사가 각각 이에 합당한 것은 힘을 다하여 재물을 생(만듦)하여 제 몸과 집을 보존케 하고 감히 헛되고 거짓된 일을 하여서 사람의 재물을 속이지 못하느니라 부적을 쓰는 것과 점치는 것과 사주보는 것과 파자하는 것과 상(관상) 보는 것과 풍수 보는 것이 다 행치 못할 일이요 간사하고 더러운 일을 하여 사람의 덕행을 해치는 것을 행치 아니할 것이니 창녀와 잡기와 인물 유인하는 것이 다 악한 행실이니 일생 못하느니라[13]

---

12   Ibid., 5-6.

13   Ibid., 7.

예수를 믿는 자는 어떤 나라 사람이든지 각각 그 나라 임금과 관원을 섬기고 또한 그 나라 법을 지키되 홀로 도리에 합당치 아니한 법과 착하지 아니한 규식(규칙)을 감히 좇지 못하나 예수를 좇는 자가 본국 풍속을 변하여 외국 풍속을 좇고 내 나라 어진 법을 버리고 다른 나라 이상한 법을 좇으리라 함이 아니니라 예수를 믿는 사람의 간절히 바라는 바는 이제 세상의 잠깐의 복(福)이 아니라 오는 세상의 긴 복(長福)이니 비록 곤하고 괴로움을 많이 받고 풍상을 많이 지내어도 반드시 착한 것을 행하여 죽은 후 상제의 상으로 갚음이 있음을 아는 고로 그 뜻이 정함이 있고 그 마음이 망령되지 아니하느니라 그러나 이제 세상에도 또한 상제께 의지하고 힘입지 아니하는 것이 없는지라 쓰고 먹을 물건을 주시며 모든 재난과 사귀의 흉악한 해를 구하여 피하게 하시느니라 무릇 사람이 구주 예수를 힘입어 사후 영혼이 반드시 하늘로 올라가 영복을 누리리니 세상 끝 날에 이르러 예수가 또한 반드시 그 육신으로 하여금 다시 살게 하여 영혼으로 더불어 두 번 합하여 하나가 되어 한가지로 참복을 누리려 천당에 있어 영원토록 근심하고 민망하고 울고 슬프고 병들고 죽는 괴로움이 다 없느니라[14]

『성교촬리』의 내용을 분석해 보면 다음과 같은 기독교윤리와의 접점이 확연하게 드러난다.

---

[14]   Ibid., 8-9.

첫째, 성령의 사역을 인간의 삶의 변화, 온전한 행실과 직접 연결시켜 설명하고 있다. 즉 성령을 "그 공효는 곧 사람을 감동하여 착한 데로 옮기게 하고 사람의 어진 마음을 회복케 하고 사람으로 하여금 행할 바를 행하게 하고 고칠 바를 고치게 하시느니라"고 언급하여 사람이 마땅히 도를 행할 수 있도록 한다고 강조하고 있다. 이는 신앙인은 마땅히 그리스도인답게 바른 삶을 살아야 할 의무가 있다는 점을 강조한다.

둘째, 신자는 '교중규식'을 지키고 교에 든 후에는 말과 행실을 단정히 하여 인류의 도를 극진히 해야 한다고 강조한다. '교중규식'이란, "예수를 믿는 자는 반드시 세례를 받고 교회에 들어 그 예수의 학도(제자)됨을 밝게 드러내고 교우(교중의 벗)로 더불어 마음을 같이하고 덕을 같이 하여 교중규식을 지키고 교에 든 후에 말과 행실을 단정히 하여 인류의 도를 극진히 하고 상제 사랑함을 만물 사랑함보다 더하며 다른 사람 사랑함을 제 몸 사랑함과 같이 할 것이니라"라는 언급에서 보듯, 신자로서 지켜야 할 기본적이고도 중요한 법도를 지향하는 표현이다. 이전에도 유교적 질서의 맥락에서 덕목으로 여겨졌던 형제 사랑과 단정한 행실이 기독교의 신앙적 차원으로 승화되어 강조되고 있는 것이다.

   기독교윤리학의 한국적 수용과 정립

**예수를 믿는 자들에게 있어
주일 성수(안식일의 준수)가 중요함**

셋째, 예수를 믿는 자들에게 있어 주일 성수(안식일의 준수)가 중요함을 강조하고 있다. "마땅히 안식일을 지킬 것이니 예배당에 있어 도를 듣고 마음을 기르고 상제를 찬송하고 집에 있어도 또한 세상일과 다른 공부를 그치고"라는 강조는 쉼의 의미가 일부 제한적인 사람들에게만 허용되었던 시대적 상황을 고려한다면, 상당히 충격이 컸으리라 본다.

**직업과 재물에 대한
적극적이고 긍정적인 이해**

넷째, 직업과 재물에 대한 적극적이고 긍정적인 이해의 측면을 담고 있다. "직분을 지켜 선비, 농부, 장인, 장사가 각각 이에 합당한 것을 힘을 다하여 재물을 생하여 제 몸과 집을 보존한다"는 것은 직업윤리, 경제윤리, 가정 경제의 관점이 담겨 있는 내용이다. 유교적 전통 속에서 육체노동을 천시하고 재물 자체에 대해 적극적인 이해를 갖고 있지 못한 정황에서 이런 가르침들은 상당한 반향을 일으켰음이 분명하다.

**부적, 관상 경고, 창녀와 잡기 등
구체적 범죄 행위들을 지목**

다섯째, 부적(符籍), 관상에 대한 경고, 창녀와 잡기, 인물 유인 등 구체적인 범죄 행위들을 지목하여 경각심을 갖게 했다.

여섯째, 국가나 행정적 질서에 있어서는, 속한 나라의 법에 순복해야 함을 강조하고 있다. 당시 상황이 일제강점기로 접어드는 시기였음을 고려한다면 일제 군국주의의 외압을 극복하지는 못한 것으로 보인다.

②『그리스도문답』

『그리스도문답』은 언더우드 선교사가 발행한 교리서이다. 원래 네비우스 부인(H. S. Nevius)이 저술한 기독교교리서로 언더우드 선교사가 번역하여 1893년에 초판을 발행했다. 1896년에 재판이 발행되었으며 국판 당지(唐紙) 45장(杖)으로 되어 있다.[15] 저자인 릴리아스 호돈 부인(Lillias Horton, Mrs. H. G. Underwood, 1851-1921)은 미 북장로교 선교사 언더우드의 부인으로 한국에서 결혼하여 한국선교에 매진하였다. 그녀는 1851년 미국 뉴욕 주의 알바니에서 출생했다. 31세가 되어서야 의료선교사를 목표로 의과대학(Woman's Medical College of Chicago)에 입학하여 의사가 되었고 37세 되던 1888년 3월에 미 북장로교 의료선교사로 한국에 부임하여 제중원의 부인과를 책임 맡았다.

언더우드 부인은 언더우드가 내한하여 한국어 문법을 편찬하던

---

15 기독교대백과사전편찬위원회 편, "그리스도문답", 『기독교대백과사전(2권)』(서울: 기독교문사, 1994), 734. cf. 김양선, "한국 기독교 초기간행물에 관하여", 『사총』 12·13합집 (1968).

    기독교윤리학의 한국적 수용과 정립

1889년 무렵에 8살 연하였던 언더우드와 결혼하여 선교에 동역했다. 궁중을 출입하며 명성왕후의 시의로도 활동했으며 결혼기념으로 전도여행 차 평양, 강계, 의주를 순회할 때는 언더우드가 집례한, 한국의 요단강 세례로 불리는 감격적인 압록강 33인 세례식을 목도했다. 1890년 산후 후유증으로 고생하던 중 언더우드와 더불어 가족이 귀국하여 2년간 체류한 일이 계기가 되어 미 남장로교 해외선교부에서 선교사들을 파송하는 촉매가 되었다. 언더우드 부인은 언더우드가 병으로 1916년 소천한지 5년 후인 1921년 10월 29일에 아들 원한경 (Horace Horton Underwood)의 집에서 향년 70세로 소천했다. 언더우드가 입국한 이래 언더우드 일가는 4대에 걸쳐 119년 동안 한국에 머무르며 한국 선교를 위해 헌신했다.

언더우드 부인의 주요 저서로는 남편의 일대기를 그린 평전 *Underwood of Korea*(1918)와 *With Tommy Tomkins in Korea*(1905) 등이 있다. 특별히 *Underwood of Korea*에서는 당시 한국의 풍속, 정치적 상황 속에서 기독교가 어떻게 한국사회에 접근하여 성장하고 있었는가의 관점을 기술했다.[16]

『그리스도문답』의 내용을 분석해 보면 다음과 같다.

---

16   기독교대백과사전편찬위원회 편, "언더우드 3", 『기독교대백과사전(11권)』(서울: 기독교문사, 1985), 111-112. cf. 언더우드 부인, 『언더우드』, 이만열 역(서울: 기독교문사, 1999). www.kch.re.kr

주요 교리, 윤리적 실천, 향촉과 쇼지
사용 금지, '사바트'(안식일) 강조

첫째, 전반적으로 주요 교리 중심이나, 후반부에서 윤리적 실천을 비중 있게 강조하고 있다.

둘째, 향촉과 쇼지 사용을 금함으로써 기독교의 예배와 전통적인 주술행위, 타 종교의 예식과 차별화했다.[17]

셋째, '사바트'(안식일)에 대한 이론, 교육을 보면 안식일 교단의 영향, 배경도 살펴볼 필요가 제기된다. 이날은 희롱하고 노는 일을 금해야 하며, 예배당에 가서 도리를 듣고 성경을 보고, 기도와 찬송을 해야 한다는 가르침뿐 아니라, 좋은 말을 말하고, 착한 행실을 행해야 한다는 적극적인 가르침을 제시하고 있다.[18]

제사 금지, 교외 사람들과의 교제 태도,
신앙인의 정치적 책임

넷째, 기독교 수용기에 있어서 많은 논란을 야기했고, 이후 신사참배와 관련하여 직접적인 박해의 이유이기도 했던 제사 문제에 있어서 분명히 금하는 태도를 취하고 있다.[19] 우선 기독교의 제사는 유교적 제사와는 다르다는, 즉 제사가 아니라는 것을 분명히 하며, 구체적으로 신앙인들에게 조상 제

---

17   『그리스도문답』, 127문항, 128문항 참고.

18   Ibid., 140문항, 141문항 참고.

19   Ibid., 148문항, 152문항 참고.

    기독교윤리학의 한국적 수용과 정립

사는 옳지 않다는 것을 구별해서 설명하고 있다. 이는 기독교 예배의 태도가 자칫 우상숭배 내지는 주술적으로 변질될 수 있는 것에 착안한 가르침이라고 보아야 할 것이다.

다섯째, 이웃과의 관계를 엿볼 수 있는 부분이 많다. 특히 제167 문항에서는 교중 사람이 교외 사람들과 어떻게 교제해야 하는가를 말하고 있다. 기독교 정신 자체가 그러하듯 초기 기독교 교인들은 적극적으로 교우관계를 형성하고 있으며 결코 소극적인 소종파적 분파에 머물지 않았다. '정직'한 관계를 통해 문제를 발생시키지 말고, 더 나아가 참도리를 가르치고 좋은 마음과 말로 권해서 예수를 믿게 해야 한다고 가르쳤다.

여섯째, 교리문답서가 갖는 한계라고 볼 수 있는 것은, 국가에 대한 태도나 신앙인의 정치적 책임이나 참여 문제 등 복잡한 차원의 기독교윤리적 가르침과 논변은 찾을 수 없다는 점이다. 제170문항에서 예수의 행위를 어떻게 본받는가 하는 질문에 대해, 어질고 사랑하는 마음으로 모든 사람을 대접하였으며, 효도와 친구에 대한 신실한 사랑을 실천하신 분임을 설명하는 대목은 일면 아쉬움이 있다. 하나님 나라의 통치 질서와 그 확장을 위한 예수 사역의 정치적·사회윤리적 의미는 언급되지 않기 때문이다. 이런 문제는 후에 번역, 편집본을 통한 기독교윤리 교육의 단계에 가야 언급되는 것을 볼 수 있다. 결국, 아직은 초보적인 개인윤리 차원의 윤리적 언급과 해석에 치중한다고 보아야 할 것이다.

[표 3] 『그리스도문답』 표문의 질문 주제와 답변 요지

표문	질문 주제	답문 요지
127문	기도할 때 향촉과 쇼지를 쓰느뇨?	반드시 아니 쓰느니라.
128문	그러하면 독경하는 데와 불공하는 데와 굿하는 데는 어찌 향을 태우고 쇼지를 사르느뇨?	하나도 좋은 일이 없고 또 옳은 도리에 합당치 아니하니라 .
139문	어느 때 공기도를 하느뇨?	매양 사밧트날이나 여러 교우 모일 때나 별다른 날 큰 집에 모여 절하고 감사하며 기도하는 것이 공기도라.
140문	예수교하는 사람이 사밧트날을 지킴이 마땅하뇨?	일정 지킴이 마땅하고 각 사람의 직분이니 좋은 일이니라.
141문	사밧트날을 어떻게 지키느뇨?	상해하던 일도 아니하며 희롱하고 노는 일도 아니하며 예배당에 가서 도리를 들으며 또 성경을 보고 기도하며 노래를 불러 여호와를 찬미하며 좋은 말하고 이날은 더욱 착한 행실을 행하느니라.
148문	예수교에 제사드리는 것이 마땅하뇨, 아니 마땅하뇨?	마땅치 아니하다, 예수가 이미 제 몸을 드려 큰 제사를 지었으니 두 번 제사를 드리면 예수를 적게 보는 것이 되느니라.
149문	예수교 중에 있어 우상이나 화상이나 절하는 것이 옳으뇨, 옳지 아니하뇨?	옳치 아니하니 제 이계와 성경에 엄히 금하시니라.
151문	택일하는 것이 옳으뇨, 옳지 아니하뇨?	날은 길하고 불길한 분간이 없으니 택일하는 것이 참 도리에 합당치 아니하니라.
152문	예수교하는 사람이 조상에 제사하는 것이 옳으뇨, 옳지 아니하뇨?	옳치 아니하니 일뎡(일절) 못하느니라.
154문	내가 제사를 아니하면 어찌 조상 공경하는 마음을 표하리오?	조상을 사모하며 그 교훈을 생각하며 그 분부한 것을 좇아 행하며 평생에 잊지 아니하는 것이 조상 공경하는 마음을 표하느니라.
167문	교중 사람이 교외 사람과 내왕하매 어떻게 함이 마땅하뇨?	내왕 간에 정직해야 사정이 없으며 그 사람에게 정직해야 사정이 없으며 그 사람에게 참도리를 가르치고 좋은 마음과 좋은 말도 권하여 예수를 믿게 하고 교외 사람을 위하여 항상 기도할 것이니라.
170문	예수의 행위를 어떻게 본받느뇨?	예수는 어질고 사랑하는 마음으로 모든 사람을 대접하시며 아들이 되어 가장 효도하시며 친구에게 참 신실하시며 우둔한 사람을 가르치매 장차 눈물을 두시며 원수를 대하시매 가장 용서함을 두시며 덕을 닦기에 용맹하시며 온화한 말씀과 정직한 행위는 도무지 하늘 아버지 뜻을 순종하셨으니 우리가 다 이를 본받아야 할 것이니라.

2) 감리교 초기 교리서: 『성경문답』, 『미이미 세례문답』

**성경 출간 전 선교를 위해 문답식으로
해설된 각종 교리서 출간**

감리교 교리서들 가운데 먼저 다루고자 하는 것은 『성경문답』이다. 이 책은 미북감리회 스크랜톤(William B. Scranton)이 번역하여 1890년에 발행한 교리서이다. 개신교가 전래되어 아직 신구약 성경이 완전하게 출판되기도 전에, 그것도 신학교가 세워지기도 전에 선교를 위해 문답식으로 해설된 각종 교리서들이 출간되었다. 초창기에 기독교 진리에 무지했던 대중들이나 유학자층 지식인들까지도 문답형이라는 전혀 새로운 방식으로 출간되는 저작물이었기 때문에 이런 교리서들에 깊은 관심을 보였다. 『성경문답』과 『미이미 세례문답』(美以美 洗禮問答)이 그것이다.

① 『성경문답』

**장로교 목사 로스의 저작으로
스크랜톤 대부인이 번역**

스크랜톤 대부인(M. F. Scranton)이 새 신자들을 위해 발행한 기독교교리서이다. 만주 한글성경 번역의 주역인 스코틀랜드 파송 장로교 목사 로스(John Ross)의 저작으로 스크랜톤 대부인이 번역하여 1890년에 경성 정동예수교회당에서 발행했다. 본

래 로스가 영문으로 저작한 것을 초기 한국 여선교사인 스크랜튼 대
부인이 새 신자들을 위해 재교정하고 한글로 번역함으로써 빛을 보
았다. 국판 10면의 순 한글 내려쓰기 형식으로, 내용은 성경 중에 기
독교의 근본 교리가 되는 내용을 요약하여 모두 72개의 문답으로 풀
이하여 구성했고 맨 끝에는 주기도문을 게재했다.

초판의 제목은 『크리스도쓰 셩교문답』이었으나 1893년에 『셩
경문답』이라는 제목으로 국판 10면 분량으로 재판이 발행되었으며,
1895년에는 총 12장 24면으로 구성되어 3판이 간행되었다. 이어 같
은 해 국판 11면의 4판이 발행되었고 1906년에도 같은 제목으로 대
한예수교서회에서 발행했다. 이후 10년이 지난 1917년과 1921년에
도 다시 발행되어 기독교의 교리를 강론하는 중요한 교재로 사용되
었다.[20]

[표 4] 『성경문답』 표문의 윤리 관련 질문 주제와 답변 요지

표문	질문 주제	답문 요지
16문	사람의 본성이 어떠하뇨?	본성인즉 선하니라.
17문	그 본성이 오래뇨?	오래지 못하니라.
18문	사람의 본성이 어째서 그릇되었느뇨?	하나님의 명령을 어김이니라.
34문	구약에 요긴한 명이 무엇이뇨?	열 가지 훈계 있느니라.

---

20 기독교대백과사전편찬위원회 편, "성경문답", 『기독교대백과사전(9권)』(서울: 기독교문사,
   1983), 540. cf. 김양선, "한국 기독교 초기간행물에 관하여", 『사총』 12 · 13합집(1968년);
   숭실대학교 한국기독교박물관 학예과 편, 『한국기독교박물관소장 기독교자료해제』(서울: 숭
   실대학교 한국기독교박물관, 2007).

표문	질문 주제	답문 요지
35문	이 열가지 훈계는 무엇이뇨?	제 일은 하나님을 공경할 것이오, 제 이는 우상에게 절하지 말 것이오, 제 삼은 망령되이 하나님의 이름을 부르지 말 것이오, 제 사는 '사밧날'을 지킬 것이오, 제 오는 부모에게 효도할 것이오, 제 육은 사람을 죽이지 말 것이오, 제 칠은 간음하지 말 것이오, 제 팔은 도적질 말 것이오, 제 구는 거짓말 말 것이오, 제 십은 탐심을 품지 말 것이니라.
45문	사람이 재물을 허비하여 경을 읽으며 몸을 괴로이 하고 지쇼하면 능히 구속함을 얻겠느뇨?	구속을 얻는 이가 없고, 다못 예수를 믿은즉 구속함을 얻느니라.
46문	예수를 믿은즉 어째서 구속함을 얻느뇨?	누가 예수를 믿던지 그 죄는 예수께로 돌아가고 예수의 공로는 저희에게로 돌아나가 하나님이 더는 죄 없음으로 아시느니라.
47문	예수를 믿은즉 무슨 유익함이 있느뇨?	예수를 믿은즉 죄를 면하여 옳은 사람이 되고 하나님의 아들이 되어 생전에 마음이 편안하고 사후에 하늘에 올라 예수로 더불어 함께 길이 복락을 같이 하느니라.
51문	예수를 믿는 사람이 무슨 법을 지키느뇨?	성례와 성찬을 받고 예수의 도를 좇아 하나님에게 절하고 모든 악을 물리치고 하나님을 공경하느니라.
56문	예수교에 절함을 어떻게 하느뇨?	마땅히 하나님께만 절하느니라.
57문	죽은 사람에게 마땅히 절하느뇨?	옳은 사람이 혹 삶과 죽음을 공경하고 오직 절하여 빌며 구함이 마땅치 아니하니라.
58문	예수교에 다른 것에게 절함이 있느뇨?	하늘에 있는 천신과 '성하는 영'에게 절함이 마땅치 않고 땅과 물에 있는 보는 것과 만드는 것이며 나무와 흙과 다른 것으로 만든 것에게 다 절하지 아니하며 그 앞에서 빌지 아니하느니라.
59문	예수교에 임금은 어떠하뇨?	임금은 하나님이 명령하신 바로써 일국을 차지하신 터의 주 되어 백성을 평안케 함이니 백성이 마땅히 공경하여 그 영을 듣고 법으로 세를 바쳐 국용을 보태며 위하여 하나님께 구하니라.

표문	질문 주제	답문 요지
60문	예수교에 관민이 어떠하뇨?	관장은 왕명을 받들어 백성을 다스리는 자니 마땅히 정직하여 선악을 상벌함에서 사악한 자를 두려워하게 하고 선한 자를 위로케 하느니라. 백성은 곳 하나님의 아들과 백성이라 관장이 된 자 백성에게 악을 행치 않으며 백성은 법을 좇으매 마땅히 그 옳은 도를 살펴 좇느니라.
61문	예수교에 부모와 자식이 어떠하뇨?	부모는 마땅히 그 자식을 가르쳐 말과 행실이 선한 모양이 되게 하고 자식은 마땅히 그 부모를 효양하여 그 묘한 가르침을 좇고 그 은혜를 일생에 생각하느니라.
62문	예수교에 부처(부부)가 어떠하뇨?	하나님이 당초에 일남일녀를 지어 부처 되었으니 고로 가로되 사람이 부모의 품을 떠나 성혼하매 그 처로 더불어 화합하니 부처는 곧 한몸이라. 지아비는 처의 머리 되고 처는 그 지아비를 공경하고 서로 사랑하느니라.
63문	예수교가 어느 지방으로 나왔느뇨?	유대국에서 나왔느니라.
64문	유대국이 지금까지 있느뇨?	그 나라 사람이 성도를 듣지 않는고로 예수씨 후에 하나님이 그 나라를 멸하셨느니라.
65문	예수의 교가 어째서 사방에 전하느뇨?	예수 죽은 지 삼 일 만에 다시 살아나 사십 일을 있다가 하늘로 올라간 후에 예수의 열두 제자가 사방에 두루 행하여 복음을 전하니 교에 드는 사람이 해마다 번성하여 점점 전하여 만국에 퍼지니라.
66문	누가 예수의 도를 전하느뇨?	뉘던지 예수를 믿어 감동을 성령에게 받은 자가 다 족히 행하느니라.
70문	심판이 무슨 법이 있느뇨?	공의로써 판죄하여 악한 사람으로 하여금 고난을 받게 하고 착한 사람으로 하여금 복락을 누리게 하느니라.
71문	악한 사람은 뉘뇨?	성도를 좇지 않으면 하나님을 공경치 않고 다른 사람을 속이고 거짓말을 하며 술을 취하며 간음을 행하는 사람이 악하니라.
72문	선한 사람은 뉘뇨?	선한 사람이 없고 물론 어떤 사람이든지 허물을 뉘우치고 예수를 믿으며 정도를 좇아 하나님 공경하면 선한 사람이 되느니라.

기독교윤리학의 한국적 수용과 정립

[표 4]에 소개된 내용들의 질문과 답문 요지의 특징을 요약해 보면 다음과 같은 윤리적 해석이 가능하다. 초기 교리서라는 문맥을 고려하면서 읽고 해석해야 한다.

- 제16문 해석: 철학적 관점에서는 인간의 본성을 어떻게 보는가에 따라 다양한 윤리학설이 가능하다. 그러나 기독교에서는 인간이 처음 지음 받은 본성은 선하며 무죄한 속성이라는 점을 강조한다. 그래서 본성이 선하다고 조명한 것이다.

- 제17문 해석: 하나님의 뜻대로 창조될 때에는 선한 본성을 갖고 있었으나 곧 타락하여 죄성을 갖게 되었다고 설명했다.

- 제18문 해석: 하나님의 명령은 기독교 윤리에 있어서 매우 중요한 의미를 갖는다. 요즘도 기독교 윤리를 신명령론(神命令論)이라고 부르는 윤리학자가 있다.

- 제35문 해석: 십계명의 서론적 부분을 언급하지 않고 매우 축약적으로 열 가지 계명을 소개하고 있는 특징이 있다. 구약 본문 중에서 윤리적 실천을 강조한 가장 명료한 부분이라고 볼 수 있다. 이에 대해서는 다양한 해석이 가능할 것이다.

- 제51문 해석: 법과 윤리의 문제는 윤리학뿐만 아니라 법학에서도 중요한 논쟁점 중에 하나가 된다고 볼 수 있다.

- 제56문 해석: '절'과 관련된 문제는 한국교회의 조상제사 문제가 지금까지도 상당한 신학적 논쟁점이 되고 있는 것과 관련된다고 볼 수 있다. '절'은 단순한 '예'의 표현이 아니라 일종의 '종교' 의식으로 이해되었던 것으로 보인다.

- 제59문 해석: 임금, 법, 백성, 명령, 세금 등은 정치·경제 질서의 문제에 있어서 중요한 요소가 된다. 이에 대한 다양한 논점들이 기독교 초기부터 발생한 것으로 보인다.

- 제60문 해석: 구체적인 국가의 종교의 관계를 설명한 것으로 보인다. 서양 기독교 역사 속에서도 종교와 국가의 문제는 큰 논쟁거리가 될 때가 많았다.

- 제72문 해석: 거짓말, 술, 악을 악행의 대표적인 사례들로 지적한 것을 볼 수 있다. 이는 성경적 맥락뿐만 아니라 당시의 사회상황을 반영한다.

② 『미이미 세례문답』

**감리교 선교사 스크랜톤이
세례지원자들을 위해 저술한 교리 해설서**

미이미는 미북감리회의 표기인데, 중국에 미북감리회가 전해지면서 한문으로 미이미회(美以美會)라고 표기되었다. 아펜젤러가 입국한 이후에도 미이미회로 불리다가 1906년에 이르러 미북감리회로 개칭되었다. 『미이미 세례문답』은 감리교 선교사 스크랜톤이 감리교회의 세례지원자들을 위해 저술한 교리 해설서로 미북감리회 선교부에서 1895년에 발행했다. 국판 42면 순 한글로 되어 있으며 질문하고 답변하는 형식으로 저술되었다. 당시 교회들은 학습 및 세례 예식을 위해 미리 한두 달에 걸쳐 철저하게

준비한 후 예식에 임했다.[21]

앞서 교리서의 주요 내용을 살펴보았듯이 성경이 완역 보급되기 전에 초기 교리서들이 보급된 것은 효과적인 복음 전파와 아울러 신앙교육 차원에서 매우 의미 있는 일이었다. 『미이미 세례문답』은 제1판 및 제2판[22]이 발간되었다. 전체적인 목차를 살펴보고 생활, 윤리를 어떤 내용으로 가르쳤는지 구체적으로 살펴보고자 한다.

특이한 것은 제2판에는 제1판과 달리 감리교단의 법을 부록 격으로 제시하고 있다는 점이다. 감리교의 교단적 특징을 기술한 것은 교단 조직의 체계화가 어느 정도 진행되었음을 반영한다고 하겠다.

미이미 감리교회의 열 가지 특별한 법이라.

제 일은 누구든지 이 세상에서 하늘나라에 묻힌 사람은 다 성공회 사람이니라.

제 이는 성공회 중에서 여러 가지로 파를 나누었느니라.

제 삼은 성공회 나뉜 파 중에 미이미 감리교회 하나가 있으니 이 교회는 도와 법과 뜻을 다 사도로 세우신 교회와 같이 하느니라.

제 사는 미이미 감리교회에 성례 둘이 있으니 세례와 주의 성만찬이니라.

---

21   기독교대백과사전편찬위원회 편, "미이미회, 미이미 세례문답", 『기독교대백과사전(6권)』(서울: 기독교문사, 1994), 877. www.kch.re.kr

22   1판과 2판의 주요 차이를 대별해 보면, 제2판에서는 후반부의 문답에서 감리교의 교리적 특징을 확장하였다. 교파 및 교단 의식의 강화는 신학적 정교화 작업의 결과물이라고 볼 수도 있으며, 아울러 한국 개신교의 교파중심적 전파와 성장의 일면을 보여 주고 있다고 볼 수 있다.

표문	질문 주제	답문 요지
15문	이 십계에 특별한 본분이 무엇이뇨?	두 가지니 내가 하나님에게 본분함과 또한 사람에게 본분함이니라.
16문	하나님에게 본분함은 무엇이뇨?	하나님께 본분함은 하나님을 믿고 경외하며 정성과 영혼과 힘을 다하여 사랑하고 예배하며 사례하고 온전히 의지하여 기도하며 거룩한 이름을 높이고 말씀을 준행하여 나 죽기까지 진실히 섬기는 것이니라.
17문	이웃 사람에게 본분함은 무엇이뇨?	이웃 사람에게 본분함은 저를 내 몸과 같이 사랑하고 모든 사람이 내게 원하는 대로 이루어 주며 부모께 효도하고 왕명과 도덕법을 준행하며 모든 선생과 목사에게 순종하고 모든 윗사람에게 공손하며 말과 행실로 남을 해하지 말고 모든 일에 진실하며 공평되고 마음에 남을 미워하며 원망치 말고 지극히 적은 것이라도 도적하지 말며 혀로 악한 말과 거짓말과 남을 참소하지 말고 몸을 정결히 하여 술 취하지 말며 음심을 두지 말고 탐심치 말며 오히려 일을 부지런히 하여 자기 양식을 얻고 또한 하나님이 나를 정하신 대로 그 처지에서 하나님을 기쁘게 하는 것이니라.
18문	은혜 받으려 세운 바 중에 으뜸이 되는 것이 무엇이뇨?	교회와 성례와 성서와 기도함이니라.
42문	사람이 성서를 잘 알고 계명을 다 지키며 제빈하고 자기 의행으로 능히 구원하겠느뇨?	아니라. 대개 은총과 믿음으로 구원을 얻나니 자기로 아니라 하나님의 은사하심이요, 의행으로 아님은 자랑할 것이 없음이니라.
43문	그러면 사람이 성서를 알지 못하고 계명을 지키지 아니하며 제빈치 아니하고 의행이 없으면 어찌 구원하리요?	성서의 말씀과 같이 너는 의행이 없이 믿음을 보이고 나는 의행으로 믿음을 보이나니 대개 의행없는 믿음은 죽었느니라.

제 오는 교회에서 세 가지 무리 있으니 세례받은 어린아이와 학습인과 입교인이니라.

제 육은 직분받은 자가 열 가지 있으니 감독과 장로사와 장로와 집사와 본처전도인과 권사와 속장과 유사와 예비학당 훈장과 탁사니라.

제 칠은 공회가 다섯 가지 있으니 사년 총의회와 매년회와 지방회와 계삭회와 장유회니라.

제 팔은 미이미 감리교회에 세 가지 특별한 법이 있으니 선행과 애찬과 속장이니라.

제 구는 인애회가 여덟 가지 있으니 선교회와 예배학당합회와 성교서회와 교당관포회와 노인정을 돕는 회와 교육회와 여인이방선교회와 여인본국선교회니라.

제 십은 세례받은 어린아이의 부모가 허락할 것은 아이를 글을 가르쳐 성경을 공부함과 주의 기도문과 십계와 사도신경과 문답과 다른 것이라도 그리스도인의 마땅히 행할 바와 알고 믿어 영혼의 유익할 것이 있으면 공부케 함이니라.[23]

『미이미 세례문답』의 윤리적 함의:
본분, 제빈, 의행, 약자에 대한 관심

『미이미 세례문답』의 기독교윤리적 함의는 무엇인가? 초기 교리서에서 이미 개인윤리와 사회윤리를 아우르는 구체적인 기독교윤리적 가르침을 포함하고 있다는 점

---

[23] 『미이미 세례문답(제2판)』, 29-32.

을 주목해야 한다.

첫째, '본분'에 대한 강조를 엿볼 수 있다. 즉 신자로서 행해야 할 의무를 강조하고 있는데 하나님께 대한 본분과 사람(이웃)에 대한 본분을 나누어 설명한다. 그런데 특히 이웃에 대한 본분은 매우 구체적이다. 모든 사람을 사랑하라는 다소 추상적인 명제 이하에, 천도, 왕명과 도덕법의 준수, 선생과 목사에게 순종하고 모든 윗사람에게 공손한 것 등을 제시하고 있다.

둘째, '제빈'의 중요성을 강조하고 있으나, '구원'이 제빈과 같은 의행으로 얻는 것이 아니라는 점을 분명히 한다. 분명 구원은 '은총과 받음으로' 오는 것임을 교훈하고 있다. 유교나 기타 종교의 선행과 달리, 기독교의 근본적 구원 혹은 구도의 길은 믿음에 근거한다는 칭의의 가르침을 놓치지 않고 있다.

셋째, 제빈이 구원의 길이나 조건은 아니지만 '행함이 없는 믿음은 죽었음'을 강조함으로써 '의행'으로 믿음을 보여야 한다고 강조하고 있다. 장로교보다도 더 행위를 강조하고 중시하는 감리교의 신학적 배경이 관계된다고 볼 수 있겠다.

넷째, 제2판의 부록 부분에서 구체적으로 강조하고 있는 내용은 여인, 어린이, 이방인에 대한 관심이다. 중요 내용을 정리하자면 어린이에게 글을 가르쳐야 하며, 노인을 돕는 기관을 세워야 하고, 이방인과 여인을 위한 선교조직이 있어야 하며, 학교와 훈장(교사) 등 교육과 관련된 직분을 교회 조직 가운데 하나의 조직으로 인정한다는 점이다. 이는 한국사회의 개혁과 변화에 능동적으로 대처하기 위한 교리적 강조점인 동시에 윤리적 실천의 가르침이었다고 평가할 수 있겠다.

III

한국사회의 기독교윤리학 수용

1.
신학교육을 통한 기독교윤리 수용

장로교, 감리교의 신학교육에 진행된
기독교윤리학의 발자취

　　　　　　　　　　　　한국의 신학교육은 개신교
가 전래되기 이전 1855년 천주교의 배론신학당에서부터 출발한다고
할 수 있다. 1855년 충북 제천군 배론에 배론신학당이 설립되어 푸르
티에(C. A. Pourthié) 신부가 초대 교장에 취임했다.

교리교육은 지도자급 인사들뿐 아니라 기존 평신도라 하더라도
일정한 지식을 갖추고 품행이 바르면 새 입교인을 대상으로 가르침
을 베풀 정도로 교육이 일반화되었다. 1857년 서한에 의하면 공소회
장이 직접 교리서, 교리문답, 기도문을 교육하는 방식이 보편화되었
던 것으로 보이며 상황에 따라서는 교리에 밝은 사람이 교육할 수도
있었다. 교육은 공소에서 시행되었지만 부득이한 경우에는 가정에서
교리와 기도문을 가르치기도 했고 교재가 풍부하지 못해 손으로 필
사하는 예도 있었다. 새로운 입교자들은 반드시 교육을 받아야 했으

며 1858년경에는 9세 10세의 어린 아이들도 교리문답 전체와 장문의 기도문을 능숙하게 암송했다는 기록이 나타난다.1 당시에는 지도급 인사들이 부족했던 만큼 교회를 맡은 공소회장은 천주교의 기본교리를 설명해 주고 교리서, 기도서, 교리문답책 등을 제공해 주었다. 혹 회심자가 찾아가면 공소회장이 공소로 인도하는 역할을 담당함으로써 신앙심을1고취시켰고 천주와 인간에게 대한 도리와 신앙생활의 거룩성을 가르쳤다.[2]

홍선대원군이 주도한 병인교난(丙寅敎難, 1866)을 거치며 박해가 다소 완화되고 점차 개국의 분위기가 확산되던 19세기 후반 다양한 경로의 프로테스탄트의 유입을 통해 기독교윤리에 대한 교육은 새로운 전기를 맞이하게 된다. 특히 감리교와 장로교는 기독교교리를 전파하고 교육을 시키기 위해 선교사들의 내한과 동시에 신학교육에 착수하였고, 대한제국기에 이르러서는 체계적인 교육을 시도하였다.

본래 한국 개신교는 전래 초기부터 다양한 교파적 배경을 지녔고 따라서 다양한 루트를 통해 유입된 기독교신학과 윤리교육을 일괄적으로 비교분석하여 소개한다는 것은 불가능하다. 이 장에서는 장로교, 감리교의 신학교육에 진행된 기독교윤리 또는 기독교윤리학의 발자취를 찾는 작업을 시도하고자 한다.

---

1   안수강, "최양업(崔良業)의서한(書翰) 소고", 『역사신학논총』 27집(2014. 6), 109-110.

2   Ibid., 109-110.

     기독교윤리학의 한국적 수용과 정립

1) 장로교의 초기 신학교육

장로교 선교사들의 상황을 살펴보면 각처에 신자는 많으나 치리회가 없으므로 1893년에 선교사공의회를 조직하여 조선예수교장로회가 완전히 조직될 때까지 전국 교회를 돌아보고 처리하는 상회의 역할을 하였다.[3] 레이놀즈 선교사가 제1회 회장이 되었고, 교세가 급성장하고 많은 지도자급의 한국인 신자들이 육성됨에 따라 1901년에 선교사와 한국인 대표자들이 합하여 소위 합동공의회를 조직하고 '조선예수교장로회공의회'(朝鮮耶蘇敎長老會公議會)라고 명명하였다. 그해 회원은 한국인 장로 3명과 조사(助事) 6명, 선교가 25명이었으며, 회장은 스왈론(Wiliam Swallen, 蘇安論, 1865-1954) 선교사였다.

1901년 장로교공의회에서 평양에
신학교를 설립하기로 결의

　　　　　　　　　　　　　1901년 장로교공의회에서 결정한 주요한 안건은 독노회 설립 방침 의정위원(議定委員)과 장로회헌법 번역위원을 선정한 일과 평양에 신학교를 설립하기로 결의한 일이다. 새뮤얼 모펫(Samuel A. Moffett)을 교장으로 선임하고 학교 일을 책임지도록 하였다. 장로교공의회는 1907년에 제1회 신학교 졸업생들이 배출되어 목사로 장립될 것이므로 그해에 노회를 조직하는 것이 가능하고 바람직한 일이라고 생각하였다. 장로교의 원칙에 의하면,

---

3　　김인수, 『한국기독교회의 역사』(서울: 장로회신학대학교, 1998), 272.

목사의 장립은 노회에서 하는 것이므로 이를 위해서도 노회가 조직되어야만 했다.[4] 평양장로회신학교의 전반적인 교육내용에 대해서는 장로교단의 신학대학 교사(敎史)와 조경현 등의 연구에 기초하여 그 형편을 살펴볼 수 있는데, 초기 신학교육 일례를 소개하면 [표 6]과 같다.

[표 6] 평양장로회신학교 2학년 교과과정 비교[5]

구분		1902	1910	1916
1학기		• 성경/구약(여호수아, 사사기 연구, 역사책, 출애굽기 연구) • 신약(사도행전, 로마서, 고린도서, 파버(Faber)의 주석 연구, 도드(Dodd), 밀러(Miller)의 주석 연구)	• 구약주해... 4시간(Bull) • 신학-인간론... 6시간(McCutchen) • 설교학... 4시간(곽안련) • 심리학... 2시간(사우업) • 신약의 성경지리... 2시간(Bull)	• 구약주해/출애굽기(5) • 신학(인간론)(7) • 설교학(5) • 심리학(3) • 신약의 성경지리(3) • 신약개론(3) • 일본어(7) • 음악
2학기		• 교회사(코벳(Cobbett)의 교회사) • 신학(창조론, 인간론, 죄론, 사단론) • 설교학(설교개요) • 교회표준문서(신앙고백서) • 일반사(만국통감) • 일반과목(마틴의 기독교의 증거) • 지리학(족장시대의 팔레스틴, 바울여행) • 기타 연구(산수)	• 신약주해-사도행전... 4시간 • 구약-민수기, 신명기, 여호수아, 사시기... 2시간 • 교회사-사도시대부터 325년까지... 6시간(소안론) • 윤리학... 4시간(왕길지) • 신앙고백서... 2시간(소안론)	• 신약주해/사도행전(5) • 구약통독, 신약통독(3) • 역사/사도시대, 니케아시대~A.D. 325(7) • 윤리학(5) • 일본어(7)

---

4   김영재, 『한국교회사』(서울: 이레서원, 2007), 136-138.

5   조경현, 『초기 한국장로교 신학사상: 평양 장로회신학교 교수단을 중심으로』, 209.

2) 감리교의 초기 신학교육

아펜젤러는 또한 입국 초기부터
선교노선을 교육 분야로 설정

감리교의 신학교육에 있어 초기
대표적인 인물이라 할 수 있는 아펜젤러(H. G. Appenzeller)와 올링거(F. Ohlinger)를 살펴보고자 한다. 아펜젤러는 언더우드와 함께 공식 선교사 자격으로 내한했으며, 올링거는 출판 및 문서사업에서 중요한 역할을 감당했다.

아펜젤러는 또한 입국 초기부터 선교노선을 교육 분야로 설정하고 다방면에서 언더우드와 동역했다. 그는 선교와 교육 차원에서 내한 직후부터 학교 설립의 비전을 가졌고 학교와 병원을 설립하는 일들을 한국에서 솔선해야 할 영광스러운 사역들이라고 강조했다. 아펜젤러가 특별히 학교교육을 통한 선교의 의미를 실감하게 된 동기는 유교사관과 무속신앙의 병폐 때문이었다. 그는 1901년 1월 21일 필라델피아(Philadelphia) 전도자 모임에서의 강연을 통해 한국인들의 이교적 행태를 회고하며 강한 충격과 영감을 받을 수 있었다고 술회했다. 그는 이 강연을 통해 학교는 직접적인 복음전파자가 되어야 하며 이러한 신념에는 추호도 변함이 없다고 다짐했다.[6]

올링거는 미 감리교 한국 파송 선교사로 삼문출판사를 창설하여

---

6   안수강, "李樹廷의 信仰告白書와 宣敎師派送呼訴文 문헌 분석", 『한국교회사학회지』 33집
     (2012. 12), 199.

문서선교 사역에 힘썼다. 한국예수교문서회 초대 회장을 역임하였고, *The Korea Repository* 창간에도 기여하였다. 그는 1889년 죠션셩교셔회가 발족될 무렵에는 초대회장으로 피선되어 문서선교에 몰두했을 정도로 올링거는 초기 감리교 신학교육의 근간을 마련하는 위치에 있었다. 그는 삼문출판사와 죠션셩교셔회 출판물을 결정하는 일에 주도적인 역할을 감당했고 언더우드의 출판물을 제외한 나머지 책들은 올링거의 문서선교 정책과 신학을 반영했을 정도였다. 올링거는 맥클레이(R. S. Maclay)가 번역한 소책자들을 우선적으로 번역하여 출판했고, 1890년대 중국에서 효과적으로 사용된 책자들을 번역했으며, 올링거가 번역하거나 저술한 기초 요리문답서와 기본 교리서들도 많았다.

이들 출판사에서 발행된 책자들은 본격적으로 목사 양성을 위한 신학교육이 시행되기 전 전도사 양성을 위한 신학반의 교재로 사용되었다. 가령, 1893년 겨울에 시작된 4년 교과과정의 감리교 본처 전도사의 신학반 교육교재들을 소개하면 다음과 같다.

4년 교과과정의 감리교 본처 전도사의 신학반 교육교재

- 첫째 해: 『사복음합셔』(W. B. Scranton 역), 『의경문답』(F. Ohlinger 역), 『미이미 교회강례』(H. G. Appenzeller 역), 『亽민필지』(H. B. Hulbert), "속죄"(한글 설교)

  필독서: 『훈〇진언』, 『진도입문문답』, 『장원량우샹론』
- 둘째 해: 『구약공부』(Faber), 『神之原論 권1』(J. W. Lumbuth), 『교리와 장

기독교윤리학의 한국적 수용과 정립

정」(Baker), 『宣道指歸』(Nevius), 『생리학』(Miss Dr. Hoag), "세례"(한글 설교)

　　필독서: 『텬로력뎡』, 『祀先辨謬』, 『인가귀도』

- 셋째 해: 『神之原道論 권2』(J. W. Lumbuth), 『天道溯源』 전반부, 『교리와 장정』(Baker), 『구약공부』(Jones 역), 『천문학』(N. Site), "효"(한글 설교)

　　필독서: 『천주교문답』(Muirhead), 『틴들젼긔』((F. Ohlinger), 『兩敎辨正』

- 넷째 해: 『天道溯源』 후반부, 성경 전 과정 복습, "유교, 불교, 도교" (한글 설교)

　　필독서: 『萬國通鑑』(Sheffield), 『自西徂東』(Faber)

전술한 교육과정과 교재목록은 신학교육과 관련하여 다음 몇 가지의 중요한 시사점을 제시해 준다.[7]

한글 작성을 통한 가독률 제고, 교양서적으로서도 값진 지식

무엇보다도, 영어나 한문이 아니라 한글로 작성된 간단한 성경개론, 조직신학, 감리교 교리와 정치 규칙이라는 점에서 가독률(可讀率)을 높였다는 점이다.

둘째, 대부분 중국 개신교 선교사들의 저작을 소개한 것이며 교단을 초월하여 장로교 선교사들의 저작도 채택함으로써 포용적인 입

7　기독교대백과사전편찬위원회 편, "삼문출판사", 『기독교대백과사전(8권)』(서울: 기독교문사, 1983), 781-782; 기독교대백과사전편찬위원회 편, "올링거", 『기독교대백과사전(11권)』(서울: 기독교문사, 1985), 1251-1252; 옥성득, "초기 한국 북감리교의 선교신학과 정책: 올링거의 복음주의적 기독교 문명론을 중심으로", 『한국기독교와 역사』 11호(1999. 7), 34.

장을 취했다는 점이다.

셋째, 반면 천주교와 한국 전통종교에 대해서는 비판적 변증론을 취했다.

넷째, 내용상으로 기독교계에만 국한된 책자들이라기보다는 근대화 과정에 있어서 일반 교양서적(지리서, 역사서, 문명서, 과학서 등)으로서도 값진 지식을 담았다고 의미를 부여할 수 있다.

2.
신학교육에 있어서의
기독교윤리 교육 비중과 특징

선교부가 중심 역할을 감당하던
시기의 신학교육 원칙

　　　　　　　　　　　　한국교회 초창기, 선교부가 중심
역할을 감당하던 시기에 신학교육에는 몇 가지 원칙이 있었던 것으
로 알려지고 있다. 그것들을 살펴보면 첫째, 어떤 특정한 한국인 신자
에 대하여 그를 교역자로 양성할 의도를 가지고 있더라도 본인에게
는 그 사실을 오랫동안 알리지 말 것, 둘째, 외국의 돈으로 그를 강도
사나 전도사로 채용하지 않도록 최선을 다할 것, 그가 설교한 대가로
돈을 받는다는 생각을 갖지 않도록 하고 그가 설교를 잘 해서 개종자
를 많이 내면 그의 봉급도 올라갈 것이라고 생각지 않도록 할 것, 셋
째, 선교사업의 초창기에는 어떠한 경우든지 그를 교육시키기 위해
미국에 보내지 말 것이며, 또 그의 교육 정도를 일반교인들의 수준보
다 월등히 높게 되도록 결코 훈련하지 말 것, 넷째, 그 마지막 네 번째

의 것은 그 앞의 세 개와는 달리 한국 기독교인의 교양 및 근대문명에 대한 진보에 따라 한국인 교역자의 교육 정도를 높일 것, 교역자의 교육은 일반에게 존경을 받고 권위가 설 수 있도록 한국인의 평균 교육 수준보다 약간 높게 하되 너무 지나쳐서 일반의 시기심이나 위화감을 사지 않도록 할 것(레이놀즈 선교사의 주장) 등이다. 사실 이 원칙에 대한 평가는 대체적으로 긍정적이지 않다. 왜냐하면 이 원칙이 한국의 신학의 개방성 또는 심화를 가로막은 장애물이 되었다고 평가하기 때문이다.[8]

그러나 이 문제에 대한 평가는 복합적으로 다루어져야 한다. 간하배 선교사는 당시 학생들은 신학의 고등교육을 받을 수 없을 정도로 학문적 소양을 갖추지 못했다는 점을 들어 레이놀즈의 견해를 변호했으며,[9] 김영재는 목사후보생들의 자질 등 현실적인 문제에 기인한 것이라며 많은 사람들이 레이놀즈의 발언을 오해했다고 보았다.[10]

아무튼 초기 선교부의 기독교윤리 교육은 교리서를 중심으로 이루어졌다고 볼 수 있으며 신학교 설립 이후 신학 전반에 대한 교육은 교과서를 통한 체계적 학습으로 전환되었다.

---

8 이만열, 『한국기독교와 민족의식』, 490.

9 간하배, 『한국장로교신학사상』(서울: 개혁주의신행협회, 1997), 41.

10 김영재, 『한국교회사』(서울: 개혁주의신행협회, 2001), 102-103.

  기독교윤리학의 한국적 수용과 정립

1) 개화기 공교육에 있어서의 수신, 윤리교육

신학교육 초창기부터 이미
수준 높은 윤리학 교육

다른 서양 학문의 경우와 마찬가지로
기독교와 관련된 다양한 학문들은 개항 이후에 보다 체계적으로 소
개되기 시작했다. 기독교윤리에 대한 소개와 접근이 시도된 것이 대
한제국 때였다. 우리나라에서 처음으로 근대적 의미의 도덕·윤리 교
육이 실시된 것도 갑오개혁 시기(1894~1905)에 마련된 "중등교육과정"
에서였다. 이 당시 대한제국 정부는 7년제 관립 중학교 과정을 설치
하여 4년간의 심상과(尋常科)와 3년간의 고등과(高等科)를 구분하여 운
영하였고, 심상과에 '윤리' 과목을 두었다.[11]

신학의 제 분야 가운데 기독교윤리학은 철학과의 관계가 밀접하
다. 기독교윤리학의 주요 개념을 볼 때 철학에서 그 기원을 찾는 것은
어려운 일이 아니다. 유학이 지배하던 한국사회에서 삼강오륜(三綱五
倫) 이외의 새로운 도덕 개념이나 내용을 이해하기는 쉽지 않았을 것
이다. 그렇다면 초기 한국교회 지도자들은 어떻게 서양의 윤리학을
이해했고, 특히 기독교윤리에 대해 이해할 수 있었을까 라는 의문점
이 있다. 필자는 우선 초기 선교사들에 의해 주도된 한국 신학교육 형
성기의 윤리학과 관련한 교과서를 전반적으로 살펴보았는데, 그 당시
일반 학교에서 보편적으로 행해진 '수신서'(修身書) 차원의 교육이 아

---

11   배석원, "한국 도덕·윤리 교육의 형성과 구조", 『한국 도덕·윤리 교육백서』(서울: 한울,
      2000), 211.

니라 매우 체계화되고 정교한 윤리교육이 행해졌다. 따라서 한국 신학 중 기독교윤리학의 연원을 1960~1970년대 구미 유학생들의 공헌으로 바라보는 것은 매우 편향된 시각이라고 볼 수 있다. 이미 신학교육 초창기부터 수준 높은 윤리학교육이 신학교육 과정에 편성되어 진행되었음을 볼 수 있다. 특히 장로회신학교에서 행해진『윤리학등사본 1』과『윤리학등사본 2』를 살펴보면,[12] 윤리학 교재의 내용이 정교하게 전달되고 강의되었음을 알 수 있다. 아울러 한일합병 10년이 넘어선 1920년대 이후 일본어를 능숙하게 사용하게 된 학생들은 일본어로 된 책들을 통해 서양의 기독교윤리를 쉽게 읽어낼 수 있었기 때문에, 상당한 양의 지식정보가 전수되었을 것으로 사료된다. 당시 일본에는 다른 인문학 분야에서와 마찬가지로 철학, 신학 영역 분야에서 상당히 풍성한 지적 자산들이 유입 축적되고 있었다.

2) 평양장로회신학교와 감리교신학교의 교과과정 비교

한국교회사 속에서 장로교는 1901년에, 감리교는 1905년에 각각 본격적인 한국인 목회자 양성을 위한 신학교를 설립하였다. 그러나 고려할 점은 신학교육이 시기적으로 그 이전으로 거슬러 올라간

---

[12]　장로회신학대학교에 소장된 지수왕(평양신학교 29회 1935년 졸업생)이 기증한『윤리학등사본 1』과『윤리학등사본 2』(근대신학난제, 윤리학, 신구약중간사 합본)를 보면 확인할 수 있다.

　기독교윤리학의 한국적 수용과 정립

다는 사실이다. 즉 1889년부터 장로교회는 겨울마다 한 달 반씩 전도인을 대상으로 신학반을, 감리교회도 1896년부터 역시 신학반을 운영하면서 신학교육을 시작했다. 그 후 각 신학교는 각각 미국과 일본의 신학교와 교류를 통해 독자적으로 신학교육 체계를 구축해 나갔으며, 그 교과과정을 도표로 비교해 보면 다음과 같다.

[표 7] 감리교 협성신학교 주간 교과시간(1921)[13] (숫자는 1주당 시간 수)

학년 및 과 / 과목	예비과 본과	예비과 별과	1학년 본과	1학년 별과	2학년 본과	2학년 별과	3학년 본과	3학년 별과	연구과 본과	연구과 별과	계 본과	계 별과
일본어				3		3		2				8
영어			5			1		1			18	
한문작문	10			2			1					2
문학			1	1	1					2	6	3
논리학	2		2	2							2	2
주일학교육학			2	1					2		2	1
심리학					2	2					2	2
만국지지·역사											3	
성경지지·역사	3		2	2							2	2
성경			8	8	5	5	5	5		5	28	23
성경총론	5		2	3					5		2	3
교회역사					3	3	3	3	3	3	9	9
실용신학			1	1	3	3	3	3	3	4	10	11
조직신학					3	3	3	3	3	4	9	10
종교비교학					1	1			2	2	3	3
사회학·주일학교법					2	2	2	2	2	2	6	6
헬라어·히브리어					2	2					8	
장정					1	1	1	1	4		2	2
음악	2		2	2	2	2	2	2			8	6
계	22		25	25	25	26	22	22	24	22	118	95

---

13 "감리교협성신학교일람표", 『신학세계』 7권 1호(1922. 1), 103-105; 한국기독교역사연구소 편, 『한국기독교의 역사 II』(서울: 기독교문사, 2007), 151-152면에서 재인용.

[표 8] 평양장로회신학교 학기별 교과시간(1920)[14]

과목 \ 학년 및 학기	하(下)학년		중(中)학년		상(上)학년		계
	춘기	추기	춘기	추기	춘기	추기	
신약	36	24	78	36	30	48	252
구약	48	24	24	36	36	24	192
신학총론	60	36	24	48	36	36	240
교회사기	24	36	36	26	24	48	194
설교학	24	24	24			24	96
도덕학		24					24
실제신학		24		12	24		60
교회정치 · 헌법				24	36		60
심리학상교수법			24				24
사회학						12	12
계	192	192	210	182	186	192	1,154

한국 기독교계의 신학교육의 흐름을 이해하기 위해 신학반 시절
부터 장 · 감 양 교파 신학교의 신학교수로 활약한 인물들을 정리하
면 다음과 같다. 참고로 한국인 교수들도 포함시켰다.

[표 9] 각 신학교의 신학교수 비교[15]

장로교		감리교	
신학반 (1889-1900)	H. G. Underwood, D. L. Gifford, J. S. Gale, W. M. Junkin, W. M. Baird, S. A. Moffett	신학반 (1896-1900)	H. G. Appenzeller, W. B. Scranton, G. H. Jones, W. C. Swearer, W. A. Noble

---

14　"신학교과정", 『신학지남』 3권 1호(1920. 4), 143-146; 한국기독교역사연구소 편, 『한국기
　　독교의 역사 II』(서울: 기독교문사, 2007), 152면에서 재인용.

15　이만열, 『한국기독교와 민족의식』(서울: 지식산업사, 2000), 482.

　　　　기독교윤리학의 한국적 수용과 정립

장로교		감리교	
평양 신학교 (1901– 1940)	S. A. Moffet, G. Lee, C. A. Clark, J. S. Gale, G. O. Engel, W. C. Erdman, N. D. Reynolds, R. C. Robert, E. Bell, W. R. Foote, A. F. Robb, W. N. Blair, W. L. Swallen, A. D. Clark, J. C. Crain, F. W. Cunninghan, F. Kinsler, C. E. Sharp, 남궁혁, 이성휘, 김선두, 박형룡	협성 신학교 (1907– 1940)	G. H. Jones, W. A. Nobble, W. B. Scranton, W. C. Swearer, W. G. Cram, H. B. Hulbert, E. M. Cable, W. A. Wasson, C. S. Deming, R. A. Hardie, F. K. Gamble, B. W. Billings, A. B. Chaffin, M. Tinsley, J. M. Cherry, G. L. Gerbine, 최병헌, 변성옥, 김인영, 양주삼, 김종만, 한치진, 변홍규, 김창준, 정경옥, 홍에스더, 황애덕, 장정심

각 신학교의 교수진을 국적별로 분류하면 다음과 같다.

[표 10] 각 신학교의 교수진 국적별 분류[16]

구분	장로교(26명)	감리교(29명)
미국	H. G. Underwood, D. L. Gifford, W. M. Baird, W. M. Junkin, S. A. Moffett, G. Lee, C. A. Clark, W. C. Erdman, W. D. Reynolds, R. C. Roberts, E. Bell, W. N. Blair, W. L. Swallen, A. D. Clark, J. C. Crain, F. Kinsler, C. E. Sharp(17명)	H. G. Appenzeller, W. B. Scranton, G. H. Jones, W. C. Swearer, W. A. Noble, W. G. Cram, H. B. Hulbert, E. M. Cable, W. A. Wasson, C. S. Deming, F. K. Gamble, B. W. Billings, A. B. Chaffin, M. Tinsley, G. L. Gerbine, J. M. Cherry(16명)
캐나다	J. S. Gale, A. F. Robb, W. R. Foote(3명)	R. A. Hardie(1명)
호주	G. O. Engel, F. W. Cunningham(2명)	
한국	남궁혁, 이성휘, 김선두, 박형룡(4명)	최병헌, 변성옥, 김인영, 양주삼, 김종만, 한치진, 변홍규, 김창준, 정경옥, 홍에스더, 황애덕, 장정심(12명)

---

16   Ibid., 483.

각 신학교 신학교수의 국적을 살펴보면, 장로교나 감리교 모두 미국인 교수의 비율이 절대적인 것을 알 수 있다. 반면에 한국인 교수의 참여비율을 살펴보면, 장로교가 15%인 반면, 감리교가 42%로 한국인 참여의 폭은 감리교가 장로교보다 넓었음을 알 수 있다. 그리고 여성의 참여는 장로교의 경우 한 명도 없는 반면 감리교는 5명(A. B. Chaffin, M. Tinsley, J. M. Cherry, 홍에스더, 장정심)으로 여성 신학교육 및 신학교육에서 여성의 참여 면에서도 감리교가 앞서고 있음을 알 수 있다. 이런 사실은 후일 감리교의 활발한 여성 목회자 사역의 기반이 되었음을 짐작하게 한다.

또한 신학 교수의 출신학교를 분류해 보면 각 신학교의 신학교육 성향을 알 수 있는 데, 그것을 표로 표시하면 다음과 같이 나타낼 수 있다.

[표 11] 장로교 신학교의 출신학교별 교수 분포[17]

구분	신학교	출신학교
미국 (16명)	맥코믹신학교(4명)	S. A. Moffett, G. Lee, C. A. Clark, W. M. Baird
	프린스턴신학교(7명)	W. C. Erdman, R. C. Roberts, A. D. Clark, F. Kinsler, 남궁혁, 이성휘, 박형룡
	유니언신학교 (리치몬드)(2명)	W. M. Junkin, W. D. Reynolds
	뉴브린스윅신학교(1명)	H. G. Underwood

---

17   Ibid., 484.

      기독교윤리학의 한국적 수용과 정립

구분	신학교	출신학교
미국 (16명)	켄터키신학교(1명)	E. Bell
	루이빌신학교(1명)	J. C. Crain
캐나다(3명)	파인힐신학교(2명)	A. F. Robb, W. R. Foote
	토론토대학(1명)	J. S. Gale
스위스(1명)	바젤대학(1명)	G. O. Engel
한국(1명)	평양신학교(1명)	김선두

[표 12] 감리교 신학교의 출신학교별 교수 분포[18]

구분	신학교	출신학교
미국 (21명)	드루신학교(5명)	H. G. Appenzeller, W. C. Swearer, W. A. Noble, C. S. Deming, 변홍규
	벤더빌트대학(3명)	W. A. Wasson, F. K. Gamble, 양주삼
	컬럼비아대학(2명)	A. B. Chaffin, 황애덕
	에모리대학(2명)	김인영, 김종만
	웨슬리안대학(1명)	G. H. Jones
	커넬대학(1명)	E. M. Cable
	유니언신학교(1명)	B. W. Billings
	앤드루대학(1명)	M. Tinsley
	메이컨대학(1명)	J. L. Gerdine
	게릿신학교(1명)	정경옥
	스카릿대학(1명)	홍에스더
	사우드캘리포니아대학(1명)	한치진
	시카고대학(1명)	변성옥

18　Ibid.

구분	신학교	출신학교
캐나다(1명)	토론토대학(1명)	R. A. Hardie
일본(1명)	아오야마학원(1명)	김창준
한국(1명)	신학반	최병헌

각 학교의 교과과정을 신학 분야별로 구분하여 정리하면 다음과 같다.

[표 13] 각 신학교의 신학 분야별 교과과정[19]

장로교				감리교			
분야	과목	시간	%	분야	과목	시간	%
성서신학	19	444	38.4	성서신학	25	820	36.2
조직신학	9	266	23.0	조직신학	12	360	15.9
역사신학	6	168	14.5	역사신학	9	360	15.9
실천신학	13	279	23.9	실천신학	12	360	15.9
				국어	6	360	15.9
계	47	1,154		계	64	2,260	

---

19   Ibid., 489.

   기독교윤리학의 한국적 수용과 정립

신학 분야별로 교육내용을 살펴보면 장로교와 감리교 모두 성서신학 분야의 교과목과 이에 배정된 시간이 가장 많아 전체 강의과목의 40% 가까이 된다.

1920년대 장로교 평양신학교는 성경을 중심으로 한 전도자적 기독인을 양성하는 일에 교육의 비중을 두었으나 감리교는 장로교의 경우에 비해 일반 교육 분야를 중시했다. 장로교는 전도자적 기독인을 양성하는 일을 큰 목적으로 삼은 반면 감리교는 교육 일반에 주력함으로써 복음전도의 수단으로 삼으려는 방법론을 적용했다.

1920년대 초반 장로교 평양신학교와 감리교 협성신학교의 교과과정을 비교해 보면 교양과목에 있어 평양신학교는 4.9%를 할애한 반면 협성신학교는 무려 40% 이상을 할애했고, 성경신학에서는 평양신학교가 40% 이상을 배정한 반면 협성신학교는 30%에도 미치지 못했다. 이로써 평양신학교는 칼빈주의 정신에 따라 협성신학교에 비해 한결같이 성경 중심의 보수신학을 견지하려는 입장을 취했다고 볼 수 있다.

구분	성경신학	조직신학	실천신학	역사신학	교양과목
평양신학교	41.7	20.2	19.9	13.1	4.9
협성신학교	28.1	8.9	11.7	8.4	41.7

주: 숫자는 교과시간의 백분율(%)

3) 평양장로회신학교의 신학교육과 맥코믹, 프린스턴의 신학교육에서의 기독교윤리의 위치

무슨 교재를 갖고 가르쳤을까 하는 문제는
학문의 뿌리 및 역사와 관련

한국에서 신학 교과과정 중 기독교윤리학을 어떻게, 무슨 교재를 갖고 가르쳤을까 하는 문제를 추적하는 것은 학문의 뿌리, 역사와 관련된 하나의 과제이다. 그런데 제 학문의 연구에 있어서 그 학문의 유입, 가르침, 정립 등에 대한 역사를 고찰하는 것은 매우 비본질적이고 외적 형식에 치우치는 연구인 것으로 평가절하될 가능성이 농후하다. 어떤 학문이 언제 어떻게 시작되었으며 왜 중요한가에 대한 논의에 대해 늘 반문을 던지는 사람들이 있기 때문이다. 또한 고려해야 할 것은 기독교윤리학은 가르치는 이마다 소위 마치 자신이 '원조'(?)처럼 처음 가르치는 양 착

---

20   이만열, 『한국 기독교 문화운동사』(서울: 대한기독교출판사, 1992), 298.

각하거나 가장할 가능성마저 도사리고 있다는 사실이다. 그래서 가르침과 관련된 궤적을 추적한다는 것은 상당한 노력을 필요로 하며, 또한 역사와 관련된 연구 분야 전반이 그러하듯이 뚜렷한 성과를 내기도 쉽지는 않다.

특히 한국사회는 안정된 시기를 지나온 것이 아니다. 기독교는 일제강점기의 혹한에 뿌리내리며 결실했고, 해방 후 5년여 만에 6·25라는 동족상잔의 비극을 경험했다. 게다가 장로교의 숱한 교단 분열의 아픔과 상호 대립, 한국기독교의 메카였던 평양 기독교의 몰락, 통합 합동 고신 측의 불충분한 소장 자료들, 특히 신학의 다른 분과학문에 비해 많은 학자군을 확보하지 못한 기독교윤리 분야라는 점에서 기독교윤리학 연구 과업에는 한계가 있다.

그럼에도 불구하고 필자가 주로 연구한 초기 신학교육의 여러 교과서들 중 스왈론의 『윤리학』과 같은 교재가 현존한다는 것은 실로 놀라운 일이다. 학문적 내용으로 볼 때 결코 가볍지 않은 책을 선교사 교수가 번역해서 강의했다는 것은 의미 있는 일이었기에, 스왈론 선교사의 삶과 또 그를 배출한 맥코믹신학교 및 19세기 말 미국 신학교육과 사회상황에 관심을 가질 수 있는 계기가 되었다. 이런 맥락에서 한국에서는 신학교육이 어떻게 진행되었고, 특히 많은 선교사를 파송한 맥코믹신학교의 신학교육은 어떤 과정을 통해서 이루어졌는지, 기독교윤리학 분야에 초점을 맞추어 고찰할 수 있었다.

우리나라에 기독교가 전파되면서 점차 선교사들의 수가 늘어가는 시기에 활동했던 목사들은 미국 신학, 특히 장로교의 경우 프린스턴신학교와 맥코믹신학교 출신들이 주류를 이루었다. 물론 감리교와 기타 교파의 신학과 윤리는 어떠했는지에 대해 질문할 수 있지만, 이 책에서는 범위를 한정할 수밖에 없다. 장로교의 경우 『윤리학』 이외에 선교사들에 의해 가르쳐졌거나, 특별히 번역된 텍스트를 찾기 어려워 스왈론의 『윤리학』을 주 자료로 삼아 깊이 있게 고찰하고, 이의 배경이 되는 신학교육과 윤리교육의 계보를 추적하는 작업을 진행하였다. 아울러 약간의 시간차가 있지만 감리교에서 가르쳐진 한치진의 윤리학을 다루게 되면 적어도 한국 기독교윤리학 분야의 정초를 형성할 수 있을 것으로 본다.

물론 한국 신학교육 과정에서의 기독교윤리 교육이 반드시 스왈론, 한치진의 윤리학 텍스트를 근간으로 삼았다고 확언하거나 단정지을 수는 없는 일이다. 그러나 문서의 분포와 내용 및 분량 등으로 보았을 때 상당한 영향을 주었다고 추정할 수 있으며, 그 역사적 맥락과 주요 내용들을 분석함으로써 기독교윤리학의 초석을 놓았다는 데서도 충분한 의미를 부여할 수 있을 것으로 사료된다. 이 책에서 다 다룰 수는 없지만 이후 후속연구로서 다양한 기독교윤리 강의 자료들을 발굴하여 내용들을 분석하고 종합해 가면 한국 기독교윤리학의 통시적 흐름이 정립될 수 있을 것으로 기대한다.

**한국적 세계화 시대에 더욱 많은
책임과 과제 부여**

한국기독교 역사 속에서 강의된 기독교윤리학 과목과 논의에서 어떤 다양한 내용들이 다루어졌는지 구체적으로 알 수는 없다. 그러나 시대의 요구와 신학적 흐름 가운데 주요 윤리학자들이 발표한 저서와 논문을 훑어보면, 어떤 과정들을 거치며 하나의 학문으로서 자리매김해 왔는지를 알 수 있다. 물론 기독교윤리학이 학문의 규모 면에서 아직도 마이너리티(minority)인 것은 사실이지만, 한국적 세계화 시대의 요구를 생각할 때 더욱 많은 책임과 과제가 기독교윤리학에 부여되어 있는 것이 사실이다. 지금도 기독교윤리는 인류사회가 당면한 많은 문제를 세분화하고 다양한 분야에서 다루어야 할 필요성이 있다. 또 인접 학문과 관련연구를 절실하게 필요로 하는 부분이 윤리학 분야이기에 맥코믹신학교의 경우를 통해서 살펴본 신학교육 초창기의 사례와 역사는 하나의 시사점을 보여 준다.

타 분야도 그러하듯 설득력 있는 기독교윤리학을 정립하고 발전시키기 위해서는 좁은 의미의 분과 학문들만을 고수할 것이 아니라 조직신학 또는 변증신학으로서 문화와 다양한 문제들과 부딪치며 학문을 전개해 나가야 한다. 좁은 의미의 철학적 논의에 매이기보다는 오히려 증거(witness)를 위한 학문으로서 선교학(missiology)과 가까이 갈 필요도 있다고 사료되며, 이런 배경이 역사 속에서 미국사회에서는 교회와 신학부흥의 배경이 되기도 했었다는 점을 고려할 필요가 있다.

이제 맥코믹신학교의 신학교육을 기독교윤리 분야에 초점을 맞추어 살펴보고자 한다. 맥코믹신학교의 경우 초창기 학문 '분과명'에 1873~1881년 페터슨(Patterson) 교수가 'Christian Evidences and Ethics'를 담당했던 기록이 있으나 실제적으로는 조직신학의 한 분야 또는 철학·기타 사회학 관련 과목으로 교수되었던 것으로 보인다. 한국의 경우도 그러하듯 기독교윤리학 담당교수의 지위와 역량에 따라 약간의 학문적 위치가 변하기는 했지만 신학의 주요 영역을 점했던 것만은 분명하다.

맥코믹신학교 신학대학원 과정의 1886~1896년 카탈로그[21]를 살펴보면 우스터대학교(College of Wooster)[22]에 관한 정보를 얻을 수 있다. 1887~88년 대학별 학부 졸업생은 우스터대학교 14명(1위), 하노버대학 11명(2위)이며, 1895~96년 졸업생은 레이크포레스트(Lake Forest) 16명, 하노버칼리지 15명, 우스터대학교 15명(2위)이며, 1889~90년은 우스터와 하노버 각 13명으로 공동 1위를 기록하고 있다. 1893년부터 1894년까지 우스터대학교 졸업생은 16명(2위), 레이크포레스트 출신은 19명(1위), 파크칼리지(Park College) 출신은 13명(3위)으로 기록되고 있다. 우스터대학교는 현재 미국 오하이오 주에서 운영되고 있는데,

---

21 필자가 맥코믹신학교를 직접 방문하여 요람을 확인하였으며, 현재 전해오는 요람을 중심으로 대학별 학부 졸업생과 맥코믹신학교의 졸업생 현황을 살펴보았다. 연도별 요람들 중 1874년부터 1875년의 요람을 일례로 소개한다. 모펫과 베어드의 경우 1885~1888년, 스왈론은 1889~1892년 3년 과정을 졸업했으며 졸업생 명부를 통해 직접 확인할 수 있었다. *Annual Catalogue of Presbyterian Theological Seminary of the Northwest, Chicago, - Illinois. 1874-1875* (Chicago: Steam Press of Birney Hand & Co., 1875).

22 우스터대학교는 1866년 미국 오하이오 주 우스터에 설립된 사립학교로서 2014년 현재 재학생 수는 2,080명이다. http://www.wooster.edu/(홈페이지)

　　기독교윤리학의 한국적 수용과 정립

장로교인이 세운 사립대학으로 교양 중심의 예과 역할을 했던 것으로 보인다.

맥코믹신학교의 졸업생 현황을 살펴보면, 1831년 2명을 시작으로 1912년까지 모두 2,309명의 졸업생을 배출하였는데, 그중 목회자 1,203명, 관료 292명, 선교사 248명, 전도자 678명을 기록하고 있다. 맥코믹신학교의 학문 분과를 살펴보면, 1886~87년에는 분과별 구분이 없이 가장 첫 분야의 디댁틱(Didaktic)이 소개되고, 1890~91년부터는 디비니티(Divinity)와 디댁틱 등 7과목, 특강과목 등이 소개되고 있다. 1891년에도 동일하며, 1892~93년부터 한국에서도 많이 사용한 바 있는 전통적인 네 개 파트의 신학분류, 즉 조직신학, 역사신학, 조직신학(디댁틱과 폴레믹, 변증과 선교학 포함), 실천신학 분야 등이 있었다.

3.
기독교윤리 교육의 체계적 출발

개항기 초기 교리서를 통한 기독교윤리는 기존의 유교적 가치관에 함몰되어 있던 사회적 분위기에서 체험한 것과는 전혀 새롭고 낯선 윤리였다. 신학교육이 시작된 시기는 한국사회에서 근대적 학교교육이 전개된 지 얼마 되지 않아서였다. 그러나 교세의 확장과 더불어 전도자 또는 신학교육을 체계적으로 시행하기 위하여 신학교를 설립하게 되었고, 신학교육의 원리에서보다도 여러 상황적 제약과 한계가 있었음에도 불구하고 신학교를 설립함으로써 한국사회를 근대교육의 틀로 진입하게 하였다고 할 수 있다. 또한 이런 신학교육의 체계화 과정 속에서 기독교윤리 분야도 단순한 생활윤리의 차원에서의 기독교윤리를 넘어 체계적인 교육에서 이루어지는 학문으로서의 기독교윤리가 수용되며 확산되는 계기를 마련했다고 평가할 수 있을 것이다.

기독교윤리학의 한국적 수용과 정립

IV

신학교육을 통한
기독교윤리학의 정립

한국기독교 선교 초기의 기독교윤리 교육에 대한 자료는 교리서와 신문, 잡지 기사 등에서 발견할 수 있다. 하지만 체계적이고 본격적인 기독교윤리에 대한 자료는 평양장로회신학교에서 윤리학을 담당한 스왈론(William L. Swallen) 선교사가 번역한『도덕학』(1919)을 들 수 있다. 이후 윤리학과 관련된 주요저서들로는『기독교사회사상』(1926),『구약의 부인들』(1927),『그리스도의 四肖像』(1927),『그리스도 륜리표준』(1929),『그리스도 모범』(1929),『야소의 사회훈』(1930),『기독교인생관』(1934),『신자생활의 첩경』(1936) 등이 연이어 발행되었다.[1]

---

[1] 『기독교사회사상』(1926),『그리스도 륜리표준』(1929),『그리스도 모범』(1929),『야소의 사회훈』(1930),『신자생활의 첩경』(1936) 등에 대한 논의는 이 책의 V 부에서,『기독교인생관』은 VI부에서 다루었다.

1.
평양장로회신학교의
기독교윤리학 교과서, 『도덕학』[2]

1) 우스터대학교의 그레고리와 스왈론, 그리고 맥코믹신학교

맥코믹신학교의 교과과정은
1919년부터 종교철학과 윤리 분리

　　　　　　　　　　　　사실 선교사에 의해 소개되고
번역되었다는 점에서 한계는 있지만 기독교윤리학의 교재 편찬과 교
육은 미국의 신학교육에 비해 별반 차이가 나지 않은 것으로 볼 수 있
다. 필자가 직접 검토한 미국 맥코믹신학교의 커리큘럼에 의하면, 입
수한 자료들 가운데 1919년 교과과정부터서야 종교철학과 윤리가 별
도의 영역으로 분류되어 편성되기 시작하였다. 그 이전에는 조직신

2　이 장의 일부는 필자의 논문, "한국기독교 초기 윤리학교과서 문헌해제 및 한국적 수용과정 연
　구"(『기독교사회윤리』 18집, 2009. 12)을 통해 기 발표된 것임을 밝힌다.

학분과에서 담당한 것으로 나와 있다. 1919~1920년의 맥코믹신학교 커리큘럼에 의하면, 제 학문 영역을 히브리어와 구약주석, 신약주석, 영어성서, 교회역사, 역사신학, 종교철학과 윤리학, 조직신학, 실천신학, 목회신학, 사회학, 선교로 구분하고 있는 것을 볼 수 있다. 스왈론은 신학교육을 받기 이전에 우스터대학교에서 교육을 받았다. 그는 대학교육을 받을 때 보았던 그레고리(D. S. Gregory)의 *Christian Ethics*를 선교지인 한국에 소개하였다. 이는 한국 기독교윤리학(장로회 중심)의 출발점이 되었다고 할 수 있을 것이다. 그러면 이제 한국에 기독교윤리학을 소개한 스왈론과 그레고리에 대해 살펴보고자 한다.

우스터대학교 졸업생 상당수가 신학교에 진학하였다. 이 대학에서 가르치던 교재인 윤리학을 스왈론이 번역하여 평양신학교에서 가르쳤던 것이다. 미국의 학제와는 다른 평양신학교에서 철학일반을 포함한 윤리학 교재를 번역하여 강의하려 했던 것으로 보이며, 교재를 발행했다는 것은 그만큼 비중 있는 강의였다는 점을 시사한다.

그레고리는 1832년 출생하였으며 1857년 프린스턴대학을 졸업하고 1859~1860년 프린스턴신학교에서 수학하였다. 그는 1871년 미국 오하이오의 우스터대학교에서 형이상학과 논리학 교수가 되었다. 1979년 일리노이 주의 레이크포레스트(Lake Forest) 대학의 총장이 되었다. 그는 1875년 『기독교윤리학』, 1876년 *Why Four Gospels?*, 1881년 『실천논리학』(*Practical Logic*) 등을 출간하였다.[3]

---

3 *Appletons' Encyclopeia of American Biogralhy*, edited by James Grant Wilson and John Fiske(New York: Appleton, 1888-1889).

1893년 1월 북장로교 연차회의에서
관서지방, 평양주재 선교사로 위임

스왈론은 미 북장로교 소속 선교사였다. 그는 한국교회에서 자신의 본명인 스왈론보다 한국 이름인 소안론으로 더 알려져 있다. 그는 한국기독교 초기 장로교선교사들을 많이 배출한 맥코믹신학교 출신이다. 1892년 11월 부인 살리 윌리슨(Sallie Willison, 1863-1945)과 함께 한국선교사로 내한, 서울 선교부에 소속되었다가 1893년 1월 북장로교 연차회의에서 모펫, 리(G. Lee, 이길함) 등과 함께 관서지방, 평양주재 선교사로 위임받았다. 1899년 평양 선교부로 이주, 그해 3월 윌리엄 베어드(W. M. Baird, 배위량) 목사가 안식년으로 귀국하자 숭실학당 관리책임자로 봉직하면서 예배를 담당하였다. 이를 계기로 1901년 부친의 유산 1만 8,000원을 숭실학당에 기증하여 초기 학교발전에 크게 기여하였으며 같은 해 조선예수교장로회공의회 초대회장으로 피선되었으며 1903년 1월 모펫, 베어드, 리, 헌트, 번하이슬 등과 함께 평양에서 평양신학교를 발족하여 학생 6명(장로 4명 포함)으로 개교하였다. 또한 그해 여선교사 스눅(Velma L. Snook, 선우리)을 도와 평양남문교회를 설립하였으며 블레어와 함께 그 첫 목회자로 봉직하였다.

스왈론 목사의 후손들에 의하여 기증되어 숭실대학교 기독교박물관에 소장된 '기산풍속도 관련 문서' 중에는 스왈론 선교사의 타이핑 원고가 포함되어 있다. 원고의 내용을 소개하고 있는 '신수품 소개' 문헌에 따르면 다음과 같은 내용을 포함하고 있다. 이 글은 '한국 초기 개신교 신자들의 교화 양상을 "근면 검소(Industry and Thrift)", "가

　　　　　　　기독교윤리학의 한국적 수용과 정립

정과 청결의 반전(The Development of Home and Cleanliness)", "종교적 열의 (Religious Enthusiasm)" 등으로 부각시켰다. 이 글은 본래 태생적으로 게으르고 불결하며 가정의 소중함을 몰랐던 한국인이 기독교인이 된 후 개심하여 완전히 뒤바뀐 양상, 열정적으로 하나님의 은총을 찬양하는 면모 등을 서술함으로써, 한국 기독교인의 인격을 증언하고, 광야에서 기적을 일으키신 하나님께 영광을 돌리며, 서구 불신자의 반성을 촉구하는 내용이다.[4]

1898년 6월 10일 인전교사로 호조를 최초로 발행받음

사실 조선 정부가 선교의 명목으로, 1898년 6월 10일 인전교사(因傳敎事)로 호조(護照: 당시 개시(開市)한 곳 이외의 지역으로 외국인이 여행할 때 휴대해야 했던 여권)를 발행받았던 선교사는 스왈론이 최초였다. 이는 언더우드와 아펜젤러가 입국한지 무려 13년 만의 일이었다.[5]

---

4   숭실대학교 기독교박물관 편, 『한국기독교박물관 소장 기독교자료 소개』(서울: 한국기독교박물관, 2007), 165-166.

5   민경배, 『한국 기독교회사』(서울: 연세대학교 출판부, 2007), 135.

[표 15] 맥코믹신학교(1888)와 평양장로회신학교(1920) 교과과정 비교[6]

구분		맥코믹신학교(1888)	평양장로회신학교(1920)
조직 신학	1학년	변증학, 험증학/영감, 신론	신학(요리문답, 기독교증거)
	2학년	변증학, 험증학/창조, 천사, 인간, 죄, 그리스도론, 성령	인간론, 구원론
	3학년	변증학, 험증학/율법, 기독교인의 자유, 은혜, 기도, 안식일, 종말론	종말론, 성령론
성경 신학	1학년	구약문헌 및 주해, 신약문헌 및 주해	신약주해, 구약주해, 신약개론, 구약사
	2학년	구약문헌 및 주해, 신약문헌 및 주해	신약주해, 구약주해, 구약지리
	3학년	구약문헌 및 주해, 신약문헌 및 주해	신약주해, 구약주해
교회사	1학년	교회사(사도시대~A.D. 590)	사도시대–니케아시대
	2학년	A.D. 590~A.D. 1648	니케아시대–니케아 후기, 종교개혁 전 역사
	3학년	A.D. 1648현대	종교개혁사, 종교개혁 후 역사
목회 신학	1학년	수사학(주해연습)	설교학
	2학년	수사학(설교연습)	설교학
	3학년	수사학(설교연습)	목회신학
기타			기독교윤리, 심리학, 교육학, 교회정치, 성례, 사회학, 현대선교 등

위의 표에서 볼 수 있는 것은 1920년부터 평양장로회신학교의 3년 교과과정이 체계적으로 편성되었다는 점이며, 기존의 성경만을 강조하는 신학교육에서 좀 더 확장된 신학교육을 목표로 신학의 세분화와 함께 심리학, 교육학, 윤리학, 사회학 등의 교육이 시작되었다는

---

6   조경현, "한국 초기 미 북장로교 선교사들의 신학의 뿌리", 『敎會史學』 6집(2006), 245-246.

점에 주목할 필요가 있다. 그런데 이 커리큘럼은 미국 맥코믹신학교
의 교과과정과 상당히 유사함을 보여 주고 있다.[7]

2) 평양장로회신학교의 기독교윤리학 교과서 『도덕학』[8]

한국선교 초기 맥코믹신학교
출신의 선교사 14명 입국

　　　　　　　　　　　한국 장로교계 신학교의 효시인 평
양장로회신학교의 초기 교수진은 대부분 맥코믹신학교 출신이었다.
한국선교 초기 맥코믹신학교 출신의 선교사로 1888년부터 1902년에
한국에 입국한 수는 모두 14명이다. 이들 가운데 평양장로회신학교
교수단에 포함된 이들은 모펫(신학, 교회정치; 1888년 졸), 스왈론(기독교윤리,
신, 구약 주해; 1892년 졸), 클라크(설교학; 1902년 졸), 번하이슬(1900년 졸), 베어
드(1888년 졸)이다. 1901년 모펫 선교사의 사랑방에서 신학교육을 시
작할 때, 당시의 신학교는 일정한 교과과정이 설정되지 않았다. 본격
적인 교과과정을 채택하여 신학교육을 시작한 해는 1903년부터이다.

7　　1925년 라부열이 마포삼열에 이어 제2대 교장으로 취임하면서 신학교의 학풍은 프린스톤신
학교의 커리큘럼과 유사하게 변화된 것으로 보인다.

8　　한국기독교의 윤리학 수용과 관련된 연구를 수행하기 위해 『기독교사회사상』, 『신도게요서』,
『그리스도모범』, 『예수의 사회훈』, 『그리스도륜리표준』 등의 문헌을 한국기독교역사박물관
(소장 이덕주 교수)에서 제공받을 수 있었다.

이때의 교과과정은 전체 5년으로 1년에 3개월 간 교육시켰다. 5년 교과과정이 1910년에 다시 개정되었고, 5년 교과과정이 1919년까지 계속 이어졌다. 그러다가 1920년에 5년 교과과정이 3년 교과과정으로 변경되었다. 이것은 또한 커리큘럼 및 학제의 정상화의 결과라 할 수 있다. 1920년 교과과정의 특징을 살펴보면 첫째, 성경 만을 강조하는 신학교육에서 좀 더 확장된 신학교육을 시작하게 되었다. 인간론, 구원론, 종말론, 성령론 등의 조직신학을 세분화해서 구성하였고, 목회신학, 선교 등의 실천신학과 선교학을 추가하였다. 심리학, 교육학, 윤리학, 사회학 등과 일본어, 음악 등의 과목까지 포함되어 있었다. 둘째, 이 당시의 교수진은 미 북장로교 출신의 선교사 모펫, 클라크(C. A. Clark), 어드만, 사이드보탐(R. H. Sidebotham), 베어드 등을 비롯하여 미 남장로교의 레이놀즈, 유진 벨, 맥카친, 호주 장로교의 왕길지, 캐나다 장로교의 롭(A. F. Robb) 등으로 비교적 균형 있게 구성되었다. 셋째, 맥코믹신학교와 비슷한 학풍이 1925년 라부열이 평양장로회신학교 교장으로 취임하면서 프린스톤신학교와 흡사한 교육적 분위기가 형성된 것으로 볼 수 있다.

1920년에 평양장로회신학교 교과과정의 체계적 형성

1920년에 이르러서 평양장로회신학교의 교과과정이 보다 체계적으로 형성되었다. 이때의 교과과정은 맥코믹신학교의 1888년의 교과과정과 유사하다. 1920년대 평양장로회신학교의 학과 과목의 학기별 배정은 다음과 같다.

 기독교윤리학의 한국적 수용과 정립

1학년

- 봄학기(3~6월): 공관복음, 창세기, 구약총론, 성경교리문답, 변증론, 구약사기, 설교학
- 가을학기(9~12월): 사도행전, 출애굽기, 신약총론, 교회사기, 종교사, 도덕학, 설교학, 실제신학

2학년

- 봄학기: 요한복음, 에베소서, 신약총론, 시편, 구약지리, 신학총론, 교회사기, 설교학
- 가을학기: 고린도전후서, 신약지리, 이사야서, 신학총론, 교회사, 교회정치, 실제신학, 심리학

3학년

- 봄학기: 히브리서, 구약총론, 다니엘서, 말세론, 성례론, 교회사기, 권징조례, 예배모범, 목회학
- 가을학기: 로마서, 묵시록, 예레미야서, 영혼론, 성령론, 교회사기, 목회학, 사회학, 실제신학[9]

9　이만열, 『한국기독교문화운동사』, 294-295.

이 과정을 보면 『도덕학』이 새로운 커리큘럼에 맞춰 번역되었다는 것을 알 수 있다. 1916년 처음으로 평양신학교 요람이 제작되면서 교수진들은 자신의 전담과목을 맡았고, 이때부터 신학교가 신학교로서의 체계적인 발전 궤도에 올라섰다고 보아야 할 것이다. 1920년에는 보다 체계적이고 안정적인 교수진을 확보할 수 있었다. 이제 신학교육은 이전의 교육과는 다른 새로운 수준의 교육이 이루어졌다는 것을 보여 주었고 신학교에서 교재로 사용된 『도덕학』이 초·중등 학교 수준의 수신학(修身學)이나 그 밖의 윤리서와는 확연히 다른 차원의 것임을 분명하게 보여 주었다.

『도덕학』의 목록과 내용을 비교, 검토하는 과정을 통해 대한제국시대 및 일제강점기의 '수신학'과는 전혀 다른 체계와 내용을 전개하고 있는 기독교윤리를 살펴볼 수 있다. 더 나아가 이러한 결과를 토대로 초기 기독교계의 각종 학교에서 사용한 스왈론의 『도덕학』을 비롯한 서양 기독교윤리사상을 소개하고 있는 번역서들이 한국사회에 유입되어 어떤 영향을 끼쳤는가에 대해 보다 심도 있는 연구를 가능하게 할 수 있을 것이다.

개항 후 국내에서 발간된 기독교윤리와 관련된 한글본 인쇄물 가운데 스왈론이 번역하여 평양장로회신학교와 각급 기독교계 학교에서 교재로 사용된 『도덕학』을 중심으로 평양장로회신학교의 기독교윤리 출발점을 찾고자 한다. 이 책은 한글 맞춤법이 제정되기 훨씬 이전의 것이기 때문에, 신진 학자들이나 학문 후 세대들이 자료로 사용

하는 데 어려움이 있어서 우선 현대어로 다시 읽기를 시도할 필요가
있다.

『도덕학』의 원문 서명은 *Christian Ethics: or the True Moral Manhood and Life of Duty*(D. S. Gregory, Philadelphia: Eldredge & Brother, 1879)
이다. 이 책은 한국에서 스왈론이 1915년에 번역하여 보급하였다. 평
양의 모펫(Samuel A. Moffett)이 발행인으로 되어 있으며, 인쇄소는 평양
에 있는 광문사였고, 경성의 야소교서회와 평양의 광명서관에서 발행
하였다. 국판 289면으로 되어 있으며, 국한문 혼용체 내려쓰기를 하
고 있다.

현재 전해오는 『도덕학』은 1915년판, 1919년판(2판) 등이 있
다. 연구자가 텍스트로 사용한 것은 1919년판(연세대학교 소장본)이다.[10]
1915년판은 한국기독교역사박물관에 소장되어 있는데 내용은 같지
만 한글 전용으로 되어 있다는 점에서 차이가 있다. 스왈론은 이 책의
서문에서 번역 목적을 다음과 같이 밝히고 있다.

이 도덕학은 대미국 유명한 그레고리(쓰레쏘리) 박사가 기록한 책을
번역한 것인데 이 도덕학의 이치는 모든 사람의 행위와 관계 있는 것이
다. 다른 사람을 가르치는 자는 이 도덕학을 공부하여 이 이치를 자세히
알고 가르치는 것이 유익할 것이다. 그렇게 함으로써 조선에 있는 신학

---

10   동일본이 장로회신학대학교에도 소장되어 있으며, '강의노트'도 함께 있는 것을 알 수 있다.
      이 책은 진화론, 성경비평, 동정녀에게 나심, 이적(초자연), 구원의 방침, 교회의 목적 등을 담
      은 근대신학난제와 윤리학 및 신구약중간사가 합본으로 되어 있다. 장로회신학대학교편집위
      원회편, 『장로회신학대학교 역사화보집(제1권)』(서울: 장로회신학대학교, 2008), 233-234.

과(神學科)와 대학과(大學科)와 중학과(中學科)를 위하여 특별히 발행한 것이지만 누구든지 이 책을 학교에서 배우지 않더라도 혼자서 공부할 수 있게 편집하였다.[11]

기독교윤리 또는 윤리학을 소개하고 있는 최초의 한글 윤리학 교재

이 책의 구성을 살펴보면 상편과 하편으로 나누어져 있고, 각 편은 '제목(題目)'·'장(章)'·'대지(大旨)'·'고(股)'·'단(段)'·'층(層)'·'계급'·'1'···과 같은 방식으로 구성되어 있다. 이 책에서 다루고 있는 주제는 목차에 잘 나타나 있다.

상편 도덕의 이론에서는 사람의 성품, 덕의 이치, 사람의 본분의 이론을 다루었고, 하편 도덕의 행위에서는 자기에게 할 본분, 남에게 할 본분, 하나님께 할 본분 등을 다루고 있다. 결론에서 "도덕의 지극흔 결과는 예수 그리스도를 밋는 가온딕 잇스니 예수를 밋는 사름이라야 뎨일노 덕힝을 흘 수 잇스며 쏘흔 사름들이 지극흔 목적을 온젼히 흐고져 흐면 예수를 밋고 슌죵흠으로 흘 거시니라"라고 밝히고 있다.[12]

스왈론의 『도덕학』은 번역서이다. 그래서 필자는 영어 원서를 입수하여 영어원서와 한글 번역본을 대조하면서 다시 읽기를 시도하였다. 한글, 영어로 목록 읽기를 정리하는 작업을 완료한 뒤 계속해서

---

11   스왈론, 『도덕학』(서울: 조선예수교서회, 1919), 1(서문).

12   Ibid., 289.

원서와 번역본의 번역을 비교하여 다시 읽으면서 소개하는 작업을 진행하게 되었다. 한국교회 초기의 신학교 교육에 대한 부정적 평가로 인해서 평가절하되어 있던 스왈론 번역의 『도덕학』은 재평가되어야 한다. 몇몇 부분은 원저와 차이가 있지만 기독교윤리 또는 윤리학을 소개하고 있는 최초의 한글 윤리학 교재라 할 수 있다. 이 책이 번역 출판만 되었던 것이 아니라 평양장로회신학교에서 채택되었으며 지금도 현존하고 있음을 확인하였다. 따라서 이 책이 한국 장로교의 기독교윤리학의 정초가 되었다고 평가할 수 있다.

『도덕학』의 내용을 간추려 정리하면 다음 표와 같다(세부 내용은 부록에 첨부한 자료를 참고할 것).

[표 16] 『도덕학』 상편: 道德의 理論

〈一題目 人의 性品〉

장(章)	대지(大旨)	고(股)
一章 人의 位가 잇는 者	一大旨 행동ᄒᆞᄂᆞᆫ 者	一股 人은 자유로 행동ᄒᆞᄂᆞᆫ 神 Man a Self-Active Spirit
		二股 人은 體에神이 有홈 Man a Spirit Embodied
		三股 人이 하ᄂᆞ님과 親히 相關됨 Man Consciously Linked with God
	二大旨 行動의 動力/ 目的과 原因을 解釋홈	一股 行動의 目的動力 The Good as the Motive Object in Action
		二股 行動의 原動力 The Motive Cause in Action
	三大旨 行홀 主掌力	一股 擇定홀 能力 Power of Choice
		二股 執意ᄒᆞᄂᆞᆫ 能力 Power of Volition

장(章)	대지(大旨)	고(股)
一章 人의 位가 잇는 者	四大旨 行홀 引導力	一股 知慧가 引導力이라 Prudence as a Guide
		二股 理想的 觀念과 穩全홈이 關心이 引導力이라 The Ideal, or Perfect, as a Guide
		三股 良心이 引導力이라 Conscience as a Guide
二章 人의 特性을 言호면 道德이 有호 者	一大旨 理學士들의 道德意識의 理論을 슘힘	一股 經歷으로 됨 The View of the Experientialists
		二股 卽覺으로 됨 The View of the Intuitionalists
	二大旨 道德的意識의 大體를 슘힘	一股 經歷으로 된 道德的意識의 事實 The Experiential Facts of Moral Consciousness
		二股 卽覺으로 된 道德意識의 事實 The Intuitional Facts of Moral Consciousness

〈二題目 本分의 理致를 論홈〉

장(章)	대지(大旨)	고(股)
一章 德行의 至極호 目的 一 目的이 잇스야 될 것 二 目的과 方法을 分干홈	一大旨 至極한 目的의 理論	一股 有益호 理論 First General Theory: Utilitarianism
		二股 穩全호 理論 Second General Theory: Perfectionism
		三股 義의 理論 Third General Theory: the Rectitude Theory
	二大旨 義의 理論이 眞된 証據	一股 人의 普通된 意識으로 된 証據
		二股 德行의 理致로 된 証據
		三股 本分의 限定 가온듸 證據
		四股 目的과 偏向을 分干하지 못호는 證據
		伍股 人이 宜當히 應用홀 理致의 証據

기독교윤리학의 한국적 수용과 정립

장(章)	대지(大旨)	고(股)
二章 義의 至極호 規則	一大旨 至極호 規則의 不合호 理論	一股 國法이 至極호 法則이라 ㅎ는 理論/ 國法을 至極호 規則이라고 못홀 것 First General Theory: Authority of the State
		二股 世上의 如何호 關係가 至極호 規則이라 ㅎ는 理論 Second General Theory: the Nature of Things
		三股 人의 性品이 至極호 規則이라 호 理論 Third General Theory: the Nature of Man
	二大旨 至極호 規則의 合當호 理論	一股 合ㅎ는 理論의 証據 The Theory Confirmed
		二股 上帝의 旨가 세 貌樣으로 나타남 The Three Revelations Considered
三章 義의 至極호 憑據	一大旨 不合호 理論	一股 義의 宜當호 憑據는 世上原理에셔 나온다 ㅎ는 理論 First General Theory: the Nature of Things
		二股 上帝의 全權으로 나온다 ㅎ는 理論 Second General Theory: the Arbitrary Will of God
	二大旨 當然호原理의 理論	

〈三題目 本分의 理致를 論홈〉

장(章)	대지(大旨)	고(股)
一章 人의 本分의 當然호 槪念	一大旨 德行의 眞觀念	一股 德行은 義의 規則에 合ㅎ여야 德行이라 홈 A Virtuous Action must be Materially Right
		二股 德行은 正當호 思想이 有ㅎ여야 德行이라 홈 A Virtuous Action must be Intentionally, or Formally Right
	二大旨 一平生本分의 眞觀念	一股 一平生에 行홀 本分 The Moral Task or Life of Duty
		二股 道德相關된 穩全호 人 The Complete Moral Manhood

장(章)	대지(大旨)	고(股)
二章 一平生當然훈 일에 應用훌 資料	一大旨 能훈 知能	一股 知能이 잇스야 責任을 擔當홈 Intelligence before Responsibility
		二股 敎育훈 知能이 有ᄒ여야 一平生의 宜當훈 일을 擔當홈 Broad Intelligence before the Complete Life Task
	二大旨 敎育훈 良心	一股 良心이 有ᄒ여야 責任을 擔當홈 Conscience before Responsibility
		二股 敎育훈 良心이 有ᄒ여야 一平生의 宜當훈 일을 擔當홈 Cultivated Conscience before the Complete Life Task
	三大旨 自由ᄒ고 神聖훈 意志	一股 自由ᄒᄂ 意志가 有ᄒ여야 責任을 擔當홀 것 Free Will before Responsibility
		二股 神聖ᄒ고 自由ᄒᄂ 意志가 有ᄒ여야 現世에서 一平生本分을 穩全히 行홀 것 Holy Free Will before the Complete Life Task
三章 道德性을 維新홀 方策	一大旨 人의 性稟이 病됨	一股 人의 道德性의 形便 Condition of the Moral Nature
		二股 道德行爲로 낫타남 Workings of the Moral Nature
		三股 人의 病된 性稟이 結果로 現홈 Consequences of the Moral Disorder
	二大旨 眞維新홀 方策	一股 不足훈 方策 Inadequate Solutions of the Moral Problem
		二股 能히 維新홀 方策 Christianity the only Adequate Solution

기독교윤리학의 한국적 수용과 정립

[표 17] 『도덕학』 하편: 道德의 行爲

〈一題目 自己의게 홀 本分〉

장(章)	대지(大旨)	고(股)
一章 自己를 保存홈	一大旨 自守홈	一股 身을 守홈 Preservation of Bodily Life
		二股 神을 직힘 Preservation of Spirit's Life
	二大旨 自保홈	一股 身을 保存홈 Care of the Body
		二股 神을 保存홈 Care of the Spirit
	三大旨 自當	一股 身을 自當홈 Support of the Body
		二股 神을 自當홈 Support of the Spirit
二章 自己를 培養홈	一大旨 倍體	一股 普通倍體 General Physical Culture
		二股 特別倍體 Special Physical Culture
	二大旨 培神	一股 自己의 神을 알 것 Knowledge of the Individual Spirit
		二股 教訓의 適合혼 理論을 알 것 Correct Theory of Education
		三股 適合혼 理論디로 自育의 應用홈 Application of the Theory to Self-Culture
三章 自己의 行爲를 主掌홈	一大旨 自制	一股 情慾을 制勝홈 Government of the Active Propensities
		二股 才能을 平均케 홀 것 Balance of the Powers
	二大旨 自主	一股 眞實홈과 至極혼 目的 The True and Noblest Purpose
		二股 目的을 成就홈 The Execution of Purpose

〈二題目 他人의게 홀 本分〉

장(章)	대지(大旨)	고(股)
一章 萬民과 相關된 義務	一大旨 萬民을 保守홀 義務	一股 生命의 相關된 義務 Duties Pertaining to Life
		二股 自由의 相關된 義務 Duties Pertaining to Liberty
		三股 財政의 相關된 義務 Duties Pertaining to Property
		四股 眞實홈의 相關된 義務 Duties Pertaining to Truthfulness
		伍股 同胞兄弟의게 相關된 義務 Duties Pertaining to Human Brotherhood
	二大旨 萬民을 發達케 홀 것	一股 萬民을 培養홈의 總則 General Principles of Social Improvement
		二股 萬民을 培養홈의 特則 Special Principles of Social Improvement
	三大旨 萬民의 管理	一股 特別흔 管理 Special Duties of Social Control
		二股 特別흔 指揮 Special Duties of Social Direction
		三股 會와 會社를 홀 義務
二章 家屬과 相關된 義務	一大旨 婚姻의 相關된 義務	一股 婚姻의 理致 The Nature of Marriage
		二股 婚姻의 原因 The Origin of Marriage
		三股 婚姻의 意向 The Design of Marriage
		四股 婚姻흔 後에 홀 義務 Duties Imposed by Marriage
	二大旨 父母와 子女의 相關된 義務	一股 父母가 子女의게 홀 義務 Duties of Parents toward Children
		二股 子女가 父母의게 홀 義務 Duties of Children toward Parents

기독교윤리학의 한국적 수용과 정립

장(章)	대지(大旨)	고(股)
二章 家屬과 相關된 義務	三大旨 主人과 役軍의게 相關된 義務	一股 主人이 代理人의게 홀 義務 Duties of Masters toward Servants
		一股(二股를 잘못 인쇄한 것으로 보임) 役軍과 代理人이 主人의게 홀 義務 Duties of Servants toward Masters
三章 國家의 相關된 義務	一大旨 國家에셔 홀 義務	一股 國家가 人民의게 홀 職責 Duties of the State toward its Citizens
		二股 國家가 自國內와 外國의게 홀 職責 Duties of the State toward Itself and other States
		三股 國家가 上帝의 홀 義務 Duties of the State toward God
	二大旨 人民이 國家의게 홀 義務	一股 人民들이 國家의 保護 밧음을 因ㅎ야 宜當히 홀 義務 The Citizen as Protected in Freedom
		二股 人民들이 國家에셔 홀 職責을 因ㅎ여 홀 義務 The Citizen and the National Mission

〈三題目 上帝의 홀 분분〉

장(章)	대지(大旨)	고(股)
一章 知能을 上帝의 穩全히 밧칠 것	一大旨 義務의 宜當ㅎ 証據	一股 義務를 自知홀 것
		二股 義務는 아는듸셔 始作홈
		三股 此義務가 一般人의게 宜當홈
	二大旨 義務의 限定	一股 萬物을 솗혀 工夫홀 것
		二股 人의 生理를 솗혀 工夫홀 것
		四股(三股가 편집상 생략되었거나 三股를 잘못 표기한 것으로 생각됨) 工夫홀 목적

장(章)	대지(大旨)	고(股)
二章 感覺을 上帝의 穩全히 밧칠 것	一大旨 義務의 宜當흔 証據	一股 義務를 自然히 알 것
		二股 처음으로 아는 것브터 始作홈
		三股 義務는 全體로 홀 것
	二大旨 義務의 限定	一股 하느님은 至極히 穩全흐심
		二股 하느님은 至極히 義로 오심
		三股 하느님은 至極히 恩惠스러움
三章 意志를 上帝의 穩全히 밧칠 것	一大旨 上帝를 順從홀 것	一股 順從흐는 理致 The Nature of the Obedience
		二股 順從흐는 憑據 The Grounds of the Obedience
	二大旨 上帝를 敬慕홀 것	一股 祈禱홀 義務 The Duty of Prayer
		二股 主日을 직히는 義務 The Duty of Sabbath Observance
	三大旨 上帝의셔 維新케 흐신 方策을 밧을 것	一股 個人이 維新케 흐신 方策을 밧고 하느님을 恭敬홈 Personal Acceptance and Devotion
		二股 一般人이 維新케 흐신 方策을 밧고 하느님을 恭敬홈 Acceptance and Devotion for Mankind

3) 『도덕학』 평가

**사회와 관련된 용어 생략,
철학과 신학의 균형 잡힌 책**

19세기 그레고리의 『도덕학』을 21
세기에 와서 다시 읽는 이유는 무엇일까? 그것은 아마도 근대 서구
교육의 이식 속에 전해진 기독교윤리 또는 기독교윤리학의 뿌리를

기독교윤리학의 한국적 수용과 정립

헤아려 보고자 하는 노력의 일환이라고 하겠다. 그렇다면 이 『도덕학』을 어떻게 다시 읽을 수 있을까? 책을 분석함으로써 얻게 된 시사점은 무엇인가?

첫째, 번역에 있어서 '사회'와 관련된 용어는 약간의 의역과 생략이 있었다. 일제강점기라는 시대 상황과 당시의 지적 수준에 대한 이해가 분명히 작용한 것으로 보이며, 이미 개인윤리와 사회윤리의 영역을 골고루 다루고 있는 교재임에도 불구하고 개인윤리적 덕목에 치중했을 가능성은 충분히 있다. 이는 『윤리학등사본』과 강의노트 분석을 통해 확인될 것으로 사료된다.

둘째, 『도덕학』이 철학, 신학적 내용을 포괄하는 상당히 균형 잡힌 학문적인 책으로 평가될 수 있을 것이다. 다른 학문의 소개 및 유입 수준과 뒤지지 않는 내용들을 담고 있음을 볼 수 있다.

셋째, 100년 이상 경과한 한국신학에 있어서 기독교윤리학의 학문발전이 미미한 이유 중 하나는 초기 문헌에 대한 이해와 검토, 재해석이 부족했다는 점이다. 이 책에서 소개하는 것을 계기로 더욱 많은 문헌들이 개인 혹은 공동체적 연구를 통해 발굴되고 알려지기를 기대한다.

2.

『윤리학등사본 1, 2』를 통해 본
평양장로회신학교의 기독교윤리 교육[13]

**강의노트보다는 등사본 1, 2로
보는 것이 더욱 적절**

필자는 장로회신학대학교가 소장하고 있는 두 편의 『윤리학등사본』을 확인한 바 있다. 장신대 역사화보자료집에선 강의노트로 소개하고 있지만, 오히려 등사본으로 보는 것이 더욱 적절할 것으로 사료된다. 『윤리학등사본 1』(비교종교학 등과의 합본)과 『윤리학등사본 2』(지수왕 목사[14]의 기증본)는 저자, 발행 연대가 분명히 표기되어 있지 않지만, 1세대 선교사들에 의해 교육받은 인물의

---

13   '윤리학등사본'은 필자가 명명한 것이다. 이 책은 장로회신학대학교에서 소장하고 있으며 지수왕 목사의 기증본이다. 장신대 역사화보자료집에서는 강의 공책으로 소개하고 있으나, 필자가 원본을 살펴본 바 필기체로 된 강의교안(수작업으로 제본한 책)으로 보는 것이 적절하다고 사료된다. 이 책의 성격이나 내용에 대해서는 추가 논의가 필요하다.

14   초기 신학 이수자인 지수왕은 부산 온천제일교회 제3대 담임목사(1954-57)를 역임했으며 가족들에 의해 상당수의 유품이 장로회신학대학교에 기증되었다.

   기독교윤리학의 한국적 수용과 정립

기증본인 만큼 이『윤리학등사본』을 심층 분석해 보면 스왈론의 윤리학 교재와의 관련성도 유추해볼 수 있으며, 전체적으로 매우 체계적인 윤리학과 신학교육을 받았다고 평가할 수 있다.『윤리학등사본 1, 2』의 주요 내용을 소개하고 그 내용에 대한 기본적인 내용을 분석함으로써 평양장로회신학교의 기독교윤리 교육에 접근해 보고자 한다. 그러면『윤리학등사본 1』의 내용을 살펴보자.

1)『윤리학등사본 1, 2』에 나타난 기독교윤리학

『윤리학등사본 1, 2』는 스왈론의
『도덕학』과는 다른 별도의 교재 내용

　　　　　　　　　　　　　　　　　방대한 양으로 필사되어 있는『윤리학등사본』전체를 분석함에 있어 책에서 비중 있게 다루는 예습문제, 복습문제를 정리해 보면 이들이 일종의 표제어 성격을 갖는다는 점에서, 우선 책의 구성과 부록격인 네 편에 관련된 문제들을 분석해 보았다.

　『윤리학등사본 1』은 총 58면인데 현재의 교과서 형식의 면수로 하면 116페이지 분량에 해당된다. 신구약 난제 등과 합본 형식으로 구성되어 있으며 윤리학의 총 4부 전체를 담았고, 문제는 책 후미에 기록된 1, 2편의 예습문제만 수록하였다.

　『윤리학등사본 2』는 총 51면으로 요즘 교과서 면수로는 102페이지 분량이다. 『윤리학등사본 1』과 비교하면 제1부 이론편을 생략하고 2, 3, 4부만 옮겼다. 문제는 2편의 예습문제와 3, 4편의 복습문제로 구성되어 있다(4편의 복습문제는 두 번 필사되어 있어 모본을 수기로 옮기는 과정에서 이중으로 필사하는 실수가 있었던 것으로 보임). 아마 이론 부분은 철학적 지식과 이론적 습득의 난이도가 있어서 실용적으로 강의가 축약되어 진행된 것으로 짐작한다.

그런데 『윤리학등사본』 1과 2는 둘 다 스왈론이 번역한 『도덕학』과는 일치하지 않아 별도의 교재 내용이었던 것으로 사료된다. 이로써 평양장로회신학교에서 최소한 두 종류 이상의 윤리학 교과서가 사용되고 있었음이 분명하다.

『윤리학등사본 1』의 내용을 간추려 정리하면 다음과 같다.

1장 정의와 요건

1대. 윤리학의 정의

1중. 윤리학. 윤리학은 인류의 행동과 습관과 성품의 선악을 사고하는 학문이니 즉 인류의 행위의 과학이라. 윤리학을 영어로 에딕스(ethics)라고 하매 헬라어 에디가로 쫓아온 것이니 그 본의는 풍속, 습관, 인격이라는 것 등이다.

2중. 지상선. 지상선은 로마어로 숨뭄보눔(summum bomum)이요 영어로 슈프림굿(supreme good)이라 하니 인류의 지극한 목적을 이른 바라. 이 지극한 목적을 성취함에 대하여 인류의 사용한 방법의 유무익과 선불선이 가정되느니라.

3중. 옳은 동기. 옳은 동기는 도덕상 행위의 참된 연원을 가르침이라.

   기독교윤리학의 한국적 수용과 정립

4증. 마땅한 의무. 마땅한 의무는 인류의 여러 가지 형편과 관계에 대한 본분의 법칙을 가르치는 말이라.

5증. 이성적 행위. 이성적 행위는 마음에 세운 목적을 성취하기에 합당한 자라. 어떤 목적에 대하여는 자기 자유로 선택하여 그 목적을 성취하려 하매 그 방법과 규칙과 명령은 자기 임의에 있으되 어떤 목적은 각 개인이 속한 그 가정에나 사회에나 국가에나 하나님에게 관계된고로 그 규칙이나 명령에 대하여 임의행동을 취귀불능하고 관계의 규율에 속박되어 그 의무에서 벗어날 수 없으니 전자는 자유상 책임이며 후자는 명령적 책임이라.

6증. 자연율과 도덕률의 구별. 자연율은 위반할 수 없고 또 필요한 자나 도덕률은 자유가 있는 인류에게 명한 규율인즉, 각 개인은 자기 임의로 거역할 수 있는 자며 자유상 책임과 명령적 책임도 구별이 있으니 자유로 세운 목적은 그 목적을 성취하든지 그 세웠던 목적을 다른 목적으로 변개할지라도 도덕상 아무 관계가 없으되 명령적 책임을 벗으려 하면 도덕률을 어기게 되는 것이므로 죄가 되느니라.

7증. 정신적 과학. 정신적 과학은 여러 가지 논리학, 미학, 윤리학, 국가학, 형이상학, 심리학 등이라. ① 논리학은 옳게 추론하는 법칙을 목표로 하는 지능의 관계요, ② 미학은 아름다운 것을 분별하는 준칙을 목표로 하는 감각상 관계요, ③ 윤리학은 선에 대한 법칙을 목표로 하는 과학이니 지능과 감각보다 의지에 더욱 관계가 되고, ④ 국가학은 정치적 과학이니 외면적으로 사회의 질서와 국가의 부강을 목표하고 윤리학은 내면적으로 인성의 덕을 세우며 이상적 사회를 건설함으로 개인의 정신상 생활을 완미히 성취하려 함이라, ⑤ 형이상학, 형이상학은 실상을 정하고자 하는 과학이니 사람의 오관에 나타나는 현상의 최초 원인이 무엇이냐 하는 문제를 해석함을 따라 인류와 도덕상 생활도 해석함을 목표로 하는 자니, 예수교 윤리학은 성경에 지시하시는바 신학상 여러 교리를 의지하여 저술한 자라, ⑥ 심리학, 심리학은 인성의 심령과 그 지능을 목표로 하는 과학인즉, 윤리학과 밀접한 관계가 있느니라. 인성의 심령과 양심과 자유와 책임의 문제를 정당히 해석하여야 윤리학으로 정당하게 배울 수 있느니라.

2대. 윤리학의 요건

아무 과학에도 요건이 있으니 물리학은 물질의 존재와 운동을 요건으로 하고 심리학은 생물의 존재와 조직을 요건으로 함같이 윤리학은 도덕을 행하는 자가 있음과 선을 마땅히 행하며 악을 마땅히 피할 절대적 책임이 있어 책임을 조건으로 함이라.

2장 예수교 윤리학의 분류

1대. 신자에게는 신구약 성경이 신학과 윤리학의 근원이라.

2대. 이 공과를 4편에 분함.

1편. 이론적 윤리. 이론적 윤리에는 예수교 윤리의 조건을 말하며 지상선과 정당한 동기와 의무와 덕에 대한 예수교의 관념을 설명함.

2편. 개인적 윤리. 개인적 윤리는 개인의 도덕상 생활의 유래와 발전을 말하며 신자의 덕의와 자격에 대한 본문을 설명함.

 기독교윤리학의 한국적 수용과 정립

3편. 사회상 윤리. 사회상 윤리는 가정과 국가와 교회와 기타 일반 사회에 대한 도덕상 의무를 설명함.

4편. 하나님께 대한 신자의 본분. 하나님께 대한 신자의 본분은 신자의 모든 의무의 기초와 원동력이라.

1편 이론적 윤리

1장. 예수교 윤리학의 요건

2장. 인학적 요건

3장. 세계적 · 말세적 요건

4장. 도덕적 지식의 근원과 양심

5장. 신자 사회도덕의 목표 곧 천국

6장. 신자 개인의 도덕적 목표 곧 영생

7장. 도덕상 표준을 성취하는 방법 율법시대

8장. 도덕상 표준을 성취함에 율법의 힘이 부족함.

9장. 예수를 믿는 것이 도덕상 표준을 능히 성취하게 함.

10장. 율법과 은혜

1편 결론의 대지

1대. 예수교 윤리의 근원은 성경이라.

2대. 성경에 표시한 신자의 도덕상 목적은 둘이니 ① 천국건설, ② 영생 얻음이라. 전자는 사회적 목표니 간단히 말하면 하나님의 사랑과 그리스도의 속죄와 성신의 감동으로 사람의 마음에 세운 사랑의 나라요, 후자는(영생) 개인적 목표니 삼위일체 되신 하나님과 교제하는 생활이라.

3대. 이 도덕상 표준을 성취할 방법은 예수를 믿음이니 이 믿음으로 죄인이 사죄를 받고 하나님과 화목하며 성취할 목적과 덕을 규칙에 대한 명백한 관념을 얻고 본분 행할 강한 동기를 품고 신령한 능력의 감화를 받아 목적을 성취케 되느니라.

1중. 신자의 표준은 그리스도의 형상화할 것이며

2중. 도덕상 행위의 규칙은 그리스도를 본받아 하나님과 이웃을 사랑함이며

3중. 유력한 동기는 하나님이 그리스도 안에 나타내신 사랑을 감사하는 사랑이며

4중. 도덕상 표준을 성취하게 하는 내면적 능력은 믿음으로 신자의 마음에 계신 성신의 능력이라.

4대. 서문 1장 1대 2, 3, 4중에 이른바 지상선과 옳은 동기와 마땅한 의무론은 여러 윤리학에 해석이 각기 같지 아니하나 예수교 윤리학으로 설명하면 ① 신자의 지상선은 그리스도와 방불하여지면 하나님과 교제하는 것이니 곧 영생이며, ② 행위의 옳은 동기는 우리를 먼저 사랑하신 주를 사랑함이니 이 동기는 이기심이나 율법주의나 오락주의가 없는 정결한 자며, ③ 마땅한 의무는 그리스도를 본받아 하나님과 이웃을 사랑함이니 외면적 규례가 아니요 그리스도의 마음을 품고 그리스도의 뜻을 즐겨 시행하는 것이라.

제1편 예습문제

1. 윤리학과 지상선을 정의하라.

 기독교윤리학의 한국적 수용과 정립

2. 자연율과 도덕률을 구별하라.

3. 윤리학에 관한 여러 가지 과학을 열거하라.

4. 도덕상 행위의 다섯 가지 요건을 말하라.

5. 예수교 윤리학의 근원을 말하라.

6. 이 공과의 4편을 말하라.

7. 예수교 윤리의 네 가지 요건을 말하라.

8. 신자의 하나님께 대한 관념을 말하라.

9. 토마스 아퀴나스의 선에 대한 논설을 말하라.

10. 하나님의 사랑의 요구는 무엇이뇨? 이를 설명하라.

11. 신학적 요건을 대략 설명하라.

12. 도덕상 참자유를 말하라.

13. 개인의 인성과 의지의 오묘한 상관을 말하라.

14. 예수교 윤리학의 세계적 요건을 말하라.

15. 지진, 화재 같은 재앙에 대한 반대자의 말과 우리의 대답을 말하라.

16. 덕국(독일) 비관주의자 쇼펜하우어의 말을 설명하라.

17. 천국을 설명하라.

18. 도덕적 지식의 근원을 대략 말하라.

19. 성경에 특히 귀중한 도덕상 표준 둘이 무엇이뇨? 이를 말하라.

20. 구약에서 메시아 나라에 대한 복을 허락함을 설명하라.

21. 천국에 대한 예수의 교훈을 대략 열거하라.

22. 영성(영생)의 관념을 설명하라.

23. 도덕상 표준을 성취한 뒤에 부족한 방법이 무엇이뇨? 이를 말하라.

24. 양심에 발달에 대한 ① 열조시대, ② 모세시대, ③ 후선지시대를 구

별하라.

25. 죄를 깨닫는 마음의 발달에 대해 설명하라.

26. 율법의 두 가지 결점을 말하라.

27. 복음시대 인류가 도덕상 표준을 성취한 방법을 말하라.

28. 하나님의 거룩하신 뜻과 공의를 상치 아니하고 사죄를 어떻게 베풀 수 있었는지 이를 말하라.

29. 신자의 신앙을 설명하라.

30. 신자의 활발한 동기를 말하라.

31. 도덕상 표준을 성취하기 위하여 얻을 새 능력은 무엇이뇨? 이를 말하라.

32. 율법의 세 가지를 설명하라.

33. 도덕률과 국법의 고하를 비교하라. 신자는 무슨 법 아래 있음을 말하라.

34. 신자의 표준과 도덕상 행위의 규칙과 유력한 동기를 말하라.

35. 율법에 대한 두 가지 이단이 무엇이뇨? 이를 말하라.

제2편 예습문제

1. 이 편의 삼 문제는 무엇이뇨?

2. 성신의 세계적 직무가 무엇이뇨?

3. 성신은 은사적 직무가 무엇이뇨?

4. 성신이 인성을 선한 편으로 인도하실 때에 감회하시는 네 가지가 무엇이뇨?

5. 중생과 반성을 분별하라.

6. 반성이 각 사람에게 동일한 형편이뇨?

7. 신자생활상 교련의 세 가지 방도가 무엇이뇨?

8. 사업의 이익을 말하라.

9. 시험의 두 가지 뜻이 무엇이뇨?

10. 시험한 자 셋이 무엇 무엇이뇨?

11. 시험 이길 방법을 설명하라.

12. 고통의 유익은 무엇이뇨?

13. 신자의 당하는 고난이 어쩐 일이뇨?

14. 고난을 참은 결과의 아름다움을 말하라.

15. 하나님과 사람의 관계를 설명할 때에 어떠한 주의를 삼갈 것이요.

16. 펠라기우스의 주장이 어떠하뇨?

17. 신자의 사명 두 가지로 말하면 무엇이뇨?

18. 사명을 행함으로 두 가지 결과가 무엇이뇨?

19. 하나님의 객관적·주관적 계시를 분별하라.

20. 양심의 명을 불복하면 양심이 어떻게 되는가?

21. 상고 헬라와 로마 윤리학에 덕을 어떻게 분류하였느뇨?

22. 예수교의 윤리학이 거기 가첨한 세 가지가 무엇이뇨?

23. 미련한 자를 설명하라.

24. 지혜 있는 자는 어떠한가?

25. 슬기로 분별할 것 어떠하뇨?

26. 신자의 덕을 발달하기에 유익한 방법을 말하라.

27. 하나님과 자기와 사랑에 대한 공의는 각각 무엇이뇨?

28. 정직한 말 한 까닭을 성경대로 말하라.

29. 공의에 대한 여론과 개인의 양심에 대한 관계를 설명하라.

30. 신자 공의의 최고현상은 무엇이뇨?

31. 육체에 관한 충동 셋을 말하라.

32. 부요와 명예와 미덕행동에 대하여 신자가 어떻게 해야 되겠느뇨?

33. 담대성의 처소를 말하라.

34. 낙심의 해독제는 무엇이뇨?

35. 소망의 근본 셋이 무엇이뇨?

36. 신자의 소망을 말하라.

37. 신자가 자기에게 대한 본분이 무엇이뇨?

38. 결(?)히 죄 되는 까닭을 말하라.

39. 건강 방법 셋을 말하라.

40. 심령을 교양할 방법 세 가지를 말하라.

41. 성경을 볼 때에 어떻게 할 것이뇨?

제3편 복습문제[15]

1. 예수교 혼인의 특성 세 가지를 설명하시오.

2. 결혼을 피할 족한 이유 세 가지가 무엇인가?

3. 이혼에 대한 신약교훈을 설명하시오.

4. 부모의 책임 세 가지를 말하시오.

5. 국가 행위에 대하여 서로 논쟁하는 두 반대 의견을 설명하시오.

6. 국가의 큰 목적 세 가지를 설명하시오.

---

[15] 이 내용은 『윤리학등사본 2』(장로회신학대학교 도서관 소장)에 수록되어 있다.

 기독교윤리학의 한국적 수용과 정립

7. 징벌에 대한 세 가지 이론을 설명하시오.

8. 국민의 의무 세 가지를 설명하시오.

9. 교회의 의문 셋을 말하시오.

10. 붕우의 도 셋을 설명하시오.

11. 상업회사가 불법 행동한 시에 그 회원의 책임이 어떠한가?

제4편 복습문제[16]

1. 하나님께 대한 본분은 무엇이며 표현할 세 방면은 무엇인가?

2. 경배를 어떻게 준비할 것인가?

3. 경배의 요소는 무엇인가?

4. 효성적 의뢰를 설명하시오.

5. 하나님의 뜻을 순종함으로 심령이 어떻게 되며 자유권과 무슨 모
    순이 되는가?

2) 『윤리학등사본 1, 2』 분석 및 평가

『윤리학등사본 1, 2』란 기독교윤리학 교재의 구성과 내용을 놓고
볼 때 백낙준 등의 분석과 같이 초기 신학교육이 성경교육 차원의 초

---

16   이 내용은 제3편 복습문제와 함께 『윤리학등사본 2』(장로회신학대학교 도서관 소장)에 수록
      되어 있다.

보적 수준에 머문 것만은 결코 아니었음을 확인하게 된다. 특히 동시대의 미국 신학교육 상황도 현대의 신학교육 체계에 비하면 크게 미진했음을 고려할 때 당대의 신학교육은 결코 부실한 것이 아니었음을 보게 된다. 이런 면에서 스왈론의 번역 교재와 초창기 신학교육을 받은 지수왕 목사 기증의 『윤리학등사본』 교재를 분석한 결과를 정리해 보는 것은 나름대로 의미가 있다.[17] 개괄적인 내용, 제목 열람에 의해서도 당시의 신학교육 체계가 비교적 체계적으로 정립되어 전수되고 있음을 볼 수 있다. 한국의 선교사 교수들을 중심으로 한 신학교육은 결코 후진적이거나 단순한 성경학습반 수준은 아니었다고 확신할 수 있다. 『윤리학등사본』에 대해서는 다음과 같이 평가할 수 있다.

**윤리학의 학문적 체계 정립,
도덕철학의 주요 개념 도입**

첫째, 윤리학이라는 학문적 체계가 상당히 정립되어 교수된 것으로 보인다. 등사본 교재의 경우 '공과'의 네 편을 이론적 윤리, 개인윤리, 사회적 윤리, 하나님에 대한 신자의 본분 등으로 구성하고 있으며,[18] 이는 전통적으로 기독교윤리학이 개인윤리와 사회윤리라는 양자의 틀로 윤리를 이해하는 체계를 이미 형성했던 것으로 보인다. 책의 내용 및 강의 전개가 그렇게 구성된 것

17　장로회신학대학교 화보자료집에는 강의노트로 소개되어 있는데, 필자는 강의 공책이라기보다는 공적으로 사용된 강의 교재인 것으로 사료되어 등사본 1, 등사본 2로 명명하였다.

18　책의 성격을 '공과'로 칭하고 있으며, 양적 분량은 1, 2, 3편 모두 거의 동일하며, 4편은 다소 적은 분량이다.

　기독교윤리학의 한국적 수용과 정립

으로 볼 수 있다. 예를 들어서 기독교의 입장에서 국가를 어떻게 이해할 것인가에 대해서도 구체적으로 소개하고 있다.

> 1대. 일반적으로 말하면 국가의 정의는 여좌하니
> 국가는 각 개인과 각 가정의 연합한 단체니 역사 민족상 동일한 관계하에서 서로 연합하며 법률의 동일한 지배하에 있으며 무력의 권위로 유지되며 인류 사회의 도덕을 성취하려는 자라.[19]

둘째, 윤리학, 도덕철학의 주요 개념들이 이미 도입, 정립된 것으로 보인다. 특히 '제1편. 이론적 윤리 부분'에서는 에틱스, 에토스, 동기, 행위, 책임, 덕, 심리학, 인성, 양심, 자유 등 윤리학의 이론적 개념을 담은 많은 개념 용어들이 등장하고 있다. 특히 본분, 양심, 자유권을 기독교윤리학의 발상적 요인으로 설명하고 있다. 이는 현대윤리학에서 여전히 중요한 주제를 자리매김하고 있는 중요한 개념들이 이미 『윤리학등사본 1, 2』의 내용이 강론되던 시기에도 주요 주제로 다루어지고 있었다는 점을 시사한다.

셋째, 기독교윤리학에 있어서의 특징과 강조점을 분명히 하고 있다. 기독교윤리학에서는 성경이 신학과 윤리학의 근원이라는 점을 분명하게 전제하였다. 오늘날의 기독교윤리학 역시 철학적 윤리학과는 달리 기독교적인 관점에서 중요한 부분을 부각시키는 윤리학으로 평가받는 것은 그 이론적 근거를 성경에 두고 있기 때문이다.

19　『윤리학등사본 2』 일부 발췌.

넷째, 제2장 1대 3중에서는 기독교윤리학의 특징을 분명히 강조하고 있는데 도덕적 삶이 말세에 이어 내세인 천국에까지 확장 연결되어 있다. 이는 당시 암울했던 사회 분위기와 연관지어 볼 때 신학적으로 종말론적인 성향도 중시하였다는 점을 함축한다.

다섯째, 아우구스티누스, 펠라기우스, 아퀴나스, 쇼펜하우어 등 철학자들 혹은 신학자들이 소개되어 있으며 성경의 다양한 본문들과 접목시켜 해석을 시도하였다.

여섯째, 성경 · 교회와 밀접하게 연관되는 윤리 이해와 전개의 양상을 보인다. 윤리적 가르침의 성서적 전개가 제시되며, 교회와 관련된 가르침은 소요리문답의 조목들이 인용되어 제시된 경우가 많다. 성경의 신속하고도 활발한 번역과 보급, 성경사경회를 통한 복음 전파를 통해 교회가 성장했던 것과 맥락을 같이 하여 윤리교육 역시 성경교육을 근간으로 기반을 닦았다.

일곱째, 정의 등 전통적인 개념뿐 아니라 노동, 직업, 회사, 쟁의 등 사회윤리 부분에 있어서도 구체적인 강의가 전개된 것을 볼 수 있다. 한 예로 노동자의 파업과 사측의 직장폐쇄도 설명하고 있다.

> 3중. 노동자의 합리적 청구에 회사 측이 양보치 아니할 시는 최후 수단으로 맹파를 단행할 것이라. 이와 반대로 회사 측이 그 청원이 과격하거나 허락지 못할 일이 있는 줄 아는 경우에는 회사 문을 철폐할

　　　　　　　　　기독교윤리학의 한국적 수용과 정립

것이라. 그러나 이러한 산업상 쟁의는 노사 쌍방에 극히 해로울 뿐 아니라 일반에게 미치는 영향이 큰 고로 국가는 강력으로 이를 간섭하여 쌍방의 대표자를 내어 중재 수단을 취할 경우도 있느니라.[20]

그러나 주목할 점은 국가 등 정치적 권위라든가 특히 잘못된 권력과 정부 등에 대한 저항이나 시민적 행동 등에 대해서 적극적으로 언급하지는 않는다. 이는 경제윤리의 다양한 내용들이 언급된 것과는 대조적으로, 일제강점기라는 시대적 분위기를 반영하고 있다고 보아야 할 것이다.

---

20   『윤리학등사본 2』 일부 발췌.

V

번역서를 통한
기독교윤리학의 수용과 확산

1920년대로부터 한국교회에는 다양한 기독교윤리 관련 문헌들이 보급되는 분위기가 반영되었다. 이 시기는 종래의 보수적 개인윤리와 더불어 진보적 사회윤리가 두드러지게 부각되는 전환점이기도 했다. 이 장에서는 개인윤리 분야에서는 『그리스도륜리표준』과 『신자생활의 첩경』을, 사회윤리 분야에서는 『야소의 사회훈』과 『기독교사회사상』을 고찰하고자 한다. 책에 대한 해제적인 소개, 개괄적 내용들, 서술의 특징 등을 살펴봄으로써 당시 기독교윤리학의 틀을 개괄적으로 다룰 것이다.

1.
다양한 '기독교윤리서' 번역의
필요성 대두

시대의 일반적인 경향인
'유물론과 무신론'

1920년대의 사회 분위기와 이에 따른 교회의 반응에 대해 장로교의 민경배는 다음과 같이 서술하고 있다.

> 1920년대부터 교회는 밖에서 밀려 닥쳐오는 지적인 분위기의 변화, 좌익계 선동에 의한 반미적 경향, 경제적 시련, 그리고 민족 말살을 획책하는 일제의 탄압 등 여러 가지로 엉킨 정황 때문에 역사상 처음 심각한 자기반성의 시기를 겪어나가지 않을 수 없었다.[1]

선교정책이 제약을 받게 되면 신학교육의 지적 향상에 지장이 초

---

1   민경배, 『한국기독교회사』(서울: 연세대학교 출판부, 2007), 395.

래되어 새로운 학문이 일본을 통해 이식될 때, 그 지적인 빈곤을 쓰라리게 경험하는 곤욕을 치른다. 물론『조선예수교장로회사기』에서는 이 시대의 일반적인 경향을 "유물론과 무신론"으로 규정하고 있다. 이런 분위기를 "과학 만능을 창(唱)할 뿐 아니라, 문명의 창폐와 향락과, 도덕의 부패와, 윤리의 배역과 경제의 파멸과, 사상의 타락과, 학술의 황잡(荒雜)"[2]이라고 표현하고 있다.

또한 감리교 신학저널인『신학세계』에서는 이 시대를 다음과 같이 묘사하고 있다.

越瓜의 시대에 在ᄒ야 사상이 견고치 못ᄒ고 의지가 견고치 못ᄒ여 外勢内惑의 지배하에서 행동ᄒ고 물질의 번영홈을 따라 생활상 신 법식을 도도홈과 사회출신의 지위만 존중홈이라.[3]

교회는 변화 속에서 그 활동의 중심이 되기 위해 분명히 새 교인들을 지도하거나 기왕의 교인들을 분발하게 할 준비를 체계적으로 갖추어야 했지만 아직 그 준비가 덜 되어 있었다. 달리 말해 이제는 소박한 복음적 신앙을 벗어나 새로운 신앙을 정립해 가야 하는 단계였지만 이에 적극적으로 대처하지 못하자 여기저기서 교회에 대한 비판의 소리가 들리기 시작했다.

1925년 9월 27일자「동아일보」사설에 의하면 당시 한국사회에

---

2   『조선예수교장로회사기(하)』, 53. 민경배,『한국기독교회사』, 395. 재인용.

3   『신학세계』2권 1호(1917. 1) 사설, 1.

큰 조류가 둘이 있었다. 하나는 민족운동이고, 다른 하나는 사회운동인데, 후자의 경우는 그것이 세계적 조류라는 것이었다. 그러나 이 신문은 조선의 경우 사회문제는 다른 하나의 수입된 이데올로기 전개 과정에 불과하고, 목전의 심각한 문제는 민족문제라고 간파하고 있었다. 따라서 "세계 대세의 주류인 사회운동도 우리 사회에 한하여는 민족운동에 합류해야 실제적 세력을 완성할 수 있다"[4]고 단언하였다.

기독교가 사회에 무관심함을
비판한 이광수

한국교회가 사회적 관심을 가지게 된 배경에는 1917년 『청춘』 제9호에서 이광수(李光洙, 1892-1950)가 기독교의 사회에 무관심함을 비판한 것과 관련이 있다. 1927년의 국제적인 경제대공황이 세계를 휩쓸었고, 세계 교회는 이 문제를 외면할 수 없었다. 그래서 1928년 예루살렘에서 국제선교협의회(International Missionary Conference)를 열어 산업화 · 도시화의 문제를 다루었고, 그 영향이 한국교회에도 있었다.

공산주의나 사회주의는 일본을 통한 지식 계층, 만주나 시베리아에 이민해 갔던 사람들의 귀향 혹은 왕래를 통해 유입되었지만, 통신이 자유로웠던 선교기관을 통해 문서들이 국내에 상당부분 반입되었다. 따라서 이러한 사상이 국내에 영향을 미칠 때 처음 감지했던 사람

들이 바로 기독교인이었다고 해도 과언이 아니다.[5]

기독교인들은 1924년부터 1926년에 이르는 시기에 사회주의에 관해 기사를 작성할 때 제목 대부분을 '사회주의'보다는 '사회문제', '사회개량', '사회적', '사회운동', '사회사상' 등의 용어로 대체하였다.[6] 내용상으로는 사회문제의 심각성도 인식한 것으로 보인다. 또한 『청년』 잡지에는 사회주의 관계 기사가 줄어들고 진화론 등 종교와 과학에 관한 기사가 증가하였고, 「기독신보」에는 반종교운동에 관한 기사가 증가하였다. 이러한 경향은 1925년 '치안유지법'의 발동으로 사회주의 운동이 불법화되면서 '사회주의'를 사용하는 것이 어려워진 영향도 있을 것이다. 그러나 기독교인들은 이보다 앞선 1924년경부터 '사회적'이란 용어를 사용하였으므로, 외부의 영향보다는 기독교 내에서 사회문제를 인식하면서 비롯된 것이며 사회문제 해결에 기독교인들이 적극적 자세를 취하게 되었음을 보여 주는 공감대를 형성한 것으로 생각된다.

**기독교인들의 사회문제 인식은
자본주의 제도의 모순 비판에서 시작**

당시 기독교인들의 사회문제 인식은 자본주의 제도의 모순을 비판하는 데에서 시작했다. 이대위는 사유재산 제도를 죄악을 발생시키는 근본으로 생각하고 사유재

---

5   Ibid., 282-286.

6   "예수와 社會運動", 『기독신보』 1923. 10. 24. 社說; "사회에 대한 그리스도교의 본질", 『기독신보』 1924. 2. 6, 2. 13. 社說; "그리스도교의 사회성", 『기독신보』 1924. 4. 2. 社說.

산 제도를 개량할 것을 주장하였다.[7] 강명숙은 '사회적'이라는 용어의 사용에 대해 다음과 같이 기술하고 있다.

그러나 사유재산 제도의 죄악은 제도가 만드는 것이 아니라 운영하는 사람들이 만든 것이라고 하여 자본주의에 관한 정면적인 비판은 비껴갔다. 이것은 자본주의 제도의 모순을 지적하는 것이지만 사유재산제도 자체를 부정한 것은 아니며 그것을 운영하는 사람들, 즉 일제의 수탈을 비판한 것이다. 식민지 조선의 기독교인들은 일제의 수탈을 자본주의의 모순으로 비판하고 일제로부터 벗어나면 자본주의를 제대로 운영할 수 있다고 보았다. 기독교인들의 사회문제 인식은 자본주의 비판에 그치지 않고 성경 안에서 사회주의적 요소를 찾고[8] 기독교의 이상향과 사회사상을 살펴보는 방향으로 나아갔다. 이 과정에서 기독교인들은 성경과 교회의 전통에서 사회주의적 요소를 찾았으며, 산업혁명을 거치면서 나타난 기독교 사회주의나 공상적 사회주의를 이해하는 기회를 가지게 되었다.

기독교인들이 성경에서 공산주의적 전거(典據)를 살펴게 된 이유는 영향력을 확대하고 있던 공산주의의 위협으로부터 벗어나기 위한 종교적 논리를 만들자는 것이었다. 그러한 노력이 '사회주의' 대신에 '사회적'이라는 용어를 사용하도록 만들었다고 본 강명숙의 논의는

---

7   이대위, "기독교가 현대자본주의제도에 대ᄒ야 취ᄒᆞᆯ 태도", 『기독신보』 1924. 1. 10.

8   "구약성경에 現ᄒ 사회주의 1-5", 『기독교신보』 1923. 8. 29-9. 19; 강명숙, 『일제하 한국 기독교인들의 사회경제사상』(서울: 백산자료원, 1999), 59-67.

           기독교윤리학의 한국적 수용과 정립

설득력 있는 주장이라고 볼 수 있다.[9] 이 시대의 특징은 사회라는 단어의 등장과 사회주의, 공산주의 계열의 기독교 비판, 개인주의를 사회복음에 연계하고 인식하는 일(감리교 장정 등에 반영), 지적 빈곤을 극복하기 위한 심도 있는 신학논의에 대한 욕구 등이라고 정리할 수 있겠다.

감리교: 윤리학 과목보다 사회 관련
교양과목 개설에 비중

신학의 발전과정에 있어서 한국적 색채를 강조하는 감리교 신학의 전통[10]이 자리 잡을 수 있었던 배경을 거칠게 추론해 보면 초창기 신학교육의 커리큘럼에서 찾아볼 수 있다. 감리교는 좁은 의미의 윤리학 과목개설보다는 사회와 관련된 논의에 도움을 주는 교양과목 개설에 비중을 두고 있었다.

또한 백낙준과 김인서(金麟瑞, 1894-1964)의 이야기 속에서 왜 1920년대 1930년대에 한국인에 의한 신학서적의 직접 번역과 출간이 이루어지게 되었는지 어림잡을 수 있다. 백낙준은 『기독신보』 1933년 5월 31일자에서 한국교회의 당면한 과제를 다음과 같이 설파한다.

조선예수교 장로회가 있지만 그 신경은 조선사람의 신앙의 결정(結

---

9   강명숙, Ibid., 62.

10   감리교신학의 스펙트럼을 어떻게 바라보는가에 따라 입장이 다를 수 있겠지만 후일 1960년대와 1970년대 토착화 신학의 관점에서 노력한 감리교 신학자로서 풍류도신학을 대변하는 유동식, 성(誠)의 신학을 주장한 윤성범을 꼽을 수 있다.

晶)이 아닌 듯하고, 그 정치제도도 조선예수교도의 창작은 아니라고 합니다. (중략) 성경 해석은 배와서 아는 이와 스스로 연구하여 아는 이가 많으나 아직까지 그 결과를 집합한 주석과 논문이 있어 기독교사상에 새로운 공헌은 없습니다. 이때는 조선교회의 형식을 만들려 하는 것보다 교회의 魂을 만들 때일 듯합니다.[11]

또한 국학연구에 관심이 많았던 김인서는 1935년 11월 『신앙생활』에서 한국적 신학의 필요성을 다음과 같이 힘주어 말하고 있다.

번역신학(飜譯神學)과 고용신학(雇傭神學)에서는 조선의 영을 움직일 활력(活力)이 나오기 어렵습니다. 정통이라 할지라도 조선인 신앙정신에서 쏟다져 나오는 조선인 독창의 신학, 조선인의 손으로 발행하는 조선인 독립의 신학이래야 조선의 령을 움직일 수 있습니다.[12]

번역신학, 고용신학의 한계를 아직도 넘어서지 못한 아쉬움

소위 '한국적 신학'에 대해서는 그 개념 정립부터 논쟁적 요소가 담겨 있는 거대한 담론이기도 하다. 필자의 주관적 견해일 수는 있겠지만 100여 년 전에 지적된 번역신학, 고용신학의 한계를 아직도 넘어서지 못한 아쉬움이 남는 것은 사실

---

11 『기독신보』 1933. 5. 31. cf. 민경배, 『한국민족교회형성사론』(서울: 연세대학교 출판부, 2008), 129-130.

12 『신앙생활』 6권 10호, 10.

　　　　기독교윤리학의 한국적 수용과 정립

이다. 이런 배경에서 많은 이들이 신학적 정교화가 부족하고 지나친 이념 편향성이 있음에도 불구하고 세계 신학계에서 가장 한국적인 신학으로 인식되는 소위 '민중신학'에 관심을 갖거나, 1970년대에 일군 다양한 복음화 운동에 주목함으로써 한국신학이 갖고 있는 한국적 토착화와 실천의 문제를 다시 한 번 생각해 보게 한다. 비록 번역본이라는 한계가 있기는 하지만 몇 권의 책을 살펴보는 가운데, 개인윤리과 사회윤리의 전개를 이해해 보고자 한다.

2.
개인윤리

1) 『그리스도륜리표준』

『산상수훈 연구』, 『그리스도 모범』,
『그리스도륜리표준』 시리즈

『그리스도륜리표준』[13] (*The Ethic*

of Jesus: according to the Synoptic Gospels, by the Rev. James Stalker, New ed., New York: George

H. Doran Company, 1909)은 3권의 책이 시리즈로 저작된 것인데, 『산상수

훈 연구』(MacGillivray), 『그리스도 모범』(Henry Churchill King), 그리고 『그리

스도륜리표준(예수의 윤리)』(James Stalker) 등 세 권이다.[14] 『그리스도륜리

---

13   이 장의 일부는 이장형·안수강, "『그리스도륜리표준』에 나타난 인간본분과 실천윤리", 『신학
과 실천』 41집(2014. 9), 263-288에 기발표되었으며, 공동저자인 안수강 박사의 동의를 받
아 수록하였음을 밝힌다.

14   킹(Henry Churchill King, 1858-?)은 오벌린대학에서 신학교수와 총장을 역임하였다. 그는
1858년 9월 18일 미시건 주의 힐즈달레에서 출생한 회중교회 신자로 힐즈달레대학, 오벌린
대학(B. A. 1879), 오벌린신학교(1882년 졸업), 하버드대학교(1882~1884), 베를린대학교

               기독교윤리학의 한국적 수용과 정립

표준』은 김필수, 오춘영 목사 공역으로 1929년에 출판되었으며, 책의 표지에 보면 클라크(Willam M. Clark, 1881-1940) 박사가 'co-operating' 한 것으로 표기되어 있다.

이 책의 저자는 제임스 스토커(James Stalker, 1848-1927)이다. 그는 스코틀랜드 연합자유교회 한국 파송 선교사로 1848년 스코틀랜드 크리프에서 출생하여 에든버러, 베를린, 할레 등에서 공부했다. 스코틀랜드의 연합자유교회에서 목사로 임명받아 키르코디와 글래스고우에서 목회했다. 이후 1902년부터 1926년까지 애버딘의 연합자유교회 대학의 교회사 교수로 봉직했으며 미국의 여러 대학 및 신학교에서 파견교수 자격으로 사역하기도 했다. 그는 설교가로서뿐만 아니라 왕성한 저술활동을 통해 탁월한 학식을 보여 주었고 대표적 저작으로서 『바울의 전기』와 『예수의 전기』(1891)를 남겼다. 스토커는 복음주의적인 설교에 줄곧 사회적 관심을 결부시켜 메시지를 전파했으며, 학장이나 대회장의 지위를 거절하는 등 개인적인 야심을 극복함으로써 경건한 삶을 실천했다. 복음을 대중에게 전파하는 모든 운동들을 후원하는 일에 헌신하던 중 1927년에 소천했다.[15]

(1893~1894) 등에서 수학하였다. 킹은 오벌린 신학교에 재학 중일 때 같은 대학 교양학부의 라틴어(1879~1881)와 수학(1881~1882) 강사로도 사역했다. 기독교대백과사전편찬위원회 편, "킹 3", 『기독교대백과사전(15권)』(서울: 기독교문사, 1993), 182.

15 그의 생애와 사상은 다음 문헌을 볼 것. 기독교대백과사전편찬위원회 편, "스토커", 『기독교대백과사전(9권)』(서울: 기독교문사, 1994), 1079.

'조선예수교장감연합협의회'
초대회장 김필수

　　　　　　　　　　번역자 김필수(金弼秀, 1872-1948)는 황성기독교청년회 이사와 「기독신보」 편집인을 역임했으며 한국인 최초 장로교 총회장 및 '조선예수교장감연합협의회' 초대회장에 봉직하였다. 1918년 3월 26일 장로교와 감리교가 연합하여 '조선예수교장감연합협의회'가 YMCA 회관에서 창설될 때에도 초대 회장직에 당선되어 장감 연합의 한국 에큐메니칼운동에 공헌했다. 1920년 YMCA가 전국 순회 전도단을 조직하여 활동할 때 단장으로서, 또한 금주, 금연, 절제, 물산장려운동 등을 전개할 때는 강사로서, YMCA의 『청년』이 발행될 때는 주필로서 사역했다.[16]

　　이 책의 공동 편집자인 클라크는 1909년 8월 28일 미 남장로교 선교부로부터 한국선교사로 파송받고 내한하여 전주 지방에서 선교 사역을 전개했다. 특별히 어학과 문학에 조예가 깊어 1923년부터 서울로 전임해 대한기독교서회에서 편집과 저술을 맡았으며 1935년에 잠시 총무대리의 직무를 수행했다. 1923년에는 사우드웨스턴대학에서 신학박사(Th. D.) 학위를 취득했으며 미 남장로교 선교부를 대표해서 평양신학교와 평양 숭실대학 이사직을 역임했고 1940년 소천하였다. 주요 역서로는 『구약의 부인들』(1927), 『그리스도의 四肖像』(1927),

---

16　그의 생애와 사상은 다음 문헌을 참고할 것. 기독교대백과사전편찬위원회 편, "김필수", 『기독교대백과사전(3권)』(서울: 기독교문사, 1994), 308. cf. 이재영(편), 『제90회 총회 회의결의 및 요람』(서울: 대한예수교장로회총회, 2006); 전택부, 『한국 에큐메니칼 운동사』(서울: 한국기독교교회협의회, 1979).

『그리스도의 륜리표준』(1929), 『그리스도 모범』(1929), 『예수 그리스도 행적』(1930) 등이 있다.[17]

『그리스도륜리표준』의 내용과 성격을 이해하기 위해서 책의 서문과 주요 핵심어들을 살펴보고자 한다.

서문

그리스도의 윤리는 산상보훈에 표준적 기초를 보여 있는데 산상보훈은 반석의 터가 되고 이 책은 그 위에 세운 건물이 되고 '그리스도 모범'은 그 집안에 진열한 가구가 된 것 같습니다. 물론 집터의 자연적 위치와 건물의 공학적 미와 가구의 문화적 미를 일일이 완성함에서 어떠한 감상이 있을 것 같이 '산상보훈 연구'와 '그리스도 모범'과를 이미 읽어 보셨다면 이 책을 읽음에 당하여서는 산상보훈 연구 그리스도 모범을 더 한번 읽어 보실 마음이 일어날 줄 믿습니다. 그런데 이 책의 원저자는 산상보훈 연구의 소개하는 말에 기록한 것이 오착이 있으므로 다시 감히 한 말씀 올리는 것은 산상보훈은 킹 씨의 저작이요 그리스도 모범은 본서의 저자되는 스토커 씨이오니 역자의 불찰함과 번역에 불충함을 책망하실지언정 이 책에 대하여서는 많은 새로운 신앙으로 읽어 주신다 하면 원저자와 역자에게 광영스러운 찬의를 주신다 함보다도 그리스도 예수께 영광을 돌리시는 그 한편으로는 그리스도 예수께서

---

17 그의 생애와 사상은 다음 문헌을 볼 것. 기독교대백과사전편찬위원회 편, "클라크 7", 『기독교대백과사전(15권)』(서울: 기독교문사, 1993), 80. cf. 김수진, 『호남 기독교 100년사』(서울: 쿰란출판사, 1998).

주시는 모든 행복이 독자 제위에게 임할 줄 믿고 위하여 기도하나이다.

1929년 4월 하순[18]

**'지선론', '덕행론', '본분을 논함' 등
총 3장으로 편성**

내용은 총 3장으로 편성되어 있으며 '지선론', '덕행론', '본분을 논함' 등으로 구성되어 있다. 그 목차를 소개하면 다음과 같다.

[표 18] 『그리스도륜리표준』 장별 세부 내용

장	세부내용
총론	
제1장 지선론	제1절 복음과 참복, 제2절 하나님 나라, 제3절 의, 제4절 지선치 아니면 화가 있으리라, 제5절 죄
제2장 덕행론	제1절 회개, 제2절 신앙, 제3절 그리스도를 본받음, 제4절 십자가
제3장 본분을 논함	제1절 하나님을 사랑하는 본분, 제2절 하나님의 일, 제3절 애인(愛人)을 논함, 제4절 사람의 일, 제5절 가정의 요도, 제6절 방국(邦國)

이 책의 주요 개념이 되는 핵심용어들을 목차, 총론을 중심으로 구성해본다(가나다순 정리).

---

18   『그리스도륜리표준』, 1-2.

[표 19] 『그리스도륜리표준』 주요 개념 핵심용어들

순서	핵심용어(괄호 안 숫자는 면수)
가	가정(목차 2), 개화(본문 5), 건강(본문 2), 경국제세(經國濟世, 본문 2), 경륜(본문 3), 공의(公義, 본문 4), 교도(敎道, 본문 1), 교회(본문 6), 국사(본문 6), 군자(본문 4), 그리스도(서문 1), 그리스도모범(서문 1), 근면(勤勉, 본문 5), 근신(僅愼, 본문 4), 금언(본문 2)
나	나라(본문 6), 누가(본문 1)
다	덕행(목차 1, 본문 2, 본문 4), 도리(본문 1)
라	양심(본문 5), 로마(본문 5), 륜리(서문 1), 률령(律令, 본문 5), 률법(본문 5), 리익(본문 3), 리재(理財, 본문 2)
마	마가(본문 1), 마태(본문 1), 마음(본문 5), 모범(서문 1), 목적(본문 2, 본문 4), 목사(본문 4), 문화(서문 1), 미(서문 1)
바	방국(邦國, 목차 2), 복음(목차 1), 본받음(목차 2), 본분(본문 2, 본문 5), 부국(富國, 본문 2), 분석(본문 6)
사	사덕(본문 4), 사도 바울(본문 5), 사람의 일(목차 2), 사랑(목차 2), 사정(본문 6), 사회(본문 5, 본문 6), 산상보훈(서문 1, 본문 1), 산상보훈연구(서문 1), 삼대강령(본문 2), 생활의 법(본문 1), 성공(본문 4), 성현(본문 2), 세상(본문 1, 본문 3, 본문 7), 시비(본문 1), 시비지심(是非之心, 본문 5), 신망애 삼덕(본문 4), 신앙(서문 2, 목차 2), 실천(實踐, 본문 5), 십계명(본문 5), 십이표법(十二表法, 본문 5), 십자가(목차 2)
아	아리스다뎀(본문 2, 본문 4), 애인(목차 2), 옳고 그름(본문 5), 용감(勇敢, 본문 4), 우주(宇宙, 본문 4), 유대인(본문 5), 유익(본문 7), 의(목차 1), 의무(본문 6), 의사(본문 2), 인격(본문 4), 인생(본문 1), 일체륜리(본문 2), 임무(任務, 본문 6)
자	자재(自在, 본문 7), 절제(節制, 본문 4), 정진(精進, 본문 5), 죄(목차 1), 주의교훈(본문 7), 지선(至善, 목차 1, 본문 2, 본문 4), 직분(본문 6), 진리(본문 1), 질서(본문 7)
차	참 복(목차 1), 처세(處世, 본문 3), 체험(體驗, 본문 3), 총론(본문 1), 칠덕(본문 4)
카	쾌락(본문 3)
파	표준(서문 1), 표준적(서문 1)
하	하나님(본문 3), 하나님 나라(목차 1), 하나님의 일(목차 2), 행복(서문 2, 본문 3), 헬나철학(본문 2), 형편(본문 6), 화(목차 1), 회개(목차 2)

2) 『신자생활의 첩경』[19]

신자들의 경건을 위해 저술한 교육서,
52면 순 한글 내려쓰기 체제

1934년에 한국기독교는 희년을 맞이하게 된다. 희년을 맞이하게 된 한국교회는 여러 가지 문제에 봉착하게 된다. 그리고 신학의 토착화 문제와 선교사들에 의해 전해진 신학 고수 사이에 갈등이 불거지게 되며, 기독교계 내의 사회주의 운동도 1920년대를 거치면서 내재화된다. 또한 기독교인들에게 기독교윤리가 낯선 서양인의 윤리가 아니라 생활의 윤리로 정착되어 가는 시기가 된다. 그 가운데 우리가 주목해야 할 윤리학 관련 저작은 한국과 만주에서 활동하며 문서선교에 힘을 썼던 솔타우의 『신자생활의 첩경』(信者生活의 捷徑)이다. 이제 책의 저자와 주요내용을 살펴보도록 하자.

『신자생활의 첩경』은 미 북장로교 한국 파송 선교사 솔타우(T. Stanly Soltau, 소열도)가 신자들의 거룩한 삶을 위해 1936년에 저술하여 발행한 기독교 문헌이다. 주로 청주에서 활동한 그는 신자들의 경건을 위해 저술한 교육서로 4×6판 52면 순 한글 내려쓰기 방식으로 조선예수교서회에서 발행되었다. 저자는 서문에서 저작 목적을 다음과 같이 밝혔다.

---

19   T. Stanly Soltau, 『신자생활의 첩경』(서울: 조선예수교서회, 1936). 『신자생활의 첩경』과 관련한 논의는 필자의 논문 "'신자생활의 첩경'을 통해 본 일제강점기 기독교인들의 윤리의식", 『기독교사회윤리』 29집(2014. 8), 415-440에 기발표된 바 있음을 밝힌다.

이 적은 책은 참신자의 생활의 필요한 요소를 간단히 알게 해 드리기 위하야 쓴 것이니 노형도 이 책을 읽고 공부하시면서 마음속에 주님께 긔도하시기를 임의 성공을 엇지 못한 까닭을 알게 하시며 새 은혜와 힘을 주심으로 이 압흐로 과연 주님께 영광을 돌니며 만흔 사람에게 복을 끼칠 만한 생활을 하게 하시기를 간구할 것이다.[20]

내용은 모두 7장(7일 동안의 사경회 교안 형식으로 맞춤)으로 나누어 신자의 삶과 관련된 사항들을 성경을 인용하여 풀이했다. 이 문헌은 신입교인을 위한 연구지침서의 성격을 지녔다. 장별 내용을 구체적으로 정리하면, '제1장 신자와 성신, 제2장 신자와 성경, 제3장 신자와 주일, 제4장 신자와 그의 가정, 제5장 신자와 오락, 제6장 신자와 청직이, 제7장 신자와 경건한 생활' 등으로 편성되었다. 솔타우는 미 북장로교 한국 파송 선교사로 만주 지역 및 한인 선교사업에 힘썼다. 청주선교부 선교사역과 교육활동을 했고 멤피스 제일복음교회에서 목회하기도 하였다. 그는 1914년 9월 16일에 미 북장로교 파송 한국 선교사로 부인 메리 캠벨(Mary Campbell)과 함께 내한했다. 미 북장로교의 만주 지역 한인 선교사업에 참여하여 그해 11월부터 평안북도 선천에 주재하면서 홍경선교부 개설을 주도했다. 3년 동안 선천에 머물면서 만주를 왕래하며 멀리 서간도 지역과 목단성 지역까지 선교활동에 임했고 1917년부터는 평안북도 강계선교부의 일도 도왔다. 이후 건상 등의 이유로 전임이 결정되어 충청북도 청주선교부로 활동지를

옮겼고 이곳에서 한국선교사를 사임한 1939년까지 사역을 감당했다. 청주선교부의 전도와 교육 사업을 위해 동분서주했고 특히 청주중앙 교회에 부설한 초등학교의 교장직을 맡아 남자 50명, 여자 80명의 학 생들을 교육했다.

1937년 7월 신병으로 선교사직을 사임한 후 귀국했고 이후 미국 테네시 주 멤피스에 있는 멤피스제일복음교회 목사로 목회했다. 그는 본국에서도 한국을 잊지 못하다가 1952년 11월 동란 중의 한국을 방 문하여 부산에 있던 평양 지역 출신 피난민교회에서 설교했고 당시 대구에 소재하던 장로회신학교와 자신의 임지였던 청주선교부를 방 문하기도 했다.

주요 저서로는 *For Every Christian a New Believer*(1916), *Korea, the Hermit Nation and It's Response to Christianity*(1932), 『예언의 응험』 (1934), 『신자생활의 첩경』(1936), 『예수의 사요』(1938), 『이기는 생활』 (1933년 역서) 등이 있다. 특히 『신자생활의 첩경』은 사경회를 통해 신자 들의 경건생활을 교육한 저서이다.[21]

**신자와 경건한 생활 등
총 7장으로 편성**

내용은 총 7장으로 편성되어 있으며 '신 자와 성신', '신자와 성경', '신자와 주일', '신자와 그의 가정', '신자와

---

[21] 기독교대백과사전편찬위원회 편, "솔타우 2", 『기독교대백과사전(9권)』(서울: 기독교문사, 1983), 701-702; 기독교대백과사전편찬위원회 편, "신자생활의 첩경", 『기독교대백과사전 (10권)』(서울: 기독교문사, 1983), 413-414.

　　　　　　　　　　　기독교윤리학의 한국적 수용과 정립

오락', '신자와 청지기', '신자와 경건한 생활' 등으로 구성되어 있다. 그 목차를 소개하면 다음과 같다.

[표 20] 『신자생활의 첩경』 장별 세부 내용

장	세부내용	
제1장 신자와 성신	1. 성신의 위	2. 성신은 각 신자에게 선물로 주신 것
	3. 성신의 하시는 역사	4. 성신을 충만히 받게 하심
	5. 성신에 대한 죄	
제2장 신자와 성경	1. 하나님의 권세 있는 말씀	2. 신자가 자기생활의 표준으로 받음
제3장 신자와 주일	1. 안식일의 연원	2. 안식일에 대한 명령
	3. 안식일을 지키는 방침	4. 안식일 지키는 자들에게 허락하신 복
	5. 신자의 안식일은 주일이다	
제4장 신자와 그의 가정	1. 가정의 근본	2. 가정은 단체
	3. 남편과 아내	4. 부모와 자녀
	5. 자녀의 혼인	6. 가정 기도회
제5장 신자와 오락	1. 하나님께 영광을 돌릴 것	2. 오락의 표준
제6장 신자와 청지기	1. 청지기의 책임	2. 청지기 직분의 범위
	3. 연보 드리는 원리	
제7장 신자와 경건한 생활	1. 경건한 생활의 필요	2. 규칙적으로 할 것
	3. 경건한 생활	4. 참경건한 생활의 결과

이 책의 본문 서론과 주요 본문을 분석해 본다.

서론

예수 그리스도를 믿기로 작정하고 교회에 입교하기는 비교적 쉬운 일이나 날마다 하나님의 참자녀로 생활하며 범사에 복음의 권능을 드러내기는 매우 어려운 일이다. 여러번 믿는다고 함으로 교인된 사람들이 주님의 요구하시는 대로 하지 아니함으로 교회를 방해하는 것이 되고 믿을나고 하며 참신앙이 무엇인지 알아보고저 하는 자에게 오히려 락심지게 한다. 이 적은 책은 참신자의 생활의 필요한 요소를 간단히 알게 해 드리기 위하야 쓴 것이니 노형도 이 책을 읽고 공부하시면서 마음 속에 주님께 긔도하기를 임의 성공을 엇지 못한 까닭을 알게 하시며 새 은혜와 힘을 주심으로 이 압흐로 과연 주님께 영광을 돌리며 만흔 사람에게 복을 끼칠 만한 생활을 하게 하시기를 간구할 것이다. 본서는 모도 칠 장으로 되엿는데 사경회에서 공부할 때에 하로 한 장씩 마치면 조흔 줄노 안다. 그러나 시간상 관계로 다 하지 못하게 되는 경우에는 반듯이 제 칠 장을 공부하기를 바란다. 여러분의 신앙생활에 만분의 일이라도 도음이 잇기를 바라는 바이다.

1935년 9월 4일 저자 소열도 씀[22]

'신자생활'이라는 책의 제목에서 볼 수 있듯, 신자된 이들의 생활에 대해 설명하고 있다. 전체 7장으로 된 책의 전반부는 교리에 대해, 후반부는 실제 생활에 대해 구체적으로 제시하고 있는데 제3장은 신자와 주일성수, 제4장은 신자와 그의 가정, 제5장은 신자와 오락, 제6장은 신자와 청지기, 제7장은 신자와 경건한 생활에 대해 가르치고 있다.

---

22 『신자생활의 첩경』, 1. 서론.

　기독교윤리학의 한국적 수용과 정립

우선 제3장 주일에 대해 가르치고 있는 부분을 보면 다음과 같은 특징을 보여주고 있다.

첫째, 주일성수를 신앙생활 성장, 성숙의 중요한 요소로 받아들이고 있다. 개인적으로나 교회 단체적으로나 주일을 지킴으로써 신앙이 진보할 수 있다고 보았다.

둘째, 주일과 안식일에 대해 구별하고 있다. 일부 선교사들의 '사바트'란 표현, 안식일이란 표현 강조와 준수와는 제법 차이를 보여 주고 있다. 근본적으로 구약적 율법 준수와 '주일'의 차이를 상세히 설명하고 있다.

셋째, 안식일을 지키는 방침을 소극적 차원(사적인 일, 오락, 사담 금지)과 적극적인 차원(구제, 심방, 전도, 주의 이름을 높임)에서 전개하였다.

넷째, 주일은 단지 '안식' 차원에서가 아닌, 은혜로 구원받은 일과 연관됨을 구체적으로 설명하고 있다.

다섯째, 기독교 초기 교리서에 비해 상당히 체계적이고 구체적인 생활의 지침을 제시하고 있는 것으로 보인다.

여섯째, 개인생활에 관한 상당히 정교한 생활지침을 제시하고 있는데 반해서 국가, 사회의식 등 사회윤리 및 정치윤리라 볼 수 있는 부분은 전혀 언급되고 있지 않다. 이는 일제강점기라는 시대상황을 반영한 것으로 보아야 할 것이다.

일곱째, 오락, 청지기(직업), 경건생활 등 개인윤리를 중심으로 한 매우 정교화된 윤리를 제시하고 있다.

제4장 '신자와 그의 가정'에 관한 언급

제4장을 중심으로 '신자와 그의 가정'에 관한 언급을 살펴본다. 제4장에서는 가정의 근본이신 하나님, 복이 임하는 가정, 부부관계, 부모자녀 관계, 자녀의 혼인, 가정기도회를 다루었다.

첫째, 가정의 근본은 하나님이다.

그런고로 첫 가정이 생기며 인류의 시작으로 하나님이 가정의 법을 세워주셨다. 가정은 단체로 보전하고 가정생활을 든든히 세워야 하나님의 계획을 이룰 수 있으며 가족 중에 어른이나 아이들이나 제일 귀하고 거룩한 영향을 받을 수 있다.[23]

둘째, 가정은 구약과 신약을 통해 하나님께서 복을 주시는 믿음의 공동체라고 보았다.

하나님이 허락하신 복은 온 가족을 포함한 것으로 할례하는 예식이 표시하였으니 이 예는 모든 남자에게 난지 8일 만에 주는 것이다. 신약에 여러 번 온 가족들이 같이 세례를 받았었는데 그중에 그리스도를 믿는 뜻을 깨닫지 못한 어린아이도 있었다.[24]

---

[23]   Ibid., 31.

[24]   Ibid., 32.

셋째, 남편과 아내의 유기적이며 친밀한 관계, 거룩한 관계성에 대하여 설명한다.

1. 제일 밀접한 관계: 하나님 앞에 남편과 아내가 서로 관계된 것은 제일 친밀한 것이니 이 관계를 세우는 혼인 예는 제일 거룩한 것이다.

2. 나눌 수 없는 관계: 이 이치는 신약에도 말씀하였는데 마태 19장 5-6절에 주께서 이 말씀을 인용하여 혼인함으로 두 사람 사이에 나눌 수 없는 관계가 생긴 것을 말씀하셨다.

3. 거룩한 관계: 엡 5장 22-23절과 벧전 3장 7절을 보니 하나님 앞에 남편과 아내 된 관계는 과연 거룩한 것으로 보인다.[25]

넷째, 부모와 자녀의 관계에 대하여 설명한다. 자녀들의 율법 순종, 부모의 자녀교육에 대해 소개하였다.

밀접한 관계로는 부부관계 다음으로 부모와 자녀의 관계이다. 이 관계에 대하여도 피차에 책임과 본분을 이루어야 하나님의 뜻대로 그 관계를 유지해 나갈 수 있다.

1. 자녀들이 부모를 순종할 것 하나님의 율법대로는 자녀들은 반드시 부모를 순종할 것이며 불법하고 고집하는 자녀는 법대로 무서운 형벌을 받는 것이다.

2. 부모의 책임 자녀교육은 부모의 원 책임이니 아무것이든지 가정교

---

25   Ibid., 33-34.

훈과 연단을 대신할 수 없다. 삼상 3장 13절 말씀을 보면 대제사장의 아들의 죄악으로 인하여 그들과 그 아버지까지 무서운 형벌을 받은 것을 볼 수가 있다.[26]

다섯째, 결혼에 관해 설명했으며 특히 자녀의 혼인에 관하여 구체적으로 설명한다.

1. 성경 말씀과 교회 규칙을 따라서 절대로 신자는 불신자와 혼인하지 말 것이다(고후 6장 14절).
2. 언제든지 조혼하지 말 것은 혼인할 마음이 있기 전에나 혼인 약조의 취지를 깨닫기 전에는 하지 말 것이다.
3. 사위와 며느리를 구할 때에 첫째는 그의 영적 생활과 둘째는 가정교육 받은 것을 볼 것이다.
4. 청년들이 오늘날 자유를 많이 얻는 중에 언제든지 강제로 허락 없이 혼인하지 말 것이다.[27]

여섯째, 가정기도회는 가족을 하나로 묶는 가장 좋은 방법이라고 강조하였다.

가족들에게 연합을 시키는 제일 좋은 방법은 가족기도회이다. 부모

---

26 Ibid., 35.

27 Ibid., 37-38.

 기독교윤리학의 한국적 수용과 정립

와 자녀들이 매일 하나님 앞에 모여 성경을 보며 하나님께 찬송을 부르
며 자기의 죄를 자복하여 개인이나 가정이 자신을 하나님께 드리면 성
신께서 그의 맘 가운데 역사하시사 사랑과 동정으로 연합을 시키시며
피차에 책임을 깨닫게 하신다.[28]

하나님을 영화롭게 하는
유익한 오락에 대해 언급

제5장에서는 "신자와 오락"[29]에 대해서
는 하나님을 영화롭게 하는 유익한 오락에 대해 언급한다.

오락은 신자 생활 가운데 마땅히 있을 것인데 적당한 오락은 필요한
것이며 많은 유익이 있다. 기쁜 맘은 하나님께 영광을 돌리는 것이다.
슬프고 답답한 신자는 영화를 하나님께 드리지 아니하며 다른 사람에
게 좋은 영향을 주지 못한다.[30]

28　Ibid., 38.

29　테니스, 베이스볼에 대한 언급은 이채롭다. 대부분의 서양 운동을 국내에 소개한 사람들은 구
한말 선교사로 체육사에서도 받아들이고 있다. 대한야구협회에서는 야구의 유래를 1904년
기독교청년회(현 YMCA) 창립 공로자 중에 한 사람인 미국인 질레트(P. S. Gillet)가 청년 회
원들에게 야구를 가르치기 시작한 것이 한국 야구의 첫걸음이었다라고 밝히고 있으며, 우리나
라에는 미국인 선교사 벙커와 제중원의 앤더슨에 의해 정식으로 테니스가 들어왔다고 보고 있
다.

30　T. Stanly Soltau, 『신자생활의 첩경』, 39.

3.
사회윤리

1) 『야소의 사회훈』

**7일간의 일자별 제목, 네 가지
항목의 세부적으로 연구**

『야소의 사회훈』은 1930년 대한
기독교서회에서 출간된 책으로 라우션부시(Walter Rauschenbusch, 1861-
1918)의 *Social Principles of Jesus*를 번역한 것이다.[31] 역자는 고영환으
로 기록되어 있다. 이 책은 편집상 특이한 점이 있는데 각 장별로 7일
간의 일자별 제목이 제시되고 그 제목 하에 네 가지 항목의 세부적으
로 연구가 진행되는 방식으로 기술되어 있어 일종의 스터디북 형식
을 취하고 있다. 물론, 각 장에서는 주제가 되는 문장을 제시하고 있다.

---

[31] 소화5년(1930) 7월 7일 발행한 것으로 되어 있으며, 특이하게도 서문, 역자 후기, 번역배경
등이 소개되어 있지 않아 라우션부시의 저서를 단순 번역한 것으로 사료된다. 분량이 늘어난
부분에 대해서는 원문과 대조하여 고찰할 필요가 있다.

 기독교윤리학의 한국적 수용과 정립

저자 라우션부시는 침례교 목사이며 미국의 사회복음 운동가로 세계적으로 많은 영향을 끼쳤다. *Christianity and the Social Crisis, Christianing the Social Order, A Theology for the Social Gospel* 등을 저술한 그는 1861년 미국 뉴욕 로체스터에서 독일 태생의 목사의 아들로 출생했다. 1884년에 로체스터대학을 마치고 1886년에는 로체스터신학교를 졸업했다. 이후 뉴욕에 있는 독일 제2침례교회의 목사로 초빙되었는데 그 교회는 '지옥의 무덤'이라는 빈민가의 변두리에 위치해 있었다. 개인적 경건주의의 전통 환경에서 성장한 라우션부시는 그가 직면했던 사악한 사회상에 많은 충격을 받았다. 이를 계기로 라우션부시는 차츰 사회개혁 운동에 눈을 떴고 진보성을 띤 사회주의 문헌을 탐독하기 시작했다.

그의 일생의 중심과제는 복음적 기독교신앙과 사회개혁에 대한 정열을 연결시키는 일이었다. 1891년에 얼마간의 휴가를 얻어 교구를 떠나 영국에서 사회운동에 대해 연구했으며 독일에서는 신약을 공부했다. 이 과정을 거치며 그의 생에 있어서의 중요한 두 관심사들을 함께 묶어 준 『하나님의 왕국』에 대한 소망을 정립할 수 있었다. 그는 리츨(Albrecht Ritschl), 하르낙(Adolf von Harnack)의 전통에 있는 자유주의 신학을 수용하면서도 계속해서 그리스도 중심주의를 견지했으며 이 땅에 하나님의 나라가 도래하는 것이 역사적으로 가능하다는 소망을 가졌다. 1892년에는 결성된 '천국형제회'의 중심인물이 되어 다른 사람들과 함께 하나님의 나라 신학을 전파하는 일에 힘썼다. 1897년에 라우션부시는 로체스터신학교에서 강의 청탁을 받은 이래 이 학교에서 교회사 교수로 봉직했다. 1967년에는 *Christianity and the*

*Social Crisis*라는 저서를 출판하여 명성을 얻었고 암으로 세상을 떠날 때까지 미국 사회복음 운동가로서 큰 영향을 끼쳤다.

독일 침례파의 종파적 경향, 신칼빈주의적 개혁주의 결합

그의 사회윤리는 그가 가졌던 초기 경건주의와 재세례파의 사상과 유사한 독일 침례파의 종파적 경향, 그의 복음적 자유주의, 그리고 사회를 기독교화할 수 있다고 강조하는 신칼빈주의적 개혁주의를 결합시켰다. 1912년에 발행한 *Christianing the Social Order*에서 라우션부시는 생의 중요한 5개 영역들 중에서 가정, 교회, 교육, 정치 등 4개의 영역들은 그리스도의 정신이 인간성 안에서 활동할 수 있는 통로인 조직의 일부로서 어느 정도 기여할 수 있도록 이미 어떤 제도적인 변화를 겪었지만 나머지 하나의 사업이라는 영역은 사회질서의 쇄신되지 못한 분야라고 주장했다. 그는 사회정의는 특권의 폐지, 노동의 통일화, 경제 질서의 민주화, 그리고 소비조합의 확대와 같은 일들에 의해서 수립될 수 있다고 역설했다.

라우션부시는 평소 자신을 기독교사회주의자라고 칭했다. 그러나 그의 사회주의는 진화론적이고 비이론적이며 실제로 비정치적인 형태의 사회주의였다. 제1차 세계대전 중 쓰인 그의 최고의 작품인 *A Theology for the Social Gospel*(1917)은 집단적인 악의 유포 과정에 대한 그의 깊은 인식을 보여 주었으며 이를 통해 사회복음 운동의 신학적

근거를 마련하고자 했다.[32]

책의 목차 및 표제 설명 부분을 전체적으로 살펴보면 다음과 같다.

제1편 예수의 사회윤리

제1장에서는 신성한 생명과 인격에 대해 논했다.

우리가 지금까지 예수 그리스도에 대하여 여하한 생각을 가지고 있었더니 그것은 각자의 자유이겠지만은 적어도 한 번 그의 교훈을 연구하여 보려고 할 것 같으면 우리는 마땅히 경건의 정신을 가지고 착수하여야 하겠다. 사실상 예수는 그 짧은 일생 동안 인간의 미약한 힘을 가지고 우리 인류를 위하여 하나님과 인생에 대한 이해에 관해서 영구히 새로운 표준을 제시하였으며 아울러 인류의 역사를 개혁시킬 만한 힘을 우리 인간의 머릿속에 부식하여 주시었다. 명일까지 전해 오는 그의 교훈은 실로 단편적임에 불과하다. 그러나 그 단편 중에는 무진장의 생명력이 포함되어 있다. 이 연구의 목적은 사등(斯等)의 단편을 재료 삼아 가지고 ― 만일 될 수만 있을 것 같으면 ― 예수의 정신 가운데에 포함되어 있는 근본적 윤리교훈이 과연 무엇인가를 탐구하여 보려는 것이

---

32 생애와 사상은 다음 문헌을 볼 것. 기독교대백과사전편찬위원회 편, "라우션부시 2", 『기독교대백과사전(4권)』(서울: 기독교문사, 1993), 959-960; Donovan E. Smucker, *The Origins of Walter Rauschenbusch's Social Ethics, unpublished doctoral dissertation*(University of Chicaco, 1957).

다. 그의 사상 중 이 방면의 것은 다른 사상에 비하면 비교적 충분히 이해되지 못한 모양이나 그것을 잘 이해할 필요를 느끼는 정도는 금일보다 더한 때가 없었다. 우리는 지금 이 연구를 착수함에 당하여 어떤 위대한 사건을 취급하려는 것과 같은 생각을 가지고 이것에 의하여 우리 각자의 생활을 지도하는 원동력을 파악하려고 하여야 하겠다. 우리는 예수 그리스도의 인격과 사상의 사회적 의의를 천명하며 또 이것에 의하여 그가 우리에게 직접 관계 있는 현대의 사회적 경제적 생활에 대하여 무엇을 요구하는가를 연구하여 보는 것이 우리의 당면한 문제이다. 예수는 자기의 접촉하는 사람들의 생명과 인격을 어떻게 관찰하셨는가, 그는 사람들을 결합시키는 사회적 관계를 어떻게 보셨는가, 실제 사회의 각종 불평등과 고통에 대한 그의 심리적 반동은 무엇이었는가? 만일 우리가 이상 3개의 문제에 대한 그의 확신하는 근본 원리를 분명히 할 것 같으면 우리는 그의 사회적 교훈에 대한 열쇠를 장악하게 된 셈이다. 우리는 우선 최초의 3장에서 상기한 세 문제를 연구하여 보려고 한다.[33]

제2장에서는 인류의 상호적 관계와 단결을 논했다.

사람은 누구든지 사람으로서의 가치가 있으며 또 신성한 것이다. 이것이 예수의 사회훈 중의 가장 단순하며 가장 근본적인 원리인 것은 전술한 바이다. 그러면 그 다음에 인류 상호 간에는 여하한 관계가 있는가

---

[33]　Walter Rauschenbusch, 『야소의 사회훈』, 고영환 역(서울: 조선야소교서회, 1930), 1-2.

를 연구하여야 하겠다.[34]

제3장에서는 강자는 반드시 약자를 옹호하여야 한다는 취지로 민중 옹호론을 전개하였다.

이상의 2장에서 약술한 생명과 인격이 신성하다는 것과 인류의 정신적 단결이라는 2개조는 예수의 근본적 신념으로 된 사회공리이다. 지금 여기 한 신념을 가진 사람이 실제 사회에서 생명을 너무 경솔히 하며 사회적 책임을 존중하게 여기지 않는 속정 세태를 목도하게 될 시에 과연 여하한 태도를 취할까? 또 그 사람은 강자의 의무와 자기의 의무를 여하히 관찰할까?[35]

제2편 예수의 사회사상

예수의 사회사상에서는 천국과 그 가치, 천국과 그 활동, 신시대와 신표준을 소제목들로 취했다.

제4장에서는 천국과 그 가치(정당한 사회조직은 각인에게 대한 지상선)를 논했다.

정당한 사회조직은 각인에게 대한 지상선이다. 이상의 3장에서 연

---

34   Ibid., 22.

35   Ibid., 39.

구한 바는 단순한 인생생활의 원리인데 이는 만인에게 공통되며 또 본능적인 것이다. 예수는 단순히 이 본능의 적용범위를 확장하시며 이에 대한 우리의 이해를 분명히 하시고 다시 이것을 종교적 의무의 중심을 삼아가지고 이에 큰 사회적, 종교적 원리의 높은 표준을 보이셨다. 그러나 다음 3장에서 논술하려고 하는 것은 아직 인류 일반에게 보급된 관념은 아니나 예수께서 유태민족의 역사적 사적으로부터 인출하여 내신 것이다. 즉 우리의 연구문제는 천국에 관한 관념인데 아마 이것은 '하나님의 통치'라고 번역하는 것이 더 나을 것이다. 실상 이 관념은 역사상 수개의 독창적 국민 중 하나인 유태민족의 현철한 사람들의 사회적 이상과 목적으로 된 것이다. 예수는 이 선조 전래의 사회적 이상을 여하히 해석하셨는가, 그는 천국이 무엇을 제공한다고 사유하셨는가, 천국은 인류에게 무엇을 요구하는가, 이 사회적 이상은 직접 여하한 윤리적 의무를 포함하고 있는가 다음의 3장에서 우리가 연구하려고 하는 것은 즉 사등(斯等)의 제 문제이다.[36]

제5장에서는 천국과 그 활동에 대해 논했으며 지상선을 완성하기 위한 개인의 책임에 주목하였다.

정당한 사회조직은 각인에게 대한 최고의무이다. 완전한 사회조직은 지상선이다. 이것은 비옥한 토지나 공기 중의 산소와 같이 하나님이 만인에게 제공하는 일종의 선물인 이상 우리는 이것을 채용하여 될 수

---

36   Ibid., 61.

 기독교윤리학의 한국적 수용과 정립

있는 대로 완전한 사회에 접근하도록 노력하여야 하겠다. 그러나 이상적 사회를 실현하기 위하여 각 개인은 무엇을 할 책임이 있는가? 또는 사회는 각 개인에게 여하한 책무를 지우는가? 예수께서 이 문제를 여하히 관찰하셨는가? 이것은 '에밀 더 라벨 네예'가 그 저서 예양론(禮讓論)을 결론짓는 말 가운데에 잘 표현하였는데 그 말은 즉 아래와 같다. 최상의 사회조직이 있다. 그러나 이것은 반드시 항상 존재한 사회는 아니다. 만일 이것이 현대에 존재할 것 같으면 우리는 무슨 까닭으로 현 사회를 변혁하려고 노력할 필요가 있는가? 그런데 인간에게 대해서 지상선을 실현하기 위하여 당연히 존재하여야만 할 훌륭한 사회가 있지 않으면 아니 되겠다. 하나님은 이것을 알고 또 이렇게 만들려고 하신다. 그러므로 이것을 발견하여 건설하는 것은 즉 인간의 책무이다. 그러면 이 지상선을 완성하는 데 대하여 개인의 책임은 과연 무엇인가?[37]

제6장에서는 신시대와 신표준에 대해 논했는데 진보하는 사회가 되기 위해서는 윤리관념 역시 진보해야 한다는 점을 강조하였다.

천국의 래임은 윤리적 표준을 높인다. 인류사회에 하나님의 통치를 영접하기 위하여는 그 사회관계, 즉 윤리관념의 진보가 없으면 아니 되겠다. 이것은 신시대마다 당연하려니와 만일 그렇지 않으면 사회는 퇴보하게 될 것이다. 제1, 종래 사회가 승인해 온 도덕상의 주의가 일층 완전히 행하지 않으면 안 되며, 제2, 윤리 관념의 세력 범위가 일층 광범하

---

37   Ibid., 78-79.

게 되야.[38]

제3편 사회의 반항적 세력

사회의 반항적 세력에서는 사회봉사의 지도, 사유재산과 공공선, 종교의 사회적 시험 등을 소제목들로 취했다.

제7장에서는 사회봉사의 지도를 논했다.

공명심의 만족은 사람에게 봉사함에 있다. 고래로 하나님의 왕국(천국)은 사람의 일개 이상이다. 그러므로 이것을 화하여야 구체적으로 실현하려고 할 것 같으면 인간의 반항적이며 아울러 완미(頑迷)한 본능과 및 사회의 보수적 세력과 충돌하지 않을 수 없다. 그러면 예수는 그 장애를 어디서 발견하셨던가? 여하한 방면에서 여기 한 반항을 예기하셨던가? 예수께서는 과연 공명심의 세력과 권력에 대한 동경의 여하한 것임을 이해하시며 또 사람이 재산에 마음을 끌리는 사실을 인지하셨을까? 그는 종교를 천국 건설의 원조라고 느끼셨는가? 혹은 장애라고 사고하셨는가? 사등(斯等)의 의문을 이하의 3장에서 해결해 보려고 한다.[39]

제8장에서는 사유재산과 공공선에 대해 논했는데 부의 축적으로

---

38   Ibid., 98.

39   Ibid., 116.

인하여 사회가 개선되지 않을 수도 있다는 점에 대하여 경고하였다.

사회의 공익에 사용할 사유재산. 역사상의 사건을 별견(瞥見)하든지 또는 사회 만반의 인사를 조금 회고하더라도 사유재산이라는 것은 인격발견의 필요한 조건으로도 되며 품성도치의 고무(鼓舞) 장려물로 되는 동시에 또는 이기심의 발로물로도 되며 요새로도 되는 것이다. 모든 정량사업은 재산의 행복을 보존하는 동시에 이것을 잘 살포하는 것에도 힘써야겠다. 그런데 사회개선의 사업이 재산의 은택을 입은 사람들 때문에 도리어 무참하게 방해되는 일도 결코 적지 아니하다.[40]

제9장에서는 종교의 사회적 시험(종교의 사회적 능률)을 논했는데 종교는 사회진보에 공헌해야 한다는 점을 밝혔다.

예수의 거시(擧示)하신 삼종의 반항적 세력은 사회적 의무의 이행을 회피하여 정신적 진보의 장애로 되는 것이다. 그중에 권력을 장악하여 지도자가 되려는 공명심과 재산을 애호하는 것에 대하여는 전술한 바와 같다. 그러면 종교에 대하여는 어떠한가. 종교는 인류의 진보에 대하여 보조물로 되는가. 혹은 방해물로 되는가. 오늘날 이에 대하여 그 의견이 구구하여 일정치 아니하다. 그러나 소위 사회의 이해에 대하여 다소 관심하는 자로서, 종교의 사회적 세력을 거부할 수는 없다. 그러면

---

40   Ibid., 137.

예수께서는 과연 이것에 대하여 여하한 견해를 가지고 계셨던가.[41]

제4편 투쟁의 승리

투쟁의 승리에서는 죄악과 투쟁, 사회훈으로서의 십자가, 개척과 도전을 소제목들로 다루었다.

제10장에서는 죄악과 투쟁을 논했으며 천국의 발전에는 투쟁이 요청된다고 하였다.

우리의 큰 목표는 천국이다. 하나님의 통치를 지상에 실현하기 위하여 삼개의 반항적 세력을 하나님의 율법 하에서 정복하지 않으면 아니 되겠다. 즉, 권력의 욕망, 재산의 애호, 비사회적 종교 등이다. (중략) 천국의 발전이라는 것은 다만 사회교육의 수단이 아니라 반드시 진정한 사회조직을 실현하기 위하여 노력하는 일체의 사업에 대하여 반항하며 이것을 무효케 하며 또, 이것의 방해로 되는 반항력에 대하여 투쟁하는 것이다. 그런고로, 천국의 전략은 사회의 죄악문제에 대한 연구도 포함하고 있다.[42]

제11장에서는 사회훈으로서의 그리스도의 고난을 논했다.

41　　Ibid., 155.

42　　Ibid., 176.

사회구제는 대상적 고통에 의하여 완성된다. (중략) 교회는 어느 때든지 그리스도의 죽음이 인류의 구제에 대하여 절대무비하게 영구히 귀중한 사건인 것을 느끼고 왔다.[43]

제12장에서는 염광(鹽光)의 소명에 입각하여 개척과 도전에 대해 논했다.

예수의 사회훈은 개인적 충성과 사회적 활동을 요구한다. 너희는 세상의 소금이라 너희는 세상의 빛이라(마 5: 13-14) 예수의 이 말씀은 인류 전체의 역사적 사명을 의식하시고서 하신 말씀이다.[44]

2) 『기독교 사회사상』

『기독교 사회사상』은 1926년 대한기독교서회에서 간행된 책으로 맥도날드(D. A. McDonald, 1883-1938)의 저서이다. 최상현과 김관식 공역으로 출간되었으며 원제는 *The Social Idea of Christianity*이다.

---

43   Ibid., 195.

44   Ibid., 215.

맥도날드는 한국선교사로 회령, 원산, 함흥 등지에서 선교활동을 하였다. 그는 1883년 4월 6일 스코틀랜드에서 가난한 학자 출신 목사의 아들로 출생했다. 1905년 캐나다의 토론토대학을 마치고 1908년에는 녹스대학을 졸업했고, 이어 온타리오 지방에서 3년 동안 교역자로 봉직하던 중 한국 선교사로 임명받았다. 그가 한국 선교에 뜻을 둔 것은 학창시절 학생외지선교자원단 활동을 통해 감동을 받으면서부터였다.

1912년 2월에 내한한 이래, 간도 지방 선교활동 위해 떠난 바거 선교사의 뒤를 이어 함경북도 회령 지방을 담당하는 선교책임자가 되었다. 1921년부터는 원산 지방에서, 그리고 1936년에는 함흥으로 옮겨 선교활동을 계속했다. 1927년에는 미국 디트로이트에서 열린 학생외지선교자원단 대회에 참석했고 이를 계기로 "The Korea Mission Field"에 외지선교의 필요성에 관해 특별 기고를 하는 등 선교에 남다른 열정을 보여 주었다.

그는 교리보다 실천을, 신조보다 사회윤리 면을 더욱 강조했으며, 도시보다 농촌, 부유층보다는 가난한 사람들에 대한 선교를 더욱 중요시했다. 이러한 취지로 자신의 입장을 『기독교 사회사상』(*The Social Idea of Christianity*, 1926)이라는 저서를 통해

  기독교윤리학의 한국적 수용과 정립

밝히고 배포하는 일에 힘썼다. 그는 항상 자연과 인간을 사랑하는 삶을 살기 위해 노력했고 삶 속에서 웃음과 해학을 잃지 않았다. 무엇보다도 그는 국내 선교부 간의 협동과 초교파적인 교회연합운동에 깊은 관심을 가졌으며, 폭넓은 친분관계를 맺어 에큐메니칼 운동에 크게 공헌했다. 조선성서공회, 조선기독교서회, 조선기독교연합회(NCC) 등 교단 연합기관 활동에 캐나다 선교부 대표로 참여했으며 선교사 공의회에서도 주도적인 역할을 담당했다. 한국선교 25년 동안 많은 공적을 남기고 1938년 9월 2일 함흥에서 소천했다.[45]

장로교 목사 김관식, 감리교 및 그리스도의 교회 목사 최상현 공역

역자 김관식(金觀植, 1888-1948)은 장로교 목사로 일본기독교조선교단 통리사를 역임했다. 1921년에 평양신학교를 졸업한 후 간도와 함북 산간지방을 중심으로 전도사업에 전념했다. 1922년 캐나다 장로회 전도부로부터 학비를 보조받아 캐나다 녹스신학교에서 연구했고 미국 프린스턴신학교에서 구약을 전공한 후 귀국했다. 1929년부터 1938년까지 함흥 영생중학교 교장을 역임했고 구약개역 위원으로 일했으며 1924년 조선예수교연합공의회가 조직되었을 때 초대 총무로 1년간 사역했다. 1928년 미국 로스앤젤레스에서 열린 주일학교 세계대회에 한국 대표로 참석하고

---

[45] 생애와 사상은 다음 문헌을 볼 것. 기독교대백과사전편찬위원회 편, "맥도널드 5", 『기독교대백과사전(5권)』(서울: 기독교문사, 1994), 1073; 김상필, 『오늘을 사는 生命』(서울: 성문학사, 1978).

1931년에 연합공의회의 제8대 회장에 피선되었다. 이어 1932년 6월에는 독일에서 열린 세계선교연맹에 한국 대표로 참석했고 귀국 후 연합공의회 초대 총무에 피선되어 1년간 봉직했다.

그러나 1945년 7월 19일 일본기독교조선교단이 조직될 때 교단 통리가 되어 목회사역의 오점을 남겼다. 8 · 15 광복 후 1946년 9월 3일 과거의 조선기독교연합공의회가 조선기독교연합회로 재건될 때는 초대 회장, 총무와 기독교교육협회의 초대 회장 등을 역임하면서 대한성서공회(大韓聖書公會)의 재건과 기독교서회(基督敎書會)의 부흥, 찬송가 발행 연합사업 등의 업적을 남겼다.

공역자인 최상현(崔相鉉, 1891-1950?)은 감리교 및 그리스도의 교회 목사로 기독교문학 운동에 관여하였다. 『신학세계』 편집장을 역임하였으며, 체이스(John T. Chase) 선교사와 그리스도의 교회 환원운동(還元運動)을 전개하기도 하였다. 1912년 평양 숭실중학을 졸업한 후 서울 연희전문학교 문과에 입학하여 1919년 3월에 제1회로 졸업했다.

감리교 협성신학교에서 발행하는 『신학세계』의 편집을 맡으면서 이를 통해 신앙 및 역사 교양에 관한 논문들을 발표했으며 1923년부터는 시 "고독으로 비애에", "새로운 희망", "내가 너희를 편히 쉬게 하리라", 소설 "타락자", "목사의 흑색 너울", "어떤 수요일 밤" 등을 발표해 최남선, 방인근, 전영택, 이은상, 임영빈 등과 더불어 1920년대 기독교 문학운동을 주도하기도 했다. 협성신학교를 졸업한 후 1929년 본처사역자로 미감리회 조선연회에서 집사목사로 안수받았으며 궁정교회에 부임하여 목회를 시작했다. 1931년 체부동교회로 옮겨 1935년까지 시무하다 사임했다. 사임한 후에 성서공회와 관련

　　기독교윤리학의 한국적 수용과 정립

된 일에 종사하던 중 1936년 일본에서 사역하던 미국 그리스도의 교회 선교사 체이스를 만났다. 이를 계기로 최상현은 감리교에서 그리스도의 교회로 옮겨 체이스 선교사와 함께 한국에서 환원운동(還元運動, restoration movement)을 전개했다. 서울 송월정에 교리강습소를 개설하고 교설자(敎說者)를 양성하는 일에 전념하는 한편 돈암동·왕십리 그리스도의 교회를 개척하여 시무했다. 일제 말기에 이르러 요시찰 인물로 일제로부터 철저하게 감시를 받았으며 어려운 상황에서도 지하교회로 변신한 그리스도의 교회를 지키는 일에 헌신했다.

역사 속에서 보편적으로 등장하는 인류의 근원적 문제 성찰

특히 이 책에는 사회윤리적 논의의 시각이 특이한데, 시대적으로 논의되고 있는 제반윤리적 문제가 현 시대에만 등장한 문제가 아니라 기독교 역사 속에서 보편적으로 등장하는 인류의 근원적인 문제에 기인하고 있음을 학문적으로 성찰하고 있다.

『기독교 사회사상』의 서론과 내용을 소개하면 다음과 같다.

서론

무릇 사회문제는 현대 기독교의 가장 중대한 문제라 할 수 있으니 즉 사회제도를 기독교화시킴에 있는 것이다. 교회란 단체가 그런 사회문제를 해결할 기관이 아니라고 찬동치 않은 자가 많으나 교회와 다른 사회에서 함께 개조문제에 대하여 많은 토론이 있는 것이다.

근년에 와서 교회가 사회문제에 대하여 착안하게 되는 것은 기독교 사상에 가장 현저한 발달이라 할 것이다. 현금 우리 교회가 각성한 것은 오인의 문명이 일부적으로만 기독교주의에 근거하였으니 원만치 못함으로 금후로는 가급적 사회질서를 전부 기독교화가 되게 하자고 노력하는 것이다. 교회는 여러 백년을 두고 사회개량문제를 대하여 비교적 냉담하여 오다가 근래에 와서는 각국에 성행하는 산업과 상업과 정치운동이 도덕적 원칙대로 되는 것이 아니오 그 지도자들이 사용하는 방법 중에 기독교인의 원칙과 반대되는 것이 많은 것을 인정하게 되었다. 이는 새로 발생된 것이 아니라 소수의 기독교인은 전부터 그렇게 알아온 것이지만 지금에 와서는 이 사회개량 문제를 전보다 일층 더 일반적으로 절실히 느끼게 되었고 또 기독교인들이 생각하기를 현대 사회제도와 경제조직이 기독교주의로 된 것이 아니면 당연히 개량할 것이오 또는 이를 기독교주의로 개량할 수 있을 것이다. 만약 그리스도의 능력으로 개인 심리뿐 아니라 사회제도까지 개량하기가 충분치 못하다면 이는 그의 능력이 얼마만큼 부족함인즉 우리가 전연히 신뢰할 필요가 없다고 점차 자각하여 결과가 운동이 점점 더 성행하게 됨이니 이러한 자각은 교회를 각성시켜 각국에 사회상태를 참말 그리스도주의로 개량케 하라고 더욱 더 노력하게 된 것이요 또 오늘날 기독교사업에 종사하는 인도자들은 이러한 사회제도가 세계상에 실현되기를 희망하고 또 그같이 건설하기를 노력하는 중이라 이러한 사람들은 과격파가 아닌 즉 그들의 훈도를 받는 자들도 물론 정치적 혁명을 목적한 것은 아니지만 신실한 기독교인으로서 예수의 정신과 교훈에 직접으로 반대되는 주의에 기초된 현 사회제도와 경제조직에 대하여 도저히 만족히 여

     기독교윤리학의 한국적 수용과 정립

길 수 없을 것이다. 교회에서 새로 일어나는 이 사회계량운동에 대하여 여러 경건한 신도들은 이를 볼 때에 교회가 그 영적 진리를 잃어버리는 증거로 알고 위험시하기도 하고 혹은 이를 볼 때에 교회가 여러 세기 동안 편협한 사상으로 너무 신령한 편에 치우치다가 지금 와서야 실로 그리스도의 정신이 무엇이며 그가 교회에게 맡기신 일이 무엇인지를 깨닫게 된 실증으로 알고 낙관적으로 환영하기도 한다. 우리가 여기 연구코자 하는 문제는 새 것이 아니며 또는 근대 물질문명이 준 새 환경에서 생기는 사회의 죄악을 말하려 함도 아니다. 현대사회의 죄악은 근대 물질문명의 산물이라고 하는 평론을 우리가 자주 듣는 것이나 이는 착오된 사상이라 아니할 수 없는 것이다. 근대물질문명이 사회죄악을 증가케 하며 더욱 발달케 하는 환경을 지었다 할 수 있으나 이 죄악 자체를 말하면 오랜 역사를 가져서 어느 시대나 문명이나 인종의 특수한 산물이라 할 것이 아니다. 우리가 기억할 것은 인생은 어느 시대와 장소를 물론하고 같은 것이며 사회의 죄악은 오래 전부터 있는 것으로 이것을 각성하고 개조를 열망하며 노력한 자가 있게 된 것이다.[46]

예수전시대, 예수시대, 예수후시대로 구분 기술

역사적으로 사회개조 운동을 탐구하기 위해서는 예수전시대, 예수시대, 예수후시대로 구분하는데, 예수후시대에 관해 집중적으로 기술하고 있다. 왜냐하면 여러 방면에서 크게

---

46 R. A. Hardie, 『기독교 사회사상』(서울: 조선예수교서회, 1926), 1-3. 서론.

진보한 모습을 현 시대에서 발견할 수 있다고 의미를 두기 때문이다. 진보는 과학상 진보, 농업상 진보, 공업, 의학상 진보, 교육상 진보, 정치상 진보, 종교상 진보로 나누어 설명했으며, 이 중 종교상 진보의 내용에 대해서는 인간의 권리, 가족윤리, 아동, 노동, 구제, 음주, 건강, 복지, 노사, 소득 등 총 16조항에 걸쳐 서술하였다.

> 제1조. 모든 인류의 빈부귀천을 물론하고 각 사람으로 동등권리와 원만한 정의를 행사하게 할 일
>
> 제2조. 가족제도를 보장함에 대하여는 남녀 간 윤리상 동일한 표준을 세워가지고 결혼과 이혼 등 정조문제에 관한 일차적 법률을 제정하며 상당한 주택제도에 대한 문제를 해결함에 있다.
>
> 제3조. 일반 아동을 위하여 상당한 교육기관과 오락기관을 설비하여 모든 아동으로 가급적 원만히 발달할 기회를 얻게 할 일
>
> 제4조. 소아노동을 폐지할 일
>
> 제5조. 부녀의 과도한 노동을 금지하여 저희 자녀로 신체나 정신에 해를 받지 않게 하며 부녀의 노동하는 중에 위생과 정조에 안전을 보장하도록 할 일
>
> 제6조. 빈궁자를 구제하고 예방할 일
>
> 제7조. 주류를 매매함과 사용함으로 인하여 발생되는 사회상과 경제상, 반도덕상 손해를 개인과 사회에 끼치지 못하게 할 일
>
> 제8조. 공중건강을 보장할 일
>
> 제9조. 직공들을 위험한 기계에서와 직업적 질병과 상해 혹 사망에 대하여 보호하는 제도를 세울 일

제10조. 누구든지 노동만 하면 실업의 고통과 후용의 불공평함을 느끼
　　　　지 않고 자신을 보호할 기회를 얻게 할 일
제11조. 직업으로 인하여 병신된 자와 병든 자나 노약자를 위하여 상당
　　　　한 기관을 시설할 일
제12조. 고주(雇主)나 고인(雇人) 간에 동등의 권리를 주장하며 그 두 사이
　　　　에 무슨 분쟁이 생길 때에는 화해와 중재시킬 제도를 세울 일
제13조. 노동자들로 칠 일 중 하루를 정하여 업무를 정지하고 안식케
　　　　할 일
제14조. 노동자의 노동시간을 할 수 있는 대로 감소하여 인류생활의 고
　　　　상한 정도에 달할 수 있도록 시간 여유를 가지게 할 일
제15조. 모든 산업기관에서는 산업상 손해를 받지 아니할 정도에서 최
　　　　고도의 고가(雇價)를 지불하여 노동자들로 적어도 생활비로 해서는
　　　　고통을 받지 않게 할 일
제16조. 재산을 취득하고 사용함에 기독교주의대로 실천하며 일반산업
　　　　상 소득을 각 관계자가 가장 공평하게 분배할 일[47]

　이 책의 서론에 언급된, 윤리학적으로 중요한 개념을 담은 핵심
용어들을 정리하면 다음과 같다.

　사회문제, 현대, 사회제도, 교회, 해결, 각성, 문명, 사회질서, 사회개

---

[47]　『기독교 사회사상』, 19-20. 이 16조항은 이 책의 서문에 나와 있듯이 1921년 미국 교회협의
　　　회에서 제정된 '교회의 사회적 신조' 16항을 설명한 내용이다.

량, 지도자, 산업, 상업, 정치운동, 도덕적 원칙, 경제조직[48]

기독교주의, 개량, 능력, 개인심리, 사회제도, 운동, 각성, 교회, 사회 상태, 그리스도주의, 노력, 기독교사업, 인도자, 세계, 희망, 건설, 정치적 혁명, 신실, 예수의 정신, 교훈, 사회제도, 경제조직, 사회개량운동, 경건, 신도, 영적 진리, 편협한 사상, 낙관적, 물질문명, 환경, 사회의 죄악[49]

죄악 자체, 역사, 각성, 문명, 인종, 죄악, 사회[50]

3) 사회윤리 관련 책들의 번역

'사회윤리가 퇴색된, 콘텍스트를
잃어버린 교회'라는 비판

많은 책들 중에서 특별히 라우션 부시의 『야소의 사회훈』이 번역된 데는 한국 역사의 현장에서 1930년대라는 정황을 살펴볼 필요가 있다. 당시 기독교는 한마디로 '사회윤리가 퇴색된, 콘텍스트를 잃어버린 교회'라는 비판이 많았다. 삼일

---

48 『기독교 사회사상』, 1. 서론.

49 Ibid., 2. 서론.

50 Ibid., 3. 서론.

  기독교윤리학의 한국적 수용과 정립

독립운동 이후 사회변화에 직면한 교회는 1920년대부터 밖에서 밀려오는 지적인 분위기의 변화, 반미적 경향, 경제적 시련, 일제의 탄압 등 여러 가지 어려운 정황으로 인해 새로운 위기에 봉착하게 되었다. 이 시대의 일반적 이념적인 경향은 유물론과 무신론이었으며 과학만능, 향락, 도덕의 부패, 윤리의 배역으로 기울어지고 있었다.[51] 바로 이 시기를 전후하여 많이 알려진 대로 춘원 이광수는 한국교회가 삶의 현장으로서의 콘텍스트를 저버렸다고 냉철하게 지적했고 현세와 내세를 단절하는 이원론 현상, 교역자의 무지(무식), 기독교의 무속신앙 전략을 비판했다. 민경배는 이광수가 교회를 비판할 수밖에 없었던 배경과 그 구체적인 내용을 다음과 같이 정리했다.

그는 종교심 이외의 인성을 경멸하거나 종교 이외의 과학, 혹은 사상을 경시하는 풍조를 낳아 결국은 현세를 무시하고 죽은 후의 천당 복락만을 희망하게 된 것이 당시의 기독교의 현황이라고 혹평하였다. (중략) 그는 또 교역자의 무식을 탄하였다. 그것이 교회의 지적 소회를 의미하였기 때문이다. (중략) 그는 교역자가 문명을 이해하지 못하기 때문에 다수의 교인을 미신으로 이끌고 문명의 발전을 저해하며 미신적 신앙을 고집하며 사회의 추세와 병진하지 못한다고 지적하였다.[52]

---

51 민경배, 『韓國基督敎會史』(서울: 연세대학교 출판부, 2000), 370.

52 Ibid., 372-373. 이 내용은 민경배가 다음 문헌을 분석하여 정리한 것이다. 이광수, "新生活論", 『每日申報』 1918년 9월 6일-10월 19일; 이광수, "今日 朝鮮 耶蘇敎會의 缺點", 『靑春』 1917년 11월호. 이광수는 삼일독립운동 이전부터 이미 이 동향을 인지하고 있었음이 분명하다.

교회가 정진해야 할 진로를 직시하지 못하고 현실의 삶에서 멀어져 갈 때 새롭게 그 틈새를 치고 숫구친 세력이 바로 사회주의 사상이었다. 사회주의는 현실을 직시하여 유물론으로 기독교신앙을 비판했고 이를 통해 기독교 내에 기생하여 영향력을 발휘함으로써 새롭게 사회주의 기독교를 창출하고자 했다.

사회주의는 1920년경부터 유입되기 시작했는데, 의식화 차원에서 전개되고 적극성을 보인 것은 1922년 블라디보스토크가 소비에트 정권에 의해서 점령되고 1925년 일제 동경 정부가 소련을 승인한 이후 만주, 시베리아 및 일본에 거주하던 한인 공산주의자들이 국내에 귀국하여 반기독교운동을 전개하기 시작하면서부터이다.[53] 그런데 삼일운동 이후의 정치적 · 경제적 시련에 기인한 좌절감에 빠진 한국 사회에서 현실적인 사회 참여의식 강조는 설득력을 지니게 된 것이다. 사회주의는 평등 평화를 부르짖었고 누구나 소유할 수 있으며 누구나 부를 누릴 수 있다는 이념의 세계를 현실에 구현하려는 모토를 주창함으로써 매력을 발산했다.

---

[53] 민경배, 『韓國基督敎 社會運動史』(서울: 大韓基督敎出版社, 1988), 207. 당시 사회주의자들의 반기독교운동에 적극 대항한 보수주의 신학자로서는 박형룡을 들 수 있으며 그는 『神學指南』을 통해 마르크스 종교론과 사회주의자들의 무신론을 비판함과 동시에 이에 대한 대책으로서 변증신학의 필요성을 역설했다. 박형룡, "次代에 宗敎는 消滅될가?", 『神學指南』 10권 3호(1928. 5), 5; 박형룡, "無神論의 活動과 基督敎의 對策", 『神學指南』(1930. 7), 12-18.

　기독교윤리학의 한국적 수용과 정립

이원론적 삶의 구도 구상과
내세지향적 태도로 경도된 기독교

그러나 기독교는 앞의 논의에서 언급했듯이 1920년대 들어 차츰 사회 참여에서 이탈하여 현세와 내세를 단절 짓는 이원론적 삶의 구도를 구상하고 내세지향적 태도로 경도됨으로써 사회주의자들이 침투할 만한 넉넉한 공간을 내어 주었고 기독교 내부에서마저 사회주의 기독교인들을 배출하는 온상을 마련해 준 셈이 되고 말았다. 사회주의는 1918년 이동휘가 러시아 하바로프스크에서 조선사회당을 조직한 경위로부터 1922년 김규식과 여운형이 모스크바 제1차 극동피압박민족대회에 기독교도동맹 이름으로 참여한 데서 이미 기독교 내부에도 그 사상이 잉태되어 있었다.[54] 1924년 『기독신보』에는 진정한 사회주의가 있으면 비록 기독인이 아니라도 기독인과 동일하게 간주하겠다[55]는 사설이 게재되었을 정도로 사회주의는 대중의 친숙한 사상으로 자리 잡고 있었다.

한국기독교는 삼일운동을 통해 교회가 웅비할 수 있는 인프라를 구축할 수 있었지만 복음의 본질이 구령 사역에 있음을 내세워 사회 참여를 경시함으로써 텍스트와 콘텍스트를 단절시키는 과오를 범했다. 아울러 사회주의에 그 인프라의 혜택을 스스로 양도하는 우(愚)를 범했다. 반면 사회주의는 이 시기에 교회가 포기해 버린 콘텍스트를 예의 주시했고 헐벗고 굶주리는 대중에게 당장 현실적인 비전을

---

54 민경배, 『韓國基督教會史』, 377.

55 『기독신보』, 1924. 10. 15.

제시함으로써 마음을 사로잡을 수 있었다. 이로써 교회가 있어야 할 자리에 사회주의가 위치했고 교회가 감당해야 할 사역을 사회주의가 대신하는 반전의 분위기가 조성되었다. 사회주의의 침투와 아울러 만주국 건국, 중일전쟁, 2차 대전으로 이어지는 일본의 군국주의가 맞물리면서 교회는 더욱 퇴보의 조류에 휩쓸리는 처지가 되었다.

사회주의적 사고의 급속한 전파와 폐해에 대한 기독교의 저지

사회적 문제에 대한 관심과 책임의식을 공감하면서도 사회주의적 사고가 급속도로 전파되어 대중의 마음을 사로잡는 상황이 전개되자 기독교 지도자들은 사회주의 사상에 의한 폐해를 저지해야 하는 형편이었다. 이런 정황에서 그나마 기독교 지도자들이 사회윤리적 과제들과 관점들을 부각시키기 위한 현실성 있는 대안은 기독교 윤리서들을 번역하고 보급하는 일이었다. 기독교윤리학의 전개에 있어 사회윤리학은 당시에 기독교인 대중들로부터 가장 호응받는 주제가 될 수 있었다.

기독교윤리학의 한국적 수용과 정립

VI

한국인의 기독교윤리 저술활동 사례

1.
기독교 지식인의 기독교윤리 이해

한국적 상황을 반영하여 독창성
있게 저술된 한치진의 저서들

지금까지 앞서 논의한 기독교윤리학 교재와 그 체계는 토착화 노력의 일환으로 한국적 상황이 많이 반영되기는 했지만 기본적으로 번역서라는 점에서 아쉬움과 한계가 있었다. 이런 면에서 번역서보다는 한국적 상황을 반영하여 독창성 있게 저술된 한치진의 저서들은 기독교윤리학의 논의를 한 걸음 발전시킨 이정표를 제시하였다. 이제 한치진의 저서들을 중심으로 한국의 근대사회의 서양사상 및 문화의 수용사적인 측면에서 기독교윤리의 수용과 이해 양상을 살펴보자.

기독교윤리학의 주제는 그 특성상 철학적 성격과 종교적 성격이 혼재된 자료가 많을 수밖에 없다.[1] 당시의 기독교윤리 이론 및 사상체

---

1 이 부분에 있어서 한치진은 종교와 철학의 관계를 여러 차원에서 논의한 바 있다.

계가 한국에 수용 또는 유입되는 과정을 연구하려고 할 때 이런 문제들은 한층 심각하게 다가온다.

이 장에서는 기독교윤리학의 수용과 이해 양상을 일제강점기를 살아낸 사상가인 한치진(1901.5.25-?)을 중심으로 살펴보고자 한다. 초기 한국기독교 지도자들이 갖고 있던 신념 체계적인 윤리를 그의 학문적 업적을 통해 추적할 것이다.

물론 많은 학자들 중에서 '왜 한치진인가'라는 질문을 제기할 수도 있을 것이다. 또한 그에 관한 몇 편의 연구가 이미 수행되었음을 지적할 수도 있을 것이다.[2] 최근 서양사상의 수용과정과 역사에 대한 주제를 다루는 연구들도 많이 늘어난 것이 사실이다. 하지만 전술했듯이 기독교윤리학의 수용 및 연구사에 대한 연구를 만나기는 어려우며, 특히 제1세대 철학자이며 기독교 신앙인인 한치진에 대한 연구 또한 단편적인 수준에 머물고 있는 형편이다.[3] 즉 한치진이 서양사상을 수용하는 일에 크게 기여했지만, 한치진은 안호상과 김두헌에 비

---

[2] 한치진에 관한 서지학적 연구는 세 차례에 걸쳐 문헌지 관련 연구를 게재한 공주사범대학교 하동호 교수의 연구를 기본으로 하였다. 하동호는 1975년 공주사범대학 논문집 제12권에서 "한치진연구문헌지 1: 1945. 8. 15. 이전 분", 1980년 공주사범대학 논문집 제18권에서 "한치진연구문헌지 2: 1945. 8. 15. 이후 분", 1990년 한국고서연구회에서 발행한 고서연구 7집을 통하여 "한치진연구문헌지 3"을 발표하였다. 문헌지 3은 문헌지 2의 일부 내용을 정정하면서 한치진 박사에 관한 인물지를 첨가하였다. 아울러, 그의 후손들에 의해 조직된 한치진 기념사업회 홈페이지(www.hahncc.com)가 개설되어 그의 행적을 살필 수 있다. 필자는 한치진 박사의 장녀 한영 선생과 연구 관련 내용을 이메일로 소통 교류하였으며, 한 선생의 친절한 답신에 감사를 표한다.

[3] 이런 상황 속에서 이진구 교수의 "한국 근대 개신교 지식인의 종교인식" 연구는 한치진의 생애와 주요 저서 중 하나인 『종교철학대계』를 분석하고 있는 소중한 연구이다. cf. 서울대 종교문화연구소 편, 『종교와 역사』(서울: 서울대학교출판부 2006), 271-292.

　　　　기독교윤리학의 한국적 수용과 정립

해 워낙 기독교적인 색채가 강하다보니 철학계를 통한 논의 및 확산이 부족했다고 할 수 있다. 더군다나 한치진이 6·25 동란 중에 납북됨으로써 이후의 연구와 논의를 불가능하게 만든 역사적 아픈 정황이 있었다. 따라서 한치진 자신에 의한 연구는 물론이고, 후학들의 한치진에 관한 논의 자체가 소극적일 수밖에 없었으며, 결국 철학계와 신학계 양쪽으로부터 냉대를 받으며 소외당하는 형국이 되고 말았다.

고전적 방식의 철학교육을 받았던 첫 세대가 이해한 기독교윤리학

이런 상황 등을 고려할 때 서양 사상 수용사의 차원에서 기독교윤리를 다루면서 제기된 문제들에 대해 구체적으로 텍스트 읽기를 통해 철저한 연구가 시도되어야 한다고 본다. 특히 한국윤리학의 지속적인 발전을 위해서는 역사적 방법론에 기초한 고전적인 방식을 통해 철학교육을 받았던 첫 세대가 이해한 기독교윤리학 또는 철학적 윤리학에 대해 좀 더 심도 있는 분석이 필요하다. 이런 작업은 서구사상의 수용사의 측면에서나 한국 기독교윤리학을 이해하고 역사를 연구하는 데 중요한 관건이며, 필자는 이에 가장 적합한 인물이 저작의 규모[4]나 실제적인 영향력 등을 고려해 볼 때 한치진이라는 확신을 갖게 되었다. 물론 상당히 정교화된 신학적 체계가 이루어진 현재적인 관점에서 한치진의 윤리와 사상을 보게 되면 번역과 소개 차원에 머물렀다는 피상적인 평가가 나올 수

---

[4]   한치진의 저작 중 주요 도서 목록은 참고문헌에 별도로 제시하였다.

도 있겠지만, 일제강점기 한치진이 활동했던 시기는 역사적으로 보더라도 신학을 비롯한 인문학의 정립과 정교화 과정에서 배제할 수 없는 기간이기도 하다.

한치진의 연구 및 저작 분야가 방대하기 때문에 현재적 시점에서 평가한다면 학문적 독창성과 치밀성 등이 부족하다고 말할 수 있겠지만, 이런 태도는 인문학적 연구에 있어서 매우 안일한 발상이다. 당시 상황에서 보면 새로운 학문을 소개한다는 것 자체만도 큰 기여를 한 것이며, 특히 소개된 자료의 일부에 근거된 편협한 해석은 일제강점기라는 시대적 상황을 고려하지 않고는 이해할 수 없는 부분이다.

그의 사상은 독창성보다는 서구의 사상을 소개하는 데 편중되어 있다. 예를 들어 그의 저서 『종교개혁사요』(宗教改革史要)[5]의 서론은 남가주대 역사학 교수인 길리란드(Clarence V. Gilliland) 박사의 서술(1933. 8)로 되어 있는데 그가 추천의 의미로 보내온 것으로 보이며, 저작 전체를 그 편역으로 볼 수도 있을 것이다. 저자 한치진은 서언에서 다음과 같이 밝히고 있다.

본서는 조선감리교신학교에서 종교개혁사란 학과를 교수하는 가운데 저작된 것이다. 조선어로 된 참고서가 없으니 외국인의 저서를 의지할 수밖에 없었다. 그중에 린시(Lindsey)와 피셔(Fisher)의 개혁사와 로빈슨과 마이어스의 세계사를 많이 의존하였다. 문제가 역사이니 만큼 본서

---

[5] 1933년 9월에 4×6판 211면의 분량으로 이화여자전문학교 내 철학연구사에서 발행하였다.

기독교윤리학의 한국적 수용과 정립

의 재료에 있어서 저자의 간혹비판(間或批判)[6] 이외에는 이상 제 선진에게서 취하였다.[7]

문헌 분석을 통한 근대 한국사회에 수용된 기독교인들의 윤리 이해

이 장에서는 한치진의 사상을 돌아보는 목적에서 출발하여 구체적으로 한치진의 기독교 및 종교에 관한 문헌들과 윤리학, 기독교윤리학에 대해 언급한 문헌들을 분석함으로써 근대 한국사회에 수용된 기독교인들의 윤리 이해를 살펴보고자 한다. 단순하고 비창조적인 작업으로 보일 수도 있겠으나 한국 기독교윤리학의 연구에 있어서, 연구사 부분의 기초자료를 제공하는 작업이나 초기 수용사 부분을 간과하면 기독교윤리학의 한국적 발전은 항상 초보단계적이며 순환적인 논쟁을 피할 수 없기 때문이다. 한치진의 많은 저서들 중 주요 저서인 『증보 윤리학개론』과 『현대사회문제』에 대한 해제 및 특이한 점을 소개하면 다음과 같다.

---

[6]　간혹비판(間或批判)은 서양서적을 번역하는 것을 위주로 하면서 틈틈이 편역자의 관점을 제시하는 것을 의미한다(필자 주).

[7]　한치진, 『종교개혁사요』(서울: 철학연구사, 1933), 1. 서언.

2.
『증보 윤리학개론』 해제 및 분석[8]

1) 서지 사항

후반에 '증보 윤리학과 실생활'이
추가로 편성되어 모두 15가지 주제

『증보 윤리학개론』은 미국 남
가주대학교의 지원에 의해 1934년 9월에 이화여자전문학교 내 철학
연구사에서 발행되었다.[9]

'증보'는 초판 『윤리학개론』에 이은 증보판이란 의미가 아니라
제14장까지의 전개 후 후반에 '증보 윤리학과 실생활'이 추가로 편

---

8   이 부분에 관한 논의는 필자의 "한치진을 통해 본 한국 기독교사상계의 기독교윤리 이해", 『기독교사회윤리』 24집(2009. 12), 한국기독교사회윤리학회에 기발표된 바 있음을 밝힌다.

9   1936년 발간된 그의 저서 『최신철학개론』을 한국인에 의해 저술된 최초의 서양철학에 관한 단행본으로 보는 경우가 많은데, 필자의 소견으로는 윤리학이 서양 철학의 주요 분야인 면을 고려할 때 이 책을 최초의 서양철학 단행본으로 간주하는 것이 적절할 것으로 사료된다. 이와 관련하여 조희영, 진교훈 교수의 관련 연구를 참고하면 유익할 것이다.

   기독교윤리학의 한국적 수용과 정립

성되어 모두 15가지 주제의 에세이를 담았기에[10] 책의 성격상 붙여
진 것으로 볼 수 있다. 즉 '증보윤리학'에 앞서 발간된 '윤리학'이 별도
로 있는 것은 아니라는 점이다. 아울러 책은 남가주대학교(The University
of Southern California)의 허버트 윌든 카 펀드(The Herbert Wildon Carr Publication
Fund)의 출판 지원으로 출간되었음을 영문으로 표기하고 있으나, 한글
제목 표기나 서언 등에서는 감사의 표기를 찾아볼 수는 없다.

2) 내용 분석

이데올로기에 물들고 있는 윤리,
세계 윤리사상의 발달, 사랑의 원리

　　　　　　　　　　첫째, 책이 저술된 일제강점
기는 군국주의가 팽배한 때이므로, 윤리조차도 보편타당한 가치로 받
아들여지기보다는 이데올로기에 물들고 있음을 지적하고 있다. 그
는 "윤리는 세계의 윤리가 아니라 각 국가의 윤리요, 각 개인의 윤리
가 있을 뿐이다"[11]라고 세태를 비판적으로 바라보고 있다. 이런 관점

10　그 주제는 다음과 같다. 1. 과학적 비판, 2. 인류발전의 문제, 3. 최고정신 문명론, 4. 세계평화
　　론, 5. 소수인의 진리, 6. 영웅론, 7. 이상과 실제, 8. 자아개혁론, 9. 인격수양론, 10. 지도자
　　론, 11. 자유와 책임문제, 12. 가정생활론, 13. 도덕과 종교, 14. 현대종교와 사회생활, 15. 인
　　생관과 우주 등.

11　한치진, 『증보 윤리학개론』(서울: 철학연구사, 1934), 1.

은 더 나아가 "누가 옳은 것이냐? 제 각각 자기의 주장대로 최선의 노력을 다해야 살 것뿐이다"라는 대목에서 보듯 다소 주관적 회의주의자의 모습으로 비쳐지기도 한다. 그러나 사람은 '장래의 이상으로 산다'며 인생을 사냥질에 비유하고 있는 서술을 보면, 질곡 많은 삶 속에 서로 '윤리적 이상'을 규정하고 실현하기 위해 노력해야 함을 역설하고 있다.

둘째, 특히 제2장에서 논의하고 있는 세계 윤리사상의 발달 부분에서는 동양과 서양을 아우르면서 결국 기독교윤리적 시각으로 귀결되는 그의 윤리 이해를 볼 수 있다. 그는 고대 동양윤리사상, 고대 희랍윤리사상, 기독교윤리사상, 현대 윤리사상, 도덕 문제와 그 학파를 차례대로 논하고 있다. 세부적으로 들어가면, 기독교윤리사상 부분은 우선 히브리 윤리사상을 논하는데 유대교의 근본원리는 구약성경이며 신의와 계시에 의존하며, 신이 율법을 계시하는 방식이 '언약'이라고 보고 있다. 그런데 중요한 것은 구약의 히브리적 윤리가 피상적 형식주의가 될 가능성이 있음을 지적한다.[12] 즉 외면으로는 세밀한 율법 복종에 몰두하고 내심의 회개와 경건을 등한시하는 위험을 언급하고 있다. 이와 구별되는 기독교윤리상은 무엇인가? 그는 기독교는 유대교가 세계화된 종교임을 설명하고 있다.[13] 유대교의 사상과 신학을 계

---

12   『증보 윤리학개론』, 27-28. 한치진은 히브리인들의 도덕종교관을 언급하면서 이렇게 비판하고 있다. "그들은 신을 절대권위로 알고 거기에 귀의하는 것이 그들의 목적이 되었다. 이리하여 도덕의 근거는 개인의 시비곡직과 희로애락을 떠나 초자연적 장소에 있어서 엄연하였다. 비록 이와 같은 도덕론은 엄정한 의미로는 장점이 많으나 결국 피상적 형식주의가 되고 말았다." 같은 문헌, 27.

13   한치진은 유대교에서 기독교로 넘어가는 차이와 구교에서 신교로 넘어가는 '종교개혁'의 차이

 기독교윤리학의 한국적 수용과 정립

승하면서도 이를 뛰어넘게 하는 중요한 지점이 종교개혁임을 직시하고 있는 것이다. 그의 기독교윤리사상 구성에 있어서 종교개혁사상은 매우 중요한 부분으로 자리 잡고 있다.

셋째, 한치진은 구약의 종교와 신약의 종교를 잘 대비시키고 있고, 구약이 복종의 원리(신에 대한 절대복종)라면 이제 기독교는 복종이 아닌 사랑을 강조한다고 설명한다. 아울러 사람은 신에게서 나왔기에 본래 악한 것이 아니라, 그 속마음은 신격이 될 가능성이 있다고 본 것이다. 그리고 이 가능성을 실현하는 힘은 이지나 정욕이 아니라 두 가지를 합친 '신앙'이라고 보고 있다.

> 예수는 사람을 신의 자로 간주하였기 때문에 신에 대한 절대복종을 반대하였다. 신과 그 자의 관계는 복종이 아니라 사랑이다. 사람은 신에게서 나온 것이니만큼 본래 악한 것이 아니라 그 속마음은 신격이 될 가능성이 있다는 것이다.[14]

**한국 기독교인의 주체성 강조,
국가적 폭력주의에 대해 구체적 언급**

넷째, 한치진의 저작 시기가 일제강점기임을 고려한다면, 그가 한국 기독교인의 주체성을 강조하며 구체적인 윤리적 문제를 다루고 있다는 점은 특별한 의미가 있

를 강조하였다.

14　『증보 윤리학개론』, 30.

다. 예를 들면 세계 폭력과 관련된 논제를 다루면서 그는 조선이 서방의 폭력주의로부터 벗어나야 함을 강조하였다.

조선도 서양의 폭력주의로 인하여 단체생활을 표준하였든 그 구도덕(舊道德)을 잃고 야비한 개인주의의 도덕이 되었다. 지방열(地方熱)과 파쟁은 이조 이후 역시 조선의 고유물이지마는 서양의 강자주의가 들어오자부터 그것들이 더욱 기세를 얻어 조선의 혈맥을 말르게 한다. 잘되는 사람이 있으면 깎아내리고 강자에게 아첨하야 자기의 세력을 견고케 하려는 악습과 이간 등은 폭력주의의 소극적 퇴폐적 활약이다. 남을 죽이고라도 나는 살아야겠다는 것은 이기적 폭력주다. 타국을 멸하고라도 자국을 잘되게 하겠다는 것은 국가적 폭력주의다.[15]

특히 이 책은 일제강점기가 끝난 1948년 9월 개정판으로 발행되었는데, 위에서 언급한 제13장과 제14장은 제외되고 있다. 물론 저자 한치진은 "간단한 교과서용으로 제공하려는 까닭"이라고 밝히고는 있지만,[16] 일제강점기 상황 속에서 국가적 폭력주의에 대해 구체적으로 언급했다는 것은 대단한 학문적인 용기라고 볼 수 있다. 그는 일제에 의해 계속 감시당하는 인물이었음을 조선총독부가 만든 '용의조선인명부'에 기재된 사실을 통해 알 수 있으며, 1944년 태평양 전쟁 말기에 일본이 패망하고 미군이 상륙할 것이란 시국담을 논하다가 일

15　　Ibid., 208.

16　　한치진, 『정정 윤리학개론(재판)』(서울: 조선문화연구사, 1948), 1.

　　　　　　　　　기독교윤리학의 한국적 수용과 정립

경에 체포되어 경성지방법원에서 징역 1년형을 선고받고 복역한 기록이 있다.[17]

다섯째, 증보 부분인 '윤리학과 실생활' 부분에서 기독교윤리와 관련한 구체적인 관심과 지적들을 보여 주고 있다. 특히 증보 부분 '제13 도덕과 종교'에서는 도덕과 종교의 관계에 대하여 세세히 논의하고 있다. 그는 도덕과 종교가 본질적으로 처음부터 관계되어 형성된 것이 아니고 그 후 양자가 발달함에 따라 상호 관계되었다는 것을 다음과 같이 지적하고 있다.

1) 역사상으로 고찰해 보면 도덕과 종교는 어떠한 인간 사회에든지 흔히 병존하는 것을 볼 수 있다. 양자가 공존하면서 인간의 생활을 지배하였다.

2) 도덕과 종교가 상호 관계되며 인류의 생활을 지배하였으나, 양자가 본질적으로 관계되어 있음을 보여 주는 예는 무신론자라도 생활에 있어서 종교 신자보다 신성한 도덕생활을 하는 실례가 있다.

3) 도덕과 종교는 각각 그 한계가 있어서 자유로 발전할 수 있다. 종교는 인격적 신과 부자의 관계를 맺는 귀의신도의 태도요 생활이며 도덕보다 그 범위가 크다. 윤리학은 종교의 문제인 죽음과 영생 등을 연구하는 데 치중하여 연구가 제한되지 말아야 한다.

4) 도덕과 종교는 완전한 생활에 있어서 하나가 된다. 즉 어떠한 도덕

---

[17] 이와 관련된 내용은 국가보훈처에서 발행한 '독립유공자공훈록' 제7권 국내독립운동 편에 기록되어 있으며, 2007년 8월 15일에 건국훈장 애족장이 추서되었다.

문제이든지 깊이 생각하면 종교 문제를 연상하게 되는 것이다. 종교신념은 도덕적 내용을 포함하는데 참된 것이다. 어떤 선을 취하려 할 때 종교심이 연출하여 도덕심의 일부가 되는 것이다. 그러므로 충분한 정신생활의 전개에 있어서 도덕과 종교는 개인의식의 양 측면이다.

5) 도덕과 종교는 다같이 초월적 과정을 요구한다.

6) 종교는 인생의 도덕적 동기를 구체화하고 증대시켜서 위대한 인생관을 조장한다. 우리의 생명이 우주적 생명의 일부로 생각하게 되는데 이 지구는 천국의 기초가 되기는 좁아 보인다. 종교는 우리의 의무를 넓히는 것이다.[18]

종교인의 조선사회에 기초한 인식 강조, 교회의 사회적 개혁 적극 참여

여섯째, '제14장 현대종교와 사회생활'에서 그는 조선의 종교인이 조선사회에 기초한 인식을 지녀야 하는데 그렇지 못함을 비판하면서 조선의 기독교인과 기타 종교인의 몇 가지 문제점을 지적하고 있다. 이것은 조선의 종교가 조선인의 고유한 내적 정신의 표현기관이 되어야 한다는 그의 심정적 표현을 나타내고 있다. 사회와 문화에 대한 이해는 현대사회 속에서의 윤리 문제를 답하는 데 있어서도 중요한 관건이 되고 있다. 이미 한치진은 이 문제를 간파하고 있었다.

18　『증보 윤리학개론』, 70-72.

　기독교윤리학의 한국적 수용과 정립

가) 자기중심적이다. 사회를 위하되 자기를 위함이었고, 사회 그것을 먼저 생각하지 아니하였다. 이런고로 자기 개인의 이익과 사회의 이익이 대립되는 경우에는 사회를 박차고 자기를 내세우는 일이 많았다. 교회 내에 직무가 있는 이도 자기의 의견과 다른 경우 교회를 박찰 수도 있었으며 또한 그러한 일을 구경하는 이들도 개인 중심의 신자인지라 관망하는 경우가 많았다.

나) 과거의 교인생활은 비사회적이었다. 즉 종교가 과거사회 특히 조선사회에 끼친 공헌이 미미한 것을 보고 알 수 있다. 조선교회가 무슨 공헌이 있었다면 그것은 서양 선교사들의 도움을 받아 피동적으로 공헌한 것에 불과하다. 이런고로 과거의 교회 내에 업적은 서양적 색채를 벗어난 것이 별로 없다 조선의 종교는 조선인의 고유한 내적 정신의 표현기관이 되지 않으면 안 된다. 즉 기독교나 어떠한 종교든지 조선인의 현실생활을 도와주지 못한다면 조선에서 조선에 존재할 권리가 없는 것이다.[19]

일곱째, 한치진은 교회의 개혁을 부르짖으며 바로 예수의 정신에 기초함으로써 한국인이 교회의 주체가 되며 사회개혁에 적극 참여해야 한다고 주장한다. 이는 마땅히 기독교가 나아가야 할 방향이며, 이를 좀 더 구체적으로 실천하기 위해서는 기독교인들이 다음과 같은 방향을 설정하고 정진해 나가야 한다고 제시하고 있다.

---

19   Ibid., 73-74.

가) 우선 교인들이 태도를 변하여야 한다. 우리는 과거의 모든 것을 보존하려고 애쓸 것이 없다. 과거 보전은 있는 자에게는 필요하나, 없는 자에게는 자살이다. 우리에게 변하는 것이 좋다. 왜냐하면 변하는 것이 모양에서 더 못될 수 없고, 불가불 잘될 수밖에 없는 까닭이다.

나) 교인의 정신해방이다. 교리에서 초월하고, 지위에서 초월하고, 가정과 기타 교파에서 초월하고, 편견에서 초월하여 예수만 믿을 뿐이다. 예수 믿는 데는 감리교나 장로교에 다 속할 수 있고, 다 속하지 않을 수도 있다. 진정으로 예수의 신도들이 모인 곳 혹 단체이면 그만이다.

다) 누구든지 다 하나님의 일꾼이요, 자녀인 것을 인정할 것이다. 평신도도 교역자요 무슨 특별한 계급이 따로 없다. 기독교 내에는 지도계급이 따로 있지 아니하고 하나님만이 지도자요 기타는 다 종이다.

라) 교회는 지상에 있는 하나님의 사회다. 이 교회생활을 원만히 하는 것이 곧 원만한 사회생활이다. 진정한 교인이 사는 사회는 곧 교회요, 진정한 교인의 교회는 사회다.

마) 예수의 뜻대로 살지 못하는 데는 예수교인이라는 명칭을 가지는 것이 불과하고 오직 "무생활교인"이라고 이름함이 좋겠다. 현대의 다수교인은 직업교인 혹은 체면교인이라 부르면 어떨까?[20]

---

[20]   Ibid., 78-79.

    기독교윤리학의 한국적 수용과 정립

3) 한치진의 『증보 윤리학개론』 주요 개념어 및 인물 분석

**신학적 윤리학과 철학적 윤리학이
미분화된 상태의 저작**

한국철학사에서 대부분 최초
의 철학 단행본인 『최신철학개론』의 저자로 소개되는 한치진의 윤리
학은 사실 신학적 윤리학과 철학적 윤리학이 미분화된 상태의 저작
으로 기독교윤리학의 수용사 입장에서 매우 중요한 의미를 갖고 있
다.[21] 이 『증보 윤리학개론』에 대한 연구가 전무한 상태인 까닭에 필
자는 우선 책에 나타나는 윤리학적 개념어부터 분석해 보도록 하겠
다. 책의 일부인 제1장 윤리학의 정의와 방법 부분의 개념어를 분석
해 보면, 상당수의 용어들이 윤리학적 논의 및 일상생활에서 지금까
지 사용되고 있음을 볼 수 있다.[22] 물론 사회와 언어생활의 변천에 비
해 철학, 신학적 개념어의 발달이 상대적으로 활발하지 못했다고 볼
수도 있겠지만, 이런 개념어들의 번역과 보급은 그만큼 지금까지도
큰 영향을 미치고 있다. 강영안은 『최신철학개론』에서 한치진이 번역
사용하기 시작한 철학적 용어들의 분석을 통해 오늘날 우리가 사용

---

[21] 강영안, 『우리에게 철학은 무엇인가: 근대, 이성, 주체를 중심으로 살펴본 현대 한국 철학사』
(서울: 궁리, 2002), 177. 강영안은 한국 최초의 철학입문서를 한치진의 『최신철학개론』
(1936)으로 보고 있다. 그러나 윤리학이 철학과 밀접한 관계를 고려하면 『증보 윤리학개론』
(1934)이 더 앞서는 철학입문서로 평가되어야 할 것이다.

[22] 개인연구의 한계 때문에 우선 제1장과 목차를 분석하는 데 그쳤고, 나머지 부분은 향후 적당
한 시기에 후속연구를 통해 밝히고자 한다.

하는 용어들과 차이가 없음을 지적한 바 있는데,[23]『증보 윤리학개론』 분석과 종합해 본다면 그의 활발한 저술 및 출판활동을 통한 새로운 사상의 보급은 철학, 윤리학, 기독교 신학의 발전에 기여한 바 크다고 할 수 있겠다.『증보 윤리학개론』을 분석하여 정리한 주요 개념어를 소개하면 다음과 같다.

[표 21] 『증보 윤리학개론』 주요 개념 핵심용어들

순서	핵심용어(괄호 안 숫자는 면수)
가	가정생활(목차 3), 가치(본문 9), 가치적 판단(본문 8), 각성(목차 2), 개인(목차 2, 본문 1), 개인적 사회주의(목차 2), 개인적 양심(목차 1), 개인주의(본문 14), 개조(본문 16), 거짓말(본문 7, 본문 13), 격물치지(본문 1), 결과(목차 1), 결정(본문 7), 경험(본문 7, 본문 13), 경험적(본문 12), 고대희랍윤리(목차 1), 고의적(본문 5, 본문 6), 공리(본문 12), 과학(본문 1, 본문 8), 과학적비관주의(목차 2), 관습(본문 1, 본문 13, 본문 16), 관찰(본문 8), 국가(본문 11), 권리(목차 2), 규범(본문 9), 규범과학(본문 9, 본문 12), 규범적 과학(Normative Sciences, 본문 8), 규준(본문 2), 규칙(본문 9), 그른 것(본문 2), 근로(본문 17), 근본가치(본문 11), 기독교윤리(목차 1), 기술적과학(Discriptive Sciences, 본문 8)
다	대학(본문 1), 덕(목차 2), 도덕(목차 1), 도덕감정(목차 1), 도덕률(목차 1, 본문 4), 도덕생활(목차 1), 도덕적 비관주의(목차 2), 도덕적 의무(본문 10), 도덕적 지식(본문 15), 도덕적 판단(본문 5), 도덕철학(본문 1), 도덕판단(목차 1), 돈(본문 3), 동기(목차 1, 본문 2), 동양윤리학(목차 1), 따윈(본문 12)
마	명령(본문 7), 명예(본문 3, 본문 4), 모리스(Mores, 본문 1), 목적(목차 1, 본문 2, 본문 5), 목적론(목차 1), 무의식(본문 7, 본문 8)
바	법칙(본문 2, 본문 15), 보편적(본문 15), 봉사(서문 1), 분석(본문 8), 불행(목차 2), 비판적(본문 16), 비폭력철학(목차 2)

23 　『증보 윤리학개론』, 179.

226　

순서	핵심용어(괄호 안 숫자는 면수)
하	향락주의(목차 1), 행동(Action, 본문 1, 본문 2, 본문 4, 본문 5, 본문 13), 행복(목차 1, 본문 11, 본문 14), 행복관(본문 14), 행위(Conduct, 본문 4), 헉슬리(본문 12), 현대윤리(목차 1), 현대종교(목차 3), 형식론(목차 1), 형이상학(본문 11), 후천설(목차 1), 희생(목차 2)

기독교윤리학의 한국적 수용과 정립

3.
『현대사회문제』 해제 및 분석

1) 서지사항

우드의 책을 개작, 중보

이 책은 1949년 6월 10일 조선문화사에서 4×6판 143면 분량으로 발행되었다. 책의 전반부에는 윤리이론을, 후반부에는 구체적인 문제들을 제시하고 있다. 역자는 우드(C. L. Wood)의 책을 단순히 번역해 내려가다 2, 3장만 남기고 나머지는 개작하여 중보한 책으로 출간하게 되었다고 내력을 밝혔다. 제1장에서 "인생문제는 사회문제 그 자체다"[24]라고 밝혔는데 이 책의 총론은 한치진의 사회문제 이해와 그 해결책을 전체적으로 조망해볼 수 있는 중요한 자료라고 사료된다.

---

[24] 한치진, 『현대사회문제』(서울: 조선문화연구사, 1949), 1.

2) 내용 분석

사회윤리적 주제의 중요성, '같이 사는
문제'의 성격, 사회적 갈등 극복

첫째, 윤리학에서 사회윤리적 주제의 중요성을 인정하고 있다. 한치진은 인생문제는 사회문제 그 자체라는 점을 피력함으로써 사회윤리적 주제의 중요성을 인정하고 있다. 그는 "사회문제의 해결은 진정한 민주주의의 실현이다"고 하며, 또한 "사람들이 민주적으로 살지 아니할 때에 사회문제는 일어난다"고 하면서 인간사회에 여러 문제가 발생하는 것은 사람들이 의심하고 민주적으로 살지 못하는 까닭이라고 소개한다.[25] 그는 사회문제의 해결을 위해서는 "너와 나는 단순한 생물로서의 존재가 아니라 지정의의 자주적 단위들이다"라고 인정하면서 사회생활에서 발생하는 문제의 해결을 추구한다. 한 예로 "같이 사는 문제는 옛날과 달리 오늘에는 인구의 증가, 지식의 확장, 인종문화의 교류, 신기계류의 발명, 국제 간의 복잡한 이해관계, 기타 문화 종교 방면의 관념 등으로 인하여 일편 복잡다난(複雜多難)하게 되고, 다른 편으로는 사회생활 문제의 해결이 쉽게 된다"[26]고 보았다.

둘째, 현대사회에 있어서 '같이 사는 문제'의 성격을 분석하고 있다. 한치진은 현대에 있어서 같이 사는 문제의 성격은 아래와 같은 특

---

25   Ibid.

26   Ibid., 2

                                                  기독교윤리학의 한국적 수용과 정립

색을 갖게 되었다고 분석한다. 분업 체제에 있어서 책임과 자주의 중요성, 세계 인류 차원의 사고 필요성, 이해타산과 인습적인 악이 극복되어야 한다는 점을 강조하고 있다.

> 가) 개인의 책임은 분업적으로 들어가면서 더욱 그 연대가 심각하게 되었다. 자주의 필요는 여러 배로 증가하였다.
>
> 나) 사고의 단위는 세계 인류가 되지 아니하면 안 된다. 계급투쟁과 당쟁은 구물이라고 한다. 세계 인류 단위의 사고 필요성이 있다.
>
> 다) 같이 사는 것은 하필 경제 방면이나 기타 일 방면에 한한 것이 아니다. 인심이 경제 방면의 이해타산으로 기울어져 있지만, 유물사관은 후퇴되며 자본주의에서 길러진 인습적인 악은 개조되면서 나아가야 한다.[27]

셋째, 한치진은 사회적 갈등 극복에 대해 강한 의지를 표명한다. 그렇다면 그가 말한 사회문제란 무엇인가? 한치진은 정치파쇼의 위험성을 경고하면서 좌나 우나 모두 위험한 것임을 지적하고 있다. 그는 '정치종교'라는 좀 특이한 개념을 설파하고 있다. 종교가 갖는 정치성을 의미한다기보다는 정치 혹은 이념이란 것은 마치 종교처럼 강력한 포괄적인 삶에의 영향력이 있음을 지칭하는 것으로 볼 수 있을 것이다. 즉 그는 정치까지도 종교적 차원에서 해석하고 있다. 이와 관련되어 그의 정치종교에 대한 개념과 적용은 매우 독특함을 다음

---

[27] Ibid., 3.

구절에서 볼 수 있다.

> 고대문화는 대개 종교적 형태를 쓰고 발달되었다. 모든 것이 종교적
> 이었다. 그런데 정치라는 신형 종교가 탄생하여 문화를 재판한다. 현대
> 인간은 정치종교의 재판 하에 있다. 주의와 사상은 정치라는 종교의 결
> 재를 받지 아니하면 존재가 위험하다.[28]

**네 범주에서 본 사회문제,
해결 표준의 네 가지 원칙**

넷째, 한치진은 사회문제를 크게 네 범주 혹은 네 가지 차원에서 분석, 기술한다. 경제(물질)문제를 가장 기본적인 문제로 인정하긴 했으나 바로 이상의 문제와 연관시키는 기독교의 물질관을 반영하고 있으며, 민족 간의 경쟁을 예상하면서 민족지도자들의 책임을 강조하고 있다. 아울러 문화교육과 개인적 인격의 문제도 중요하다고 언급하고 있다.

가) 경제문제-물질문제가 중요하고, 표면적으로 지적 노력을 많이 필요로 하고 있으나, 물질문제는 그 이상의 문제와 연관된다.

나) 민족문제로 민족 간의 대립과 경쟁은 상당 기간 지속될 것으로 보고 있다. 특히 민족 지도자들의 책임이 크다.

다) 문화교육문제를 지적할 수 있는데, 각국 안에서의 공평한 교육뿐

---

[28] Ibid., 5.

아니라, 세계문화의 교류와 상호 이해까지도 중요하다.

라) 사실 위의 문제는 대부분 개인적 인격 발달의 문제로 귀착된다. "인격은 사회의 수단이 아니라 목적이다."[29]

다섯째, 한치진은 이런 문제들의 해결 표준으로 네 가지의 원칙을 제시하고 있다. 한마디로 민주적 토의 절차 후에 공리주의적으로 결정할 것을 제안하고 있다. 공리주의 체계 자체가 의무론적 윤리설에 대비되는 목적론적 윤리설로서 그 범위와 논의 방법이 매우 다양하기 때문에 단편적으로 이해하는 것은 적절하지 않다. 그러나 공리주의적 해결방식은 기독교적 윤리를 전개하는 데 있어서는 바람직하지 못한 방식으로 받아들여지는 경우가 많은데, 한치진의 윤리는 합리주의적 기초 위에 선 철학적 공리주의를 수용하는 자세를 보여 주고 있다. 현대사회에 있어서도 여전히 영향력 있는 정치, 경제, 복지 영역 등에 적용되는 공리주의적 논변과 정치가뿐만 아니라 사회 실제 경험자들과 학자들이 제 문제의 해결 방향을 제시한다는 그의 주장은 당시 사회상을 고려할 때 상당히 합리적이고 진전된 사회윤리적 판단 기준을 제시했다고 평가할 수 있다.

1) 다수 인민이 그때 최가능(最可能)한 생활표준을 최저로 하고 출발할 것이다. 그 밑에 있는 끌어올리고 그 이상의 부와 지식은 끌어내릴 것이다.

---

29   Ibid., 7-8.

2) 사회문제의 감정(鑑定)은 그때 사회의 최고 지식층의 다수가결로 규
정할 것이다. 무슨 편당적 음모나 야심이 개재하여 사회의 진행방
향을 좌우하게 한다면 이는 한 가지 문제를 더 일으키는 것에 불과
하다.

3) 어떤 문제의 제기와 해결이론이 자유의사와 자유발표에 의하였는
가를 보아야 한다. 강제나 폭력으로써 문제를 일으키고 해결하려
는 것은 장구한 방책은 될 수 없다.

4) 사회문제의 해결표준은 공리주의일 수밖에 없다. 최대다수의 최대
행복은 만사해결의 궤도다. 무용한 공론, 편견, 경쟁심은 공리주의
앞에서는 안개와 같이 사라진다.[30]

---

30   Ibid., 9-10.

4.
『신학세계』에 나타난 기독교윤리 이해: 신학과 윤리의 만남

이화여대에서 발행한 것으로 보이는 『신학세계』의 집필활동을 통해 한치진은 다양한 기독교윤리적 논의들을 전개하였다. 특히 17·18 통합호에서는 기독교윤리학 개론적 성격의 서술을 발견할 수 있다. 중요한 내용을 조명하며 그 의미를 간추려 보고자 한다.

1) 기독교윤리학의 정의

인간공동체의 전반적 정황을 연구하는 인간사회과학

한치진은 기독교윤리학은 인간공동체의 전반적 정황을 연구하는 인간사회과학이라고 이해하였다.

기독교윤리학은 제2세기의 유명한 감독 익나시어스의 말과 같이 '기독교의 진리대로 살자' 하는 것이 그 정의이다. 어떻게 하여야 그리스도를 본받아 살까 하는 것이 기독교윤리학의 근본문제이다. 이 문제를 해결하려면 인생의 전반사항을 조사하고 응용하지 않으면 안 된다. 이런고로 기독교윤리학은 덕성에 대한 훈련인 것뿐 아니라 현 세계에 천국을 건설하기 위하여 인간사회의 만반 사정을 연구하려는 인간사회과학이다.[31]

그는 기독교윤리학은 기본적으로 역사적 계시에 기대고 있지만, 역사 속에서 실현되는 것으로 보아 사회적 · 정치적 의미를 강조한 것을 볼 수 있다. 이런 면은 한치진이 '인간사회과학'이라는, 당시 흔하게 사용하지 않은 용어를 사용한 것을 통해 엿볼 수 있다.

2) 기독교윤리학과 철학의 관계

윤리학과 형이상학, 기독교윤리학과
철학적 윤리의 유기적 연관

　　　　　　　첫째, 한치진은 기독교윤리학과 본체론을 통해 모든 윤리학은 형이상학과 관계된다고 보았다.

---

[31]　한치진, "신학연구: 기독교윤리", 『신학세계』 17 · 18권 합호(1932), 56-85. 한자 및 맞춤법 표기를 부분적으로 현대어체로 윤문하였음.

　　　기독교윤리학의 한국적 수용과 정립

기독교윤리학과 본체론: 모든 윤리학은 본체론 즉 형이상학과 관계되지 않을 수 없다. 왜 그러냐 하면 윤리학은 안존(well-being)을 연구하는 과학이요 안존은 형이상학의 논건인 존재(being)를 포함하였기 때문이다. 비컨대 윤리학은 형용사를 그 논건으로 하고 본체론은 명사를 그 논건으로 한다.[32]

최근 우리 사회에서도 끊임없이 논의되는 문제가 행복과 관련된 문제이다. 행복을 논할 때 윤리학에서는 웰빙(well-being)에 대한 논의를 빼놓을 수 없다. 이미 이 중요한 문제를 한치진은 윤리학의 특징으로 파악한 것으로 보인다. 그리고 철학적 논의인 '형이상학적 근거'를 필요로 한다고 보고 있다. 그는 형이상학적 논의를 떠나 단순히 윤리학적 학설로 대립한다면 그 윤리학은 바탕이 없는 이론이 될 뿐 아니라 철학적 의혹에 빠져 혼돈할 수밖에 없다고 간파하였다.

둘째, 그는 기독교윤리학과 철학적 윤리관을 대비시키며 상호 유기적으로 밀접한 관련을 갖는다고 강조하였다.

기독교윤리학은 세계기독교적 도덕의식을 연구사항으로 할 것은 물론이거니와 그 과학적 성질을 부인하지 아니하려면 인생의 자연적 도덕생활을 그 연구문제 중에 포함시키지 않으면 안 된다. 이런고로 기독교윤리학은 일반철학의 연구결과를 무시하거나 그것과 모순되어서는 안 된다. 왜 그러냐 하면 그리스도를 본받아 창조되고 발전된 도덕세

---

[32]   Ibid., 56.

계는 그리스도가 발생하기 전과 그 외의 도덕세계의 성과요 표준이 되기 때문이다. 영적과 자연적과의 관계는 마치 태양 밑에서 성숙하는 곡식과 땅에 떨어져 썩는 종자와의 관계와 같은 것이다. 성경의 말과 같이 '신령한 자는 먼저가 아니요 도리어 혈기 있는 자가 먼저요 그 다음에 신령한 자인 것이다'(고전 15:46) (중략) 완전한 기독교적 인격은 그리스도 정신의 내재로 말미암아 완전히 도덕화한 인성이다. 기독교는 모든 자연적 선을 천국사회에서 보전하고 보존완성하려는 능력을 요구한다. 이런고로 기독교윤리학이란 과학은 모든 진리를 포함할 뿐만 아니라 그 도덕적 인생관은 인류의 가능한 일체지식과 일치하게 되는 것이다.[33]

한치진은 기독교윤리학을 하나의 과학으로 수용하고 있다. 사실 기독교윤리를 포함한 신학의 학문성 혹은 과학성에 관해 지금까지도 상당한 논란이 있는 것이 한국 신학계와 교회의 현실임을 고려할 때, 신학 및 기독교윤리학의 과학성을 제시하며 철학과 신학의 긴밀한 관계를 주장하고 있는 대목은 포스트모던 시대를 살아가는 우리들에게도 시사하는 바가 크다고 하겠다. 더 나아가 일반학문 영역 중 심리학과 경제학과의 관련성을 논의하고 있기도 하다. 그의 철학적 윤리학과 기독교윤리학의 관련성 이해는 다음 언급에서 명백히 드러난다.

도덕적 권위는 인생의 신령성을 떠나서는 없다. 이리하여 기독교윤리학과 철학적 윤리학은 각각 독립하여 연구할 수 있는 것이나 필연적

---

[33] Ibid., 59.

으로 상반되는 것은 아니다. 이성과 신앙이 반대되지 아니하는 만큼 이
성의 윤리학은 신앙의 윤리학에서 대성(大盛)하려 한다.[34]

---

[34] Ibid., 60.

5.
한치진 기독교윤리의 정수 『기독교인생관』
해제 및 분석

철저한 기독교적 관점에서 저술,
기독교윤리 분야에 남긴 정수

『기독교인생관』은 한치진이 기독교윤리 분야에 남긴 정수라 해도 과언이 아닐 정도로 철저하게 기독교적 관점에서 저술하였다. 이 책의 서지사항, 서언, 목차를 소개하면 다음과 같다.

1) 서지사항

이 책은 1934년 6월 1일에 이화여전 내 철학연구사에서 발행하였으며 한 단 내려쓰기, 총 95면의 분량으로 편성되어 있다. 공식적인 서명은 『기독교인생관』이지만 "총교철학대계 하권"이라는 문구를 서

기독교윤리학의 한국적 수용과 정립

명 옆에 부제 형식으로 괄호로 처리하여 기입하였다.

2) 서언

한치진은 조선교역자들이 서언을 써 주는 일을 거절하며 기독교
적 원리에 위배되는지의 여부부터 논쟁하는 행태에 대해 유감을 표
하였다.

조선에 와서 신학교에 있을 때에 나의 생각은 종교적이요 극기적이
요 고행적이었다. 또한 종교 방면으로 힘써 연구를 하게 되었다. 미국
에 있을 때에 잘 보지도 않던 기독교 성경을 처음부터 내려보고 주석까
지 하였다. 연구할수록 유태인과 예수를 더 사랑하고 기이하게 생각이
되었다. 이래서 유태민족의 세계적 활약이란 소책자까지 발표하였었다.
본서의 삼분지 일도 그때에 저작한 것이다. 그때의 나는 진의미로서의
종교가이었다. 그러나 그때의 어떤 조선교역자들은 왜 필자를 그렇게
오해하고 반대하였는지를 나는 모른다. 나는 얼마 전에 종교사상 방면
에 다소 지식이 있다는 사람에게 본서의 서언 하나 써 주기를 청하였었
다. 그의 말이 교회헌법에 의하여 책의 전 내용을 검사하기 전에는 서언
을 쓸 수 없다 하였다. 이리하여 나는 일절 서언에 대한 청언을 단념하
기로 하였다. 실로 나로서는 언제나 종교 신자인 것을 자랑하리만큼 성
경연구에 열중하고 어떤 때에는 교역자까지 되어 보는 것이 어떨까 하

는 것을 꿈꾸고 있었다. 이러한 나의 꿈은 나를 반대하는 사람들이 있으니까 그 반동으로 생겼는지 모르나 모두 깨어지고 지금에 와서 그 방면으로 나아가지 못하는 것을 유감으로 생각하고 있다.[35]

3) 장별 세부내용

**기독교의 정치적 배경, 도덕관,
사회관, 천국관의 발달**

『기독교인생관』은 2부로 편성되어 있고 기독교의 정치적 및 종교적 배경, 기독교의 도덕관, 기독교의 사회관, 천국관의 발달, 기독교 윤리의 개념, 기독교윤리학의 논건과 방법, 히브리 윤리사상의 특징, 기독교이상과 세계 도덕이상을 논하였다. 그 목차를 소개하면 다음과 같다.

---

[35]　한치진, 『기독교인생관』(서울: 철학연구사, 1934), 3. 자서(自序).

　기독교윤리학의 한국적 수용과 정립

[표 22] 『기독교인생관』 장별 세부내용

부	장	세부내용
제1부 기독교 총론	1장 기독교의 정치적 및 종교적 배경	1. 변혁의 원인 2. 고대의 3종 문명 3. 유대인의 반역 운동 4. 유대 민족의 생활개신운동과 그 결과 5. 유대인의 희망
	2장 기독교의 도덕관	1. 물질의 생활과 정신의 생활 2. 기독교와 희랍철학 3. 지식에 대한 평가 4. 용기에 대한 평가 5. 절제에 대한 평가 6. 명예욕에 대한 평가 7. 가정생활에 대한 평가
	3장 기독교의 사회관	1. 현세의 부인과 후세의 배경 2. 기독교의 사해 형제주의 3. 기독교의 실체와 그 표현
	4장 천국관의 발달	1. 천국 희망의 유래와 개조 2. 천국관의 의의 3. 천국 여행의 비결 4. 예수의 생활법
제2부 기독교 윤리론	5장 기독교 윤리의 개념	1. 기독교윤리학의 정의 2. 기독교윤리학과 철학의 관계 3. 기독교윤리학과 기타 학문 4. 기독교 윤리학과 신학 5. 도덕과 종교의 관계
	6장 기독교윤리학의 논건과 방법	1. 기독교 윤리학의 논건 2. 윤리의 현상과 실제 3. 기독교윤리의 철학적 가정 4. 기독교윤리학의 방법
	7장 히브리 윤리사상의 특징	1. 히브리 윤리사상과 그 환경 2. 이스라엘 종교와 도덕의 관계 3. 고통의 이용과 도덕 4. 내심적 도덕
	8장 기독교 이상과 세계 도덕 이상	1. 기독교사상과 고대 희랍사상 2. 기독교의 이상과 불교의 교리 3. 기독교의 이상과 세속적 이상

6.
한치진 저서의 서지사항과
인물지 재논의의 필요성

**한국인에 의한 최초의 서양철학서인
한치진의 저작**

한치진의 문헌에 대한 문헌
해제와 개념어 분석 등을 통해 방대한 저술 중의 일부이긴 하지만 내
용적 분석을 시도하여 그의 사상과 철학적·신학적 윤리의 내용들이
구체적으로 소개되는 계기를 제공하였다고 본다. 특히 그의 『증보 윤
리학개론』은 한국인에 의해 최초로 저술된 서양철학서로 인정받고
있는 그의 『최신철학개론』보다 시기적으로 앞서기 때문에 후속 논의
와 검증을 통해 『최신철학개론』보다 시기적으로 앞서는 철학 단행본
으로 인정받을 수 있는 가능성이 있다.

아울러 한치진의 인물지 관련 정보도 재확인해야 할 것이며 후속
논의가 필요하다. 즉 『중외일보』에 의하면 "신진청년박사 한치진 씨
귀국"이라는 제목으로 1928년 7월 10일 밤 경성역에 그가 도착했으

 기독교윤리학의 한국적 수용과 정립

며 금후는 숭실전문학교 교수로 갈 예정이라고 보도하고 있다.[36] 그에 관해서 그가 남가주대학교 철학과에서 4년간 수학했으며 동 박사원에서 1년간 동양윤리철학을 전공하였다고 소개하고 있다. 1921년 8월 18일자 미국에서 발행된『신한민보』에 의하면 8월 12일 중국남경대학에서 수학하던 한치진 씨가 유학을 목적으로 미국에 왔다고 소개하고 있다. 즉 그는 만 7년의 미국 생활로 박사학위를 취득한 것으로 보도하였다.

하동호 교수의 "한치진 문헌연구지 3" 논문 중 그의 '인물지' 부분과 일부 문헌에서는[37] 한치진 박사가 1930년 9월 박사학위 취득 후 귀국한 것으로 소개하고 있는데, 위의 사항은 국사편찬위원회 데이터베이스를 통해 확인할 수 있는 내용이므로 그의 귀국년도를 1928년으로 바로 잡아야 할 것으로 본다. 향후 그가 숭실전문학교 교수직을 원했거나 거명이 된 것으로 보이는데 이루어지지 않았고, 실제로 그는 1931년부터 감리교 협성신학교, 1932년부터는 이화여자전문학교 교원으로 근무하게 된 것으로 보인다. 그의 저서『기독교인생관』(종교철학대계하권) 서언에 보면 한치진의 학계, 종교계에서의 입지를 보여 주는 대목이 있다. 즉 그가 감리교 계통의 학교에서 가르치긴 했지만 좁은 의미의 신학 전공자 혹은 목사가 아니었기에 폭넓은 신학적 이해와 신앙이 있었음에도 불구하고 상당히 학적으로 고립된 측면이

---

36 『중외일보』, 1928. 7. 10. 국사편찬위원회, 데이터베이스 자료 참조.

37 이광래의 책『한국의 서양사상수용사』, 267면에서는 그의 귀국년도를 1931년으로 설명하고 있는데, 오류인 것으로 사료된다. 한치진의 생애와 지적인 배경에 있어서 같은 내용을 참고하려면 다음 문헌을 볼 것. 이진구, "한국 근대 개신교 지식인의 종교인식", 271-292.

있음을 보여 주고 있다.

그가 책의 서문에서 밝혔듯 한치진은 교계와 원만한 관계를 형성하지 못했고, 이를 계기로 1945년 해방과 함께 군정 치하에서 공보부 여론국 정치교육과의 고문으로 방송 강의를 담당하고, 1947년 7월에는 서울대학교 교수직에 부임하여 사역한 것으로 볼 수도 있을 것이다.

삼십여 권이나 되는 방대한 저작을 남긴 한치진의 윤리사상 전체를 조명한다는 것은 쉽지 않은 일이며, 이 장에서 모두 다룰 수는 없다. 이 장에서는 한치진의 업적에 비해 많이 논의되지 못했던 그의 행적과 학문적 업적을 돌이켜 보면서, 그의 철학과 윤리적 사고방식을 들여다보는 데 역점을 두었다. 다른 학문 분야가 그러하듯 기독교윤리학의 연구사는 해방 후부터 혹은 서구의 대표적인 학자에서부터 학자들의 관심에 따라 시작되는 경우가 많았다. 즉 기독교윤리학 역사를 논한 책들을 찾기도 어렵고, 대부분의 책들이 특히 수용사 영역에 대해서는 언급하지 않고 특정 학자를 선정하여 기술에 착수하는 경우가 많았다는 것이다.

기독교 지성인의 입장에서 사회학,
심리학, 철학(종교철학) 등 교수

우리는 한국교회와 신학의 역사 속에서의 기독교윤리학을 되돌아 볼 필요가 있다. 그런데 기독교윤리학은 신학, 철학이 중첩되는 부분이 많고 한국의 역사 및 기독교 전반적인 사건들과 깊은 관련을 갖고 있다. 이런 문제의식 속에 기독교윤리학의 수용 및 정립을 돌아보는 과정으로써 한치진을 중심으로

 기독교윤리학의 한국적 수용과 정립

추적해 보았다. 한국의 기독교가 그러하듯 그 윤리의 유입 역사도 세 가지 통로에서 그 가능성을 살펴볼 수 있다. 즉 중국을 통해 유입된 서적, 일본을 통해 유입된 서적, 그리고 미국 유학파들에 의해 전수된 지식 등이다. 이 가운데 어느 한 부분만을 중요하다고 고집하는 것은 바람직하지 않을 것이다. 특히 구한말의 어수선한 상황과 일제강점기를 경험했다는 것은 기독교윤리사의 정립에 있어서 깊게 재고해야 할 부분이다. 이러한 점에서 일제강점기를 중심으로 미국 유학파 한치진의 저작들을 살펴보는 것은 통로의 한 노선을 파악하는 방편이 될 수 있다.

또한 중요한 것은 조선 말 서양선교사들의 기독교 전래와 이들을 도와 기독교를 수용한 한국인 조사, 그리고 서방에서 유학한 기독 지식인들에 의해 기독교의 윤리적 · 사회적 고민 등이 이미 개화되기 시작했다는 것을 간과할 수 없다. 이런 면에서 기독교윤리의 수용사를 연구하는 것은 민족주의적 시각에서 왜곡된 역사 이해나 소위 민중 편향적 역사인식과 신학적 관점에서 자유로울 수 있는 중요한 접근 방식이기도 한 것이다. 특이하게도 한치진은 신학을 전공했거나 안수를 받은 목사는 아니었지만, 기독교 지성인의 입장에서 사회학, 심리학, 철학(종교철학) 등을 기독교대학에서 가르쳤다. 더 나아가 신학문의 유입과 전개에 있어서 대체적으로 기독교신학적 입장과 해석을 견지했던 학자라고 볼 수 있다. 그는 기독교윤리학에서 간과할 수 없는 시각들을 던져주는 사상가였다. 그의 전반적인 사상과 서적 · 논문의 재소개를 통해 앞으로 새로운 각도의 해석 작업이 활발하게 전개될 수 있으리라 기대하며 다양한 해석의 가능성이 열려 있다고 본다.

**통찰력 있는 기독교 사회윤리학자,
남가주대 동양윤리학 전공**

필자는 한치진의 방대한 저작 규모에 비해 내용적으로 언급이 되지 않던 그의 사상을 윤리학 관련 주요문헌을 분석하는 가운데, 그를 통찰력 있는 기독교 사회윤리학자로 해석해야 한다는 확신을 갖게 되었다. 아울러 연구를 통해 한치진의 미국 남가주대학교 전공은 동양윤리사상 임이 밝혀졌으며, 그의 현실 사회 인식에 기초한 자주적인 서양 인식을 여러 저술들을 통해 파악할 수 있었다. 즉 한치진은 한국기독교의 초기 교인들이 서양 선교사들을 통해서 단순히 문헌에만 의존해 다른 문화를 접했던 것이 아니라, 인적 교류와 해외 체험 등을 통해 적극적이고 창의적으로 민족의 정체성에 대한 고민과 답을 얻었음을 보여 주는 중요한 사례가 되고 있다.

VII

한국 기독교윤리의 발전과 정초를 위한 제언

1.
한국 기독교윤리학의 발전과 정초를 위한 후속 연구방향

이장식은 기독교윤리에 있어 신학적 해석이 절실하다고 했다. 좁은 의미에서 기독교윤리학자가 아니었음에도 불구하고 한국의 신학, 기독교윤리학이 나아가야 할 바를 이미 오래 전에 잘 제시해 주었다고 볼 수 있다. 그의 견해는 필자가 이 책을 집필한 본래 취지와도 일맥선상에 있다. 한국사회의 숱한 윤리적 문제와 과제들을 풀어감에 있어 이 책은 신학적 해석과 선도를 추구하는 일에 기여하리라 기대한다.

오늘 현대인들은 이러한 신학적 해석은 망각하고 직업의 평등과 노동의 신성이란 형식적 개념만을 가지고 있고 건전한 직업의 윤리와 목적과 사명에는 무지하다. 직업과 노동의 평등 및 신선사상은 도리어 위험한 개념이 될 수 있다. 직업과 노동을 이기적인 공리수단으로 삼아 탐욕과 부정을 일삼을 수도 있다. 우리는 직업이나 노동의 본래의 종교적 개념을 세속화하여 가르칠 필요가 있다면 하나님, 계시, 하나님의 형상 등등의 종교적 용어는 숨길 수 있어도 직업이나 노동의 평등과 신성성을 직업의 본래의 목적과 사명의 윤리적 개념과 반드시 결부시켜서 가르칠 필요가 있는 것이다. (중략) 한국의 기독교가 그것들을 원리적으로 선도해야 할 것이다. 경제윤리, 민주주의 사회의 제반 이념들, 혁명의 윤리, 전쟁의 윤리, 이성(異性)의 윤리 등등 많은 윤리문제가 서구의 문화를 따라 한국에도 들어와 있는데 그 모든 문제들의 신학적 해석과 선도 없이는 한국의 서구화적 근대화도 기대할 수 없을 뿐더러 한걸음 나아간 한국적 근대화는 기대하기 더 어려울 것이다.[1]

필자는 한국 기독교윤리학의 발전과 정초를 위하여 다음과 같이 후속 연구방향을 제언하고자 한다.

민족의식과 관련되는 기독교윤리 연구,
기독교의 유교사관 극복

첫째, 민족의식과 관련하여 기독교윤리를 고찰하는 작업이 필요하다.

교회사가 중 '민족'을 기독교 역사 서술의 중심에 놓고 기술한 대표적 학자는 민경배이다. 그의 '교회사' 속에서 드러난 많은 사건 중, 기독교윤리학의 학문적 수용과 정립에 영향을 끼친 중요한 문제는 어떤 문제일까? 필자는 몇 가지 사건에 주목해 보았다. 즉 민족의식

---

1   이장식, "韓國 倫理思想과 基督敎 神學", 42.

이 기독교윤리에 끼친 영향은 어떤 것이었을까? 사실 이 민족의 문제는 한국사회를 결속시키기도 하고 때로는 한계점을 인식하기도 하는 동인으로 작용하였다. 최근에는 우리 사회가 급속히 다원 문화화되면서 많은 갈등과 담론을 산출하고 있기도 하다. 즉 민족에 내재된 문제를 깊이 인식하고 기독교윤리학적 논의를 산출해야 하는 과제를 안고 있다.

개화파의 서양 문물 수용을 위한 노력, 구국운동, 춘생문 사건, 국채보상운동, 105인 사건, 삼일독립운동 등 굵직한 역사적 정황들은 기독교가 애국적 종교로 발돋움하는 전환점이 되었다.[2]

둘째, 초기 기독교가 유교사관을 극복하고 기독교적 윤리의 정화를 이루는 각고의 노력을 어떻게 전개했는지 고찰하는 작업이다.

초기 기독교는 사회개혁을 선도하는 교회였다.[3] 이와 관련하여 조만식은 "회개는 가치 있는 사회변화의 유일한 기초"라고 확언하였다.[4] 초기 기독교가 YMCA, YWCA, 엡윗청년회와 면려회 등의 기관을 통해 의식을 개혁하고 여성의 인권신장을 위해 경주했던 다양한 노력에 주목해야 한다. 특히 유교적 관습에 기인한 고질적 병폐인 남녀차별의 악습을 철폐하기 위해 노력한 자취를 돌아보아야 한다. 삼종지도(三從之道), 칠거지악(七去之惡) 등은 여성의 인권과 복지를 심각하

---

2   기독교가 애국적 종교로 성장할 수 있었던 내력을 소개한 내용은 다음 문헌을 참고할 것. 민경배,『韓國基督敎會史』, 209-235(제3편 13장 1절 "한말의 비운과 기독교회", 2절 "애국과 반일의 민족교회").

3   김인수,『한국기독교회의 역사』, 297-307면에 이와 관련한 기술이 소개되고 있다.

4   조만식, "청년이여 앞길을 바라보라",『삼천리』11호(1936. 1). 재인용.

게 위협하는 악습이었다. 문제는 어떠한 윤리적 근거와 동기가 이런 의식화 및 운동들을 촉진하였는지 분석하는 도구와 근거가 필요하다.

초기 한국교회는 종교개혁기의 개혁정신에 견줄 수 있었을 정도로 구령사역과 아울러 경건한 생활에 심혈을 기울였다. 특히 음담패설의 악덕 제거, 금주금연, 축첩 금지, 노비해방, 반상구분 혁파, 데릴사위제와 민며느리제 금기, 조혼 및 수양남매 결연 폐지, 투전 및 기방출입 엄금, 마약퇴치 등 성화론에 기초된 귀한 전통은 한국적 기독교로 토착화(contextualization)해 가는 과정에서 개화한 고결한 자산이기도 했다.[5]

평양대부흥운동과 기독교윤리 정립, 네비우스 선교정책과 기독교윤리

셋째, 평양대부흥운동과 이를 통해 정립된 기독교윤리에 관한 고찰이다.

평양 장대현교회의 1906년 동기사경회에 이어 1907년 대부흥운동은 한국 기독교윤리 정립과 관련하여 중요한 획을 그은 흐름이었다. 민경배는 이 부흥회를 기점으로 한국교회는 도덕적 기풍의 심화에 큰 영향을 미쳤다고 평가했으며, 곽안련 선교사는 지은 죄를 탐색하게 하게 하는 집회였다고 술회하였다.

이때로부터 한국의 교회는 도덕적 기풍의 심화에도 크게 기여하였

---

5   안수강, "길선주의 성화론 연구", 『한국교회사학회지』 39집(2014. 12), 140-141.

다. 부흥회 자체가 복음전파적인 요소보다는 신앙공동체 안에서의 내적 참회와 영의 단련을 표방했기 때문에 인품의 정화가 수행되었다.[6]

하나님께 감사를 드린다. 그는 오셨다. 사랑하는 형제들이여 그가 여러분에게로 임하시기까지 강력하게 부르짖기를 바랍니다. 그는 오시려고 합니다. (중략) 나는 모든 사실 가운데 단 하나의 비결을 깨달았습니다. 그것은 만일 내가 내 마음에 있는 죄를 내놓지 않으면 주는 나의 기도를 듣지 않는다는 사실입니다. 하나님은 우리의 교만한 마음을 타파하고 하나님께 뿐만 아니라 형제들에게 고백할 때까지 우리가 지은 죄를 스스로 참색해내도록 도와주시는 것입니다.[7]

이영헌은 이 사건을 "순수한 영적, 도덕적 운동"이라고 기술하고 있다. 특히 1908년 일본 주재 감독 해리스의 총회보고서를 인용하면서 이렇게 소개하고 있다.

수천 명의 사람들이 글 읽기를 배우고 질문을 한다. 주정뱅이들, 도박꾼들, 도둑놈들, 간음한 자들, 살인자들, 스스로 의인 행세하는 유교신자들, 죽은 거나 다름없는 불교도들, 수천 명의 마귀숭배자들이 그리스도 안에서 새 사람이 되어 옛 것은 영원히 사라졌다.[8]

---

6   민경배, 『韓國基督敎會史』, 280.

7   길진경, 『영계길선주』(서울: 종로서적, 1980), 198. 재인용.

8   이영헌, 『한국교회사』, 113. 재인용.

넷째, 네비우스 선교정책에서 보여 준 기독교윤리에 관한 내용을 고찰할 필요가 있다.

한국교회의 형성에 있어서 네비우스가 끼친 영향은 지대하다. 흔히 네비우스 선교방법이라고 하는데, 사실 이 원칙 혹은 방침은 한국 교회의 윤리 형성에 있어서도 많은 영향을 끼치게 되었다. 한국 기독교 초기 젊은 장로교 선교사들은 1890년 중국에서 선교하고 있던 네비우스 부부를 초청하여 선교정책상의 고견을 듣고 실천에 옮겼다.

1. 선교사들 개인은 폭넓은 순회 선교를 통하여 전도한다. 2. 성경이 모든 사역의 가장 중심이 되어야 한다. 3. 자립전도: 신자 개인은 타인의 (복음의) 선생이 된다. 4. 자립정치: 모든 그룹은 봉급 받지 않는 지도자들과 봉급 받는 조사(助事, helper)들이 후에 각 지역과 전국적인 지도자로 만들기 위해 훈련을 한다. 5. 자립보급: 모든 예배당은 신자들 자신들의 힘으로 건축되어야 한다. (중략) 6. 모든 신자들은 그들의 지도자, 조사들에 의해 조직적인 성경공부를 해야 한다. (중략) 7. 성경에 규정한 법칙에 따라 엄중한 훈련과 치리를 해야 한다. 8. 다른 단체(교회, 선교회)들과 (긴밀한) 협조와 연합을 해야 한다. 적어도 지역을 분할하여 일한다. 9. 교인들의 법정 소송문제 같은 것에 일체 간여하지 않는다. 10. 기능한 한도 내에서 자립을 돕기 위해 경제 면에서는 서로 협력해야 한다.[9]

위에 소개한 네비우스 선교방법론은 흔히 자립전도, 자립정치,

9　김인수, 『한국기독교회의 역사』, 193-194. 재인용.

자립보급에 근거하여 '3자 원칙'이라고 불린다. 그런데 이 선교정책에 분명히 윤리적 성격이 함축되어 있다는 점을 간과해서는 안 된다. 이 3자 원칙을 포함하여 성경공부, 치리, 다른 단체와의 협력 및 선교지 분할정책, 법정소송 문제, 자립할 수 있도록 돕는 일 등은 이후 기독교인 지도층뿐 아니라 평신도들이 어떻게 신앙생활을 해야 하는지 가르침의 지표가 되었다.

필자는 지금까지의 논의를 통해서 윤리학의 일부 텍스트를 중심으로 한 문헌적 연구가 얼마나 객관성을 가질 수 있으며 윤리학의 수용과 정립과정을 보여줄 수 있는가에 대한 회의적 시각과 비판을 던진다. 그래서 이 책에서 한국기독교 초기부터 교리문답서를 통한 윤리의식과 윤리적 삶의 강조와 교육이 어떻게 전개되었는지 선교사들의 번역, 편집 문헌에 대한 채택과 번역과정 등을 통해 살펴본 것은 의미 있는 일이라고 자부한다. 물론 문헌의 채택 기준, 문헌 해석의 객관성 확보(주관성 배제) 등 역사해석학에서 흔히 제기되는 질문도 있겠지만, 일정한 연속성을 갖는 윤리사, 혹은 윤리연구사의 서술을 시도해 보았다는 점에서 나름대로 의미를 둘 수 있겠다.

2.
한국의 기독교윤리학과 민족의 통일

한국의 기독교윤리학에서 다루어야 할 주요 주제는 '민족의 통일'이다. 우리 사회는 2010년이 되어서야 그동안 이데올로기의 대립으로 인해 자유로운 통일 논의 자체가 어려웠던 분위기를 극복하고 다양한 통일에 대한 생각을 제한 없이 표출하는 본격적인 변화를 겪게 되었다. 달리 말해, 이념적 스펙트럼이 넓어지고 전쟁을 직접 겪지 않은 전후 세대의 통일 논의가 확대되면서 새로운 관점에서 통일을 바라보기 시작한 것이다. 아울러, 2011년 재스민 혁명으로 시작된 중동지역의 장기집권 독재국가의 민주화운동과 사회주의체제 붕괴는 북한 지도자 김정일 사망 후 북한의 미래에 대한 다양한 관심을 촉발시켰다.

그런데 한국정부의 통일정책은 정권에 따라 상당히 다른 특성을 보인 것이 사실이다. 이명박 정권이 들어서면서 김대중, 노무현 정권이 추구했던 햇볕정책의 기조가 유지되지 않고, 대립과 갈등의 모습

　　　　　　　　　　기독교윤리학의 한국적 수용과 정립

으로 바뀌었다. 박근혜 정부의 통일정책은 '통일대박론' 및 '신뢰 프로세스' 강조로 시작되어 상당히 중립적인 기대감을 갖게 해주었지만, 북한의 여러 상황과 연계되면서 가장 극단적인 대립양상을 보여주는 상황으로 전개되고 있음을 부정할 수 없다. 결국, 정권의 변화에 따라 덩달아 춤을 추는 듯한 통일정책과 다양한 내러티브들은 우리에게 통일에 대한 열망에 좌절감을 가져다주기 쉽다. 이런 면에서 기독교신학과 윤리에는 좀 더 깊은 이론과 논변의 개발을 위한 연구는 시대적 요청이라고 할 수 있을 것이다.

한국에서 논의된 지 꽤 오래되었지만, 아직도 많은 논의를 양산해 내지 못하고 있는 분야 중 하나가 내러티브 윤리라고 할 수 있다. 내러티브 윤리는 교리적 경직성을 넘어서서 교회 공동체가 갖고 있는 이야기(예수의 이야기)에 우선적 관심을 두는 윤리적 접근이라고 할 수 있고, 하버마스의 철학 등에서 볼 수 있듯이 굳어진 이념이나 체계보다는 공동체의 상황을 반영하는 다양한 담론들이 진리를 확보할 수 있는 길을 열어 주는 논의라 할 수 있다. 내러티브 윤리는 한국의 통일 문제를 비롯한 다양한 실제적인 주제에 대한 이론적 토대 마련에 비교적 적합한 인프라를 제시할 수 있을 것으로 본다.

최근 급속히 쇠약해지고 있는 한국 기독교의 모습을 보면서, 한국교회와 기독교 신학을 전반적으로 되돌아보게 된다. 특히 학문적 자리매김과 적실성 있는 이론과 실천을 제시하지 못하고 있는 기독교윤리학의 분발과 재정립을 다시 한 번 기대해 본다. 이제 공허한 윤리, 서구신학의 답습에 그치는 윤리를 넘어서는 한국 기독교윤리를 논의할 수 있어야 한다. 이 책에서 한국 기독교윤리학의 수용과 정립

을 추적한 이유도 여기에 있다. 한국 기독교윤리학계의 발전된 논의
가 계속되길 기대하며 글을 마친다.

기독교윤리학의 한국적 수용과 정립

부록

『윤리학등사본 1』 중 제2, 3, 4편 주요 내용

　　오래된 문헌을 연구하는 데 있어서는 일정한 기초 작업이 필요하다. 일제강점기 때의 기록들을 보더라도 특히 활자화되지 않은 문서들은 쉽게 접근하고 해독할 수 있는 활자화 작업이 일차적인 작업이 된다. 『윤리학등사본』은 필사에 의해 작성된 등사본이므로 이를 활자화하는 데는 상당한 시간과 공력을 필요로 한다. 우선, 윤리학적 대지를 잘 보여 주는 부분들을 필자의 임의 선정에 의해 활자화하는 작업을 진행하였다. 현재 상황에서 보편적으로 해독 가능한 수준으로 현대어 읽기로 전환했고, 부분적으로 문맥상의 추정도 반영되었다고 볼 수 있다. (필자 주)

1장 신앙생활의 시작 – 성신과 개인

2편은 3문제로 분함. 1. 신자의 개인적 생활의 시작이니 중생과 반정(反正)의 교리며, 2. 신자의 개인적 생활을 유지함이니 신령한 생활을 양성, 발전하는 교리며, 3. 신자 개인의 실제 행위를 외면에 표현시킴이니 신자의 여러 가지 덕과 본분과 신격(信格)을 세우는 교리라. 신자의 의무를 설명함으로 비롯하여 사회상 윤리 곧 가정, 교회, 국가와 기타 광범한 범위에까지의 의무를 설명할 것이라. 신자의 개인적 생활의 시작은 각 개인이 성신의 감화를 받아 하나님이 예수 그리스도 안에 스스로 나타나시는 복음을 승인하는 도덕상 복종이니 신앙과 회계니라. 이 말을 3대지로 분하여 더 자세히 연구하리라. ① 성신의 본성과 그 사업, ② 인성의 의지와 성신사업의 관계 곧 하나님의 은혜와 사람의 자유, ③ 각 개인이 성신의 감동을 받음으로 경험하는 결과 곧 중생과 반정이라.

1대. 성신의 본성과 사업. 성신에 대한 제일 단순한 관념은 세계와 인류 중에 행동하시는 하나님의 능력이라 세계의 질서와 그 아름다움과 생명을 이루시며 인간에 선한 일을 이루시고 인류를 감동하사 의로운 사랑의 법칙으로 완전한 나라를 건설코자 하는 하나님이시매 그 직분을 성경에 두 가지로 나누어 말씀하셨으니 ① 세계적 직무, ② 은사적(恩賜的) 직무요, 특히 그리스도의 사명과 인간에 세우시는 신령한 나라에 대한 직무라.

1중. 성신의 세계적 직무. ① 태초의 혼돈한 데에서 성신이 그 질서를 정하시고 아름다움을 이루시며(창 1:2), ② 무긔례의 생명을 품부하사 식물계와 동물계와 인류를 구분하시며(시 1:4, 30, 창 2:7, 욥 27:3, 33:4), ③ 인류에게 총명을 주시며(욥 32:8), ④ 특출한 사람에게 특출한 기술과 지혜와 담대를 주시며(창 21:3, 33:31, 13:25, 14:6)

2중. 성신의 은사적 직무. 인생을 죄중에서 구속하며 돌아와 하나님과 교제케 하심이라.

1소. 구약에서는 성신이 이스라엘 백성과 특히 다윗왕과 이사야 같은 선지자와 에스겔 같은 제사장을 감동하시되 선지자를 감동하심은 더욱 긴요한 직무며(민 24:2, 삼하 23:2, 미 3:8)

2소. 신약에서는 성신이 특히 예수의 잉태와 탄생(마 1:18, 눅 1:35)과 세례(눅 4:1)와 시험(마 4:1, 막 1:12)과 전도와 병고침(눅 4:8, 14, 마 12:2-6, 행 10:38)과 속죄(히 9:14)와 부활(행 1:2)하심에서 그 직무를 행하셨으니 그리스도의 생활과 사역에 충만하셨도다(요 3:34). 성신은 그리스도의 신으로 일편성부와 교제를 완전케 하시며 일편인류에게 자비를 베푸시게 하시되 그리스도 승천하신 후에 충만히 보내심을 받으셨으며

3소. 오순절에 제자들이 성신의 충만으로 신령한 새 능력을 얻어 교회를 설립하며(행 2:4, 33, 47) 성신이 교회에 그리스도를 나타내 보이시며(요 16:14-15) 교역자를 선택하심이라(행 13:1-4, 고전 12:4-12).

2대. 주의건. 성신이 개인의 마음을 감동하사 죄에서 구원하시고 새 생명을 얻게 하시는 직무를 설명할 때에 특별히 주의할 것이니

성신의 구원하신 능력을 존중히 여기며 개인의 도덕상 책임과 자유를 유지할 것이라. 각 개인의 천성과 환경은 자기 자유에 속한 것이 아니나 그 천성과 환경을 이용하는 것은 자기 자유에 속한 자니 처음부터 각 개인의 마음에 두 주인이 있어, 다투어 서로 주장하려는 경향이 있는 것이라. ① 육체니 범죄한 시조로부터 유전한 정욕이며, ② 심령이니 성신의 감화를 받아 선행하려 하는 것이며, 이 두 경향 중에 개인의 의지가 결정하는 대로 그 인격이 점점 악하거나 선하여 지는자라(롬 8:4-13, 갈 5:16-17).

1중. 마음 안에 계신 그리스도의 신이 인성을 선한 편으로 인도하실 때에 ① 양심, ② 지능, ③ 감정, ④ 의지에 감화를 베푸시나니

1소. 양심에 대하여는 책망하사 죄를 깨닫게 하시며(요 16:8)

2소. 지능에 대하여는 성신이 비추사 그리스도를 죄중에서 구원하시는자로 알게 하며

3소. 감정에 대하여는 성신이 그리스도를 믿게 하시고 하나님을 사랑하고 의뢰하는 마음을 느끼게 하며

4소. 개인의 의지를 감화하여 선지자, 제사장, 왕 되신 그리스도께 복종케 하심이라.

2중. 이와 같이 성신이 각 개인을 감화하실 때에 합리적 심리법으로 하시며 특히 그리스도 안에 있는 하나님의 사랑을 전파함으로 지능과 감정과 의지를 감화하심이니라.

이 방법을 흔히 사용하시나 성신이 이러한 방법에 속함이 아니요 직접으로 감동하시는 능력이 있는고로 특히 주의하여야 그릇됨이 없느니라(요 3:8, 3:5).

   기독교윤리학의 한국적 수용과 정립

2장 하나님의 은혜와 인성의 자유 – 중생과 반정(反正)

어떤 신학자는 어거스틴과 칼빈주의를 심하게 따라 말하기를 중생할 때에 성신이 개인의 의지를 제승(制勝)한다 하나니 이 말과 같을진대 각 개인의 도덕상 책임이 없어지고 하나님의 택정하시는 뜻대로만 혹은 구원하시고 혹은 버려두신다 하는 결론을 지을 수밖에 없도다. 그러나 신약에 나타나신 하나님은 자비의 하나님이시라 모든 사람이 구원 얻기를 원하시며(딤전 2:4) 하나도 멸망치 아니하고 다 회개하기에 이르기를 원한다 하셨은즉(벧후 3:9) 윤리의 원리로 말하면 각 개인이 하나님의 허락하신 구원을 받지 아니하는 책임은 개인의 자유에 있다 하리니 성신의 감동을 복종하거나 반대할 자유권이라. 하나님의 감동하시는 은혜에 항복하면 성신이 모든 선을 그 몸에 이루실지라 자기의 공로라 주장할 수 없고 하나님의 신을 일향 반항하면 하나님이 뜻하시고 원하던 구원을 얻지 못하리니 이는 자기 책임이라.

이 난제를 사람의 지혜로는 만족히 해결하지 못하나 하나님의 주장과 사람의 자유를 성경에 분명히 말씀 하셨은즉 이를 절대 신용할 수밖에 없는 바로다. 여러 동기 중에 어떤 것을 택정하는 것은 사람의 생각대로 자유로 행하는 것이로되 또한 무슨 일을 거듭 행함으로 습관이 되어 사람의 생각은 그 편으로 고정한 정체(晶體)를 이루나니 인격의 오묘는 실로 난측한 바로다.

3장 신자생활의 외면적 교련 – 사업

전 장에 신자생활의 시작을 설명하고 이하에는 그 생활을 교련하는 방법 곧 사업과 시험과 고난을 말하겠노라.

1대. 신자의 사업. 신자는 무슨 사업에든지 그 사업으로 하나님을 영
화롭게 하되 특히 하나님의 나라를 세상에 건설하며 교역할 책
임이 있으며 세상사업도 믿는 마음과 정당한 동기로 행하면 그
사업이 존귀하고 거룩하며 신령한 복을 받을 방도가 될 수 있느
니라.

1중. 일반적으로 말하면 사업할 동기는 자기와 그 가족의 양식과 생
활에 필요되는 것과 안락을 얻고자함에 있느니라.

2중. 합당한 사업은 자기가 봉사하는 하나님의 정하신 사업으로 알
아 그 사업을 충성되히 행함으로 합당한 영혼을 이루는 줄로 아
는 것은 신자의 견지(見地)인즉 생업의 참가치가 재산과 일용품
을 얻는 데에 있는 것이 아니라 도덕상으로 영혼을 교련하여 내
세의 더욱 높은 사업을 행하기에 합당하게 됨에 있다 하느니라.
사업을 함으로 인격을 발달케 하는 방면 이 광대한 중에 도덕을
성취하는 이익이 있는 몇 가지 긴요한 것을 생각하리라.

4장 신자생활의 외면적 교련(속) – 시험과 고난

시험이라는 말을 성경에 두 가지 뜻으로 사용하나니 ① 환난(약
1:2-4), ② 유혹(약 1:12-14)이라 그 둘째의 유혹을 이에 설명하노라.

1대. 유혹은 마음 밖으로 들어오는 자나 마음에 욕심이 이에 부화하
여야 죄악을 낫느니라(약 1:14-15).

2대. 고난. 인류에게 다 있는 사업과 시험 외에 또 고난으로 인격을
왕성케 하시느니라. 사랑하시는 하나님의 다스리시는 현 세계에
고통과 고난과 사망이 있는 일은 신자의 난해한 문제나 그러나
고난의 유익을 생각하면 하나님의 자비하신 경영에 적합하니라.

5장 신자생활의 내면적 계발

신자생활의 시작이라 한 제목 하에 말함 같이 신자생활의 내면적
계발에도 두 가지 요건이 있으니 성신의 감동과 개인의 자유라. 이 두
요건은 동일하게 긴요한 자가 아니라 성신은 신령상 생활의 근원이
요 유지하시는 자로 인성의 생활을 책임한 바나 그 감동을 즐겨받거
나 거역함은 신자생활상 긴요한 관계가 있느니라.

1대. 신령한 생활과 그 결과된 지식과 사랑과 옳은 행실은 개인의 마
음에 내재하시고 운동하시는 성신의 창조적 행동으로 말미암는
다 하는 교리가 성경여러 곳에 기록됨이라(요 3:3, 5, 롬 8: 9, 14, 16,
26, 갈 5: 22-23).

2대. 성신의 감동을 복종하거나 거역하는 데 대한 개인의 자유권이
영적 생활상에 무관하다 하지 못하리라. 성신의 감동을 받아 하
나님의 의지에 복종하면 은혜 중 장성과 영적달관(靈的達觀)의 역
(域)에 도달하려니와 성신의 감동을 슬혀 거역하는 대로 영적 생
활도 쇠약하여 열등에서 생활하며 정욕대로 행하리라(갈 5:13, 16-
26).

3대. 천국을 인간에 건설함은 성신의 경영이 되심같이 또 한 신자의

참된 지극한 목적도 되나니 신자가 성신에 인도를 받아 하나님의 의지로 각 이성의 자유를 잃는 것이 아니라 참자유를 얻어 자기 목적을 성취함이라.

4대. 영적 생활 계발에 대한 하나님과 사람의 관계를 설명할 때에 철학자는 마땅히 주의하여 ① 범신론주의와 ② 무신론적 자유의 두 가지 외유를 면할지니라.

6장 신자생활의 사명

영적 생활의 계발에 대한 하나님과 사람의 관계를 이미 말하였은 즉 참으로 신자생활의 사명이 무엇이냐 하는 문제가 생기도다. 성신이 나를 주장하사 기관으로 사용하시나 나의 자유와 책임을 유린치 아니하실지니 이러므로 내가 즐겨 성신에게 헌신하여 그의 뜻을 나의 뜻으로 삼아 행할 것이라.

1대. 신자의 사명은 두 가지니 ① 성신의 소원 즉 하나님의 의지를 탐사(探査)하는 것이며 ② 하나님의 의지를 안 후에 그 뜻에 복종하여 실제적 행동의 동기로 삼는 것이라. 그 첫째는 정신적이오, 둘째는 결정적이니 곧 도덕상 행위에 속한 자라.

2대. 나의 성격과 사업에 대한 성신의 소원을 알 근원은 하나님의 광의(廣義)적 계시라.

7장 신자의 성격 – 신자 도덕의 분류

신자의 이상적 성격은 사복음에 묘사(描寫)한 그리스도의 초상이

라. 하나님이 우리 개인에게 대한 본의는 우리로 그 아들 그리스도의 형상화함이니(롬 8:29, 빌 1:25, 1:21) 이러므로 신자의 성격과 품행을 설명할 때에 그리스도의 형상을 모본으로 우리 눈앞에 둘 것이라. 각 개인은 각기 특성과 환경이 다르므로 꼭 일정한 원칙을 일반 신자에게 명하지 못하나 보통적 원칙에는 벗어나지 못할지며 각 개인의 관계와 의무는 각기 다르나 공통적 통유성(通有性)도 있으므로 이를 보통으로 신자의 덕이라 신자의 의무라 설명할 수 있으니 덕과 의무 간에 연락한 관계는 의무를 이행함으로 덕을 이루고 덕은 의무 이행 중에 나타나니라. 덕이라 함은 도덕을 행할 만한 일종의 능이요 의무라 함은 도덕을 행할 책임이라.

8장 지혜 – 지능 범위의 이상적 덕

지혜가 제일이니 지혜를 얻으라(잠 4:7). 예수는 하나님이 세우사 우리에게 지혜가 되게 하시니라(고전 1:3). 인성의 영혼은 단일(單一)한 자니 지능, 감정, 정욕 의지의 네 부분으로 나눌 수 있도다. 편리하기 위하여 심리학상에서 넷으로 말하되 각 개인의 경험상 분해할 수 없는 단일성이라. 이와 같이 윤리학상 설명의 편리를 위하여 네 덕을 나누어 말하나 서로 실상은 관련된 것인즉 본서 분류는 절대 덕이 아니요 편리적이라. 지혜를 두 가지로 나눌 수 있으니 ① 참된 도덕상 생활을 목표를 밝히 보고 ② 이 참된 목적 성취할 방법을 분별하는 슬기라.

9장 공의 – 감각범위의 이상적 덕

너희가 아무 사람에게도 빚지지 말고 오직 사랑으로 빚을 지라(롬 13:8). 공의는 하나님에게나 자기에게나 사람에게나 하등동물에게 대하여 정당한 마음을 가지는 것이라. 공의심이 있는 자면 각 사람에게 줄 것을 주리라(롬 13:7).

10장 절제 – 정욕 범위의 이상적 덕

절제는 욕심 계통에 대한 이상적 덕이니 즉 욕심을 제어하고 개량하여 평생에 지극한 목적대로 사모하는 습관을 기르는 것이라. 절제의 소극적 관념은 생활의 참된 목적과 위반되는 모든 충동을 제어하며 적극적 관념은 생활의 참된 목적을 성취케 되는 모든 것을 정당히 지도하는 것이라. 절제에 관한 충동은 두 가지니 ① 육체적이요 ② 신령적이라.

11장 담대 – 의지 범위의 이상적 덕

담대라 함은 강한 의지로 정한 목적을 성취하기까지에 이르는 행습이라. 아픔을 두려워하지 아니하며 반대도 거리끼지 아니하는 자니 논리의 순서대로 지혜는 제일이나 실제 발달사상에는 담대성이 앞자리를 차지한 것이로다.

12장 신자가 자기에게 대한 본분 – 자신 보호

덕의 관념과 본분의 관념은 밀접한 관계가 있나니 덕은 생활의 지극한 목적대로 행할 만한 재능을 가르침이며 본분은 그대로 마땅히 행할 도덕적 책임을 이룸이라. 임의 말함 같이 개인적 목적은 영생이요 사회적 목적은 천국 건설이라.

13장 신자 자기에 대한 본분 – 심령상 교련

사람은 육체와 심령이 합하여 되었으매 심령은 가장 귀하여 그 직장은 생각, 느낌, 소원, 결정이라. 자기를 발달케 하는 것이 인성의 제일 되는 본분이라 한즉 심령의 재능을 완전하도록 교련하여야 할지로다. 영혼은 형이상 의자인고로 그에 대한 모든 문제도 역시 형이상인즉 이에 논란치 못할지나 오직 성경의 말씀을 의지하면 하나님은 모든 영의 아버지시라(히 12:9) 하고 또 우리가 그를 힘입어 살며 거동하며 있다(행 17:28) 하고 하나님이 자기형상대로 사람을 창조하셨다(창 1:27) 하고 또 생명의 기운을 그 코에 부니 사람이 생령이 되었도다(창 2:7) 하였으니 하나님은 조성하신 무한한 신이시오 인생은 조성을 받은 유한한 신이며 또 인생은 일반으로 하나님의 지으심을 받았으나 신자는 그리스도 안에 거듭지으사 선한 일을 행하려 하게 하셨다(엡 2:10, 4:24) 하였나니 신자는 지음과 모든 재능을 교련할 뿐 아니라 특별히 도덕상 사명이 있으니 성신의 감동을 받아 그리스도의 형상 화할지라(고후 3:18).

1장 신령상 생활의 근본적 발표는 가정이라

각 개인은 홀로 생활을 하는 자가 아니요 인류효상 간에 연락 생활을 영위(營爲)하는 자니 ① 가정, ② 국가, ③ 교회, ④ 친우, ⑤ 상공업 및 과학회, ⑥ 국제, ⑦ 도덕세계라.

각 개인의 진정한 발달이 있어야 각 사회도 발달하리니 하나님이 그 사랑하시는 성신으로 이 모든 단체를 주장하실 때에 각 개인이 즐겨 복종하고 각기 처지에서 극력 합심하여야 진정한 자유와 행복을 성취하리로다.

일개인으로부터 도덕세계까지 각 권위의 유일법칙은 사랑이니 「네 힘을 다하여 주 네 하나님을 사랑하고 네 이웃을 사랑하기를 네 몸같이 하라」. 각 개인이 여러 사회에 대한 모든 본분은 유일한 원칙된 사랑의 발표라.

2장 가정생활의 본분

이에 대한 도덕적 요긴한 문제가 넷이니 ① 결혼생활의 여부, ② 약혼의 제한, ③ 이혼의 여부, ④ 부모가 자녀교육에 대한 책임 및 의무라.

1대. 결혼생활의 여부. 장애가 없는 경우면 사람마다 마땅히 결혼할지니 세상에 인류를 계대케 하는 필요뿐 아니라 결혼으로 부부생활 상 지극한 목적을 성취하며 원만한 인격을 이루게 함이라.

1중. 결혼을 피할 족한 이유도 있느니라. 육체상 부당이니 고질이 있어 자녀에게 유전됨으로 자녀가 연약하여진 생활의 의무를 담당치 못할 경우며 신체의 고질은 없으나 고질이 생길 경향이 있으면 결혼치 아니함이 인생의 의무며 어떤 환경과 사업에 처하여는 독신 생활이 가하니 그 상태를 면한 후에 결혼함이 무관하니라. 가령 위험한 지방에 가서 선교하려는 자나 전쟁에 출전하려는 군인이 스스로 독신 생활 하기로 결심함은 가하나 로마 교회의 신부와 수녀같이 강제로 맹세함은 불가하며(딤전 4:1-3)….

3장 국가

가정은 사회 조직상 가장 단순한 자로 자연률의 기초라 부모와 자녀는 서로 연락하여 빈부귀천고락이 동일하니 가정 내에서 개인의 이기심을 이기고 다른 사람을 위하여 사는 마음을 처음으로 배워 도덕상 표준된 하나님의 나라를 바라보며 제 일 보를 옮기느니라. 문명이 더함을 따라 가정 단체만으로는 인류를 사회적 대단체 되게 하기에 부족한 줄 깨달아 친족 단체, 린리 단체, 국가 단체, 국제 단체까지 조직되니라.

1대. 일반적으로 말하면 국가의 정의는 여좌하니. 국가는 각 개인과 각 가정의 연합한 단체니 역사 민족상 동일한 관계하에서 서로 연합하며 법률의 동일한 지배하에 있으며 무력의 권위로 유지되며 인류 사회의 도덕을 성취하려는 자라.

1중. 국가 단체는 자연률을 토대로 삼아 건설된 것이나 그 석처는 가

정에 비하여 다소 희박하니 각 국내에 있는 민족의 이동을 물론
하고 일 국가로 강제 결정하며 국경도 권리의 좌우로 결정되되
예수교 윤리의 요구는 국가는 개인과 가정을 연합하여 조직한
단체이므로 개인과 가정의 권리를 보호하여 그 자유 발전에 적
합한 형편을 건설하려는 것이며 또 예수교 윤리의 도덕적 목적
은 천국 건설함에 있으나 그러나 국가의 정치와 입장을 전연히
다르게 하며 세상 나라는 외면적 법률로 통디하여 경찰력과 병
력으로 유지하되 하나님의 나라는 내면적 사랑의 법으로 치리
하고 성신의 능력으로 유지하느니라.

4장 국가행위

이 문제에 대하여 서로 논쟁하는 두 가지 반대 의견이 있으니 ①
밤슈직군의 행위 곧 방임주의며 ② 사회주의 국가 행위 곧 범사에 간
섭하여 각 개인의 자유발전에 지장을 주는 것이라.

1대. 방임주의 주장의 제일 선한 통치는 방임이니 각 개인의 사업을
제제하지 말고 그 활동 범위를 넓게 하며 산업 생활의 기초를 확
정하려면 법의 제제가 없이 각 사람에게 균일한 기회를 주어 각
기 활동으로 얻는 이득을 자기 소유로 삼게 할 것이라. 각 개인
이 각기 의견을 따라 그 주의를 성취하여 제일 우수한 사회를 이
룬다 하느니라.

1중. 이 이론대로 말하면 국가의 재제 행위는 소극적이니 그 무력을
사용하여야 백성의 방해를 방어하며 각 개인의 자유를 보전하

  기독교윤리학의 한국적 수용과 정립

고 경찰비와 군비를 위하여 합당한 세를 받으나 그 외에는 각 개
인 생활 발전에 간섭하지 아니할지니라.

5장 국가행위(속)

국가의 큰 목적은 셋이니 ① 국민 개인의 법률상 권리를 한정하
고 유지하고 옹호하며, ② 국민을 보호하여 외적의 침해를 방어하며,
③ 가급적 외 위의 상태를 선히 처리하여 개인으로 그 권리를 사용하
며 유익한 방도하에 자유발전을 돕는 것이라. 이 목적은 국가가 입법
과 행정권으로 성취하려 함이니 법을 세우고 처리하며 권리를 한정
하고 공의로 처단하며 국방에 주의하며 국가 경상비를 위하며 세를
정하며 교육, 산업, 상공업에 대한 법률을 세우고, 처리하는 것이라.

6장 국민의 의무

국가의 근본은 가정인즉 국민의 의무는 가족이 가정에 대한 의무
와 방불하니라. 편리를 따라 이 의무를 세 부분에 나누니 ① 충성이나
애국성, ② 순종, ③ 봉사라.

1대. 국민의 첫째 의무는 애국성이니 그 불행과 환란을 슬퍼하고 목
　숨을 다하여 국가의 참유익을 도모할 것이라.

7장 교회와 그 행위

윤리학적 견지에서 교회를 정의하면 그리스도의 말씀과 신의 감
동을 받아 자유하는 개인들의 연합한 회라. 그 목적은 사회적이니 곧

천국을 건설함이며 그 행사하는 방식은 경배 예식과 서로 덕을 세우는 일과 종교상 진리를 증거함이라. 그리스도는 머리요 교회는 그의 몸이니 교회단체는 한 몸에 속한 지체요 거룩하다 함은 모든 신자가 한 성신의 감화를 받음이요 공회라 함은 천하만국의 모든 성도를 포함함이요 사도적 교회라 함은 사도와 선지자의 터 위에 세운 바니 그리스도 예수 - 친히 그 모퉁이 돌이 됨이요(엡 2:20) 보이지 아니하는 교회라 함은 살아 있어서 진실히 믿는 신자와 별세한 성도까지요 보이는 교회라 함은 세상에 조직한 여러 교파라.

8장 교회에 대한 본분

교회는 신자의 임의로 조직한 것이 아니요 하나님이 그리스도로 말미암아 설립하신 회라. 완전한 교인은 장성한 자나 그 자녀들이나 그리스도께 속한 자니 유아세례를 받음으로 교회에 속한 자인즉 교회는 유모와 같은 책임으로 그를 양육할 것이라.

9장 교제사회에 대한 본분 - 붕우 간의 본분

이상에 말한 사회상 본분은 법리상 불가피의 본분이나 이하에 말하려는 것은 각 개인의 자의로 관련하는 사회니 곧 붕우 간, 산업상, 상공업상 모든 사업 간에 교제라.

1대. 붕우 간 많은 사람과 교제하는 중 특히 심정을 서로 허하여 고락을 같이 하는 막역한 친구에게 대한 본분이 있나니 벗을 사귀는 일은 개인전 생활의 한 요소니라.

 기독교윤리학의 한국적 수용과 정립

1중. 구약의 인물 중에 이상적으로 친교한 자는 다윗과 요나단이요, 잠언에도 붕우의 도를 많이 말하였으며

2중. 신약에서 붕우의 도의 표준된 자는 예수니

1소. 마르다, 마리아, 나사로를 친교하시고 여러 제자를 친구라 하시고 특히 베드로, 야고보, 요한을 제일 친하시고 이상 삼인 중에도 요한은 예수의 특별히 사랑하는 자라 하고

2소. 예수의 친구 되심은 금생과 후생의 양 세상의 관계하시니 세상에 계실 때도 그러하시고 떠나시기 전에 성찬 예식을 세워 자기를 기념케 하사 후세의 영원한 교제를 말씀하셨으며

10장 산업상에 대한 본분

1대. 연맹 조직의 유래라. 산업 연맹은 두 가지니 ① 노동자 연맹, ② 회사 연맹이라. 산업이 발달치 못한 옛날에는 자본주와 노동자 간에 정의 돈독하더니 후세에 산업발달이 확대됨을 따라 노동자 수용도 과다한즉 자연의 세로 회사 측과 노동자 간의 교제는 밀접치 못하고 따라 여러 가지 폐단이 일어남으로 노동 연맹이나 회사 연맹이 생긴 것이라.

2대. 연맹의 목적. 노동 연맹의 한 가지 목적은 노동자를 도와 상당한 임금을 받도록 노력하는 바라.

1중. 노동자는 조합을 조직하고 경제학에 대한 원리와 난제를 연구하여 정신상 발달을 기약하며

2중. 노동자가 억울과 불공평한 환경에 처할 시는 그 조건을 여론에 물어 그 부정 사건을 철폐케 할 것이며

3중. 노동자의 합리적 청구에 회사 측이 양보치 아니할 시는 최후 수
단으로 맹파를 단행할 것이라. 이와 반대로 회사 측이 그 청원이
과격하거나 허락지 못할 일이 있는 줄 아는 경우에는 회사 문을
철폐할 것이라. 그러나 이러한 산업상 쟁의는 노사 쌍방에 극히
해로울 뿐 아니라 일반에게 미치는 영향이 큰 고로 국가는 강력
으로 이를 간섭하여 쌍방의 대표자를 내어 중재 수단을 취할 경
우도 있느니라.

3대. 연맹 조합 규칙. 각 조합이 임의로 그 조합의 규칙을 제정할 것
이나 각 조합원은 그 조합의 지휘권을 맡은 직원에게 순복하는
것이 통상 규칙이라.

11장 사업가와 상업(조합)에 대한 본분

이 같은 사업으로 인하여 개인과 국가적 난제가 생기느니라. 상
업회사 단체에 대한 개인적 난제는 회사가 불법 행동한 시에 개인의
책임은 어떠하뇨?

1대. 어느 회사가 불법 행동을 하는 시는 양심의 인도로 그 회사에 참
가치 아니할 일은 물론이라.

2중. 회사에 참가한 후에 그 회사의 사업경영에 대하여 도덕상의 넘
이 있을 시는 그 경영을 폐하도록 반항할 것이라.

     기독교윤리학의 한국적 수용과 정립

제4편 하나님께 대한 본분

1장 경배

신자의 윤리적 본분은 의인이며 여기할 뿐 아니라 마음을 다하고 성품을 다하고 뜻을 다하여 하나님을 사랑하는 것이라(마태 22:37). 그런즉 이 사랑을 나타내고 특별한 행위를 생각할 것이라. 어찌 생각하면 자기에게 대한 것이나 사람에게 대한 모든 도덕상 본분을 다 하나님께 갚을지니 이는 하나님의 본성과 의지는 모든 도덕적 표준과 근원이 됨이라. 나, 사람, 하나님이라 하는 세 가지 계급으로 나누지 아니하고 나와 사람에게 대한 두 가지 계급으로만 나누는 자가 있나니 덕국(독일) 유명한 철학자 칸트의 말이 하나님께 대한 본분은 윤리 이외의 일이라 하니라. 그러나 나, 사람, 하나님에게 대한 세 계급으로 나누는 것이면 편리하니라.

2장 의뢰와 순종

정성을 다하여 경배하는 본분 외에도 하나님 아버지께 마땅히 효성적 의뢰와 기쁜 순종을 드릴지라. 하나님을 의뢰함은 그 권능과 선량을 정신적 신앙으로뿐 아니라 마음을 다하여 사랑하며 몸과 범사를 즐겨 그에게 의탁하는 것이니 일반 신자가 하나님의 전능하시고 전지하시고 전선하심을 정신적으로 신앙하나 실제 실행상 온전히 의뢰하는 자가 희소하니라. 그러나 하나님을 의뢰하는 분량의 증가를 따라 신자의 생활상 평강과 기쁨과 결실이 증가하리로다.

1대. 효성적 의뢰

1중. 신자의 인내. 신자 인내의 비원(秘原)은 종교상 의뢰니 이러한 덕
은 고대 헬라와 로마에 소위 도덕학자의 무시하던 바며 그리스
도께서도 그 생활과 그 사망으로 우리에게 본분을 주사 고통을
참으며 욕과 훼방을 당할 때에도 대덕을 위하야 기도하시니라.
이와 같은 덕행은 얻기에 극난하나 전능하신 하나님을 돈독히
의뢰함으로 배울 수 있나니 능히 모든 것을 합동하여 사랑하신
자에게 유익하게 하시리로다(롬8:28).

2중. 신자의 담대. 인생의 성격상 존귀한 덕이니 육체적이 아니라 심
리적이라. 지혜가 정당하다 인정하는 모든 목적을 성공하기까지
모든 장애를 제거하고 종국을 보기까지 정당히 행하리라는 모
험성이라.

3중. 신자의 범사 만족, 존귀빈천 무론하고 하나님이 나를 징계하사
재능을 개발하여 사용하시려는 방면의 덕

1소. 이같이 하나님을 의뢰함으로 인내와 담대와 만족을 얻어 향객
같은 감사하는 심성을 이루어 하나님의 은혜를 감사하며 우리
를 징계하시는 은혜까지 감사하리라(롬 5:2-5).

2대. 하나님의 지시하신 뜻을 순종함이라.

1중. 하나님의 뜻을 순종함이 모든 본분의 기초인 줄 깨달아야 매일
맡은 직분을 행하며 사업을 선히 경영함으로 하나님을 영화롭
게 하리니 제일 천한 업무라도 사람 앞에 아니요 하나님 앞에 행
하는 줄 알면 그 일이 존귀하니라(골 3:23). 루터 선생의 말이지만
사환하는 여아라도 기쁨으로 노래하기를 나는 음식을 만들고자

     기독교윤리학의 한국적 수용과 정립

난 자리를 펴고 걷으며 방을 소제하니 이 일은 누구의 명령이뇨 주인의 명령이라. 하나님이 저에게 권세를 주셨으니 진정으로 주인의 일이 아니라 하나님을 섬김이로다.

1소. 하나님의 지시하신 뜻을 순종함으로 심령이 더 밝아져서 진리를 더욱 깨닫게 되느니라.

2소. 하나님의 뜻을 온전히 순종하는 것이 참자유권과 모순되는 일이 아니니 인류는 하나님의 형상대로 조성을 받은 자인즉 하나님의 뜻과 인류의 진실한 뜻의 일치는 최고 자유니라. 주를 봉사하는 대에서만 참된 자유를 얻으리니 하나님의 뜻을 독생자 예수 그리스도로 신자에게 지시하셨은즉 그리스도의 뜻을 순종함이 우리의 지극한 본분이요 참자유를 성취하는 방법이라. 륜리학 종

스왈론의 『도덕학』 목차 정리 및 주요 내용

스왈론의 『도덕학』 연구에 있어서 목차 정리는 전체적 구조를 파악하기 위한 기초 작업이다. 책의 기본적 내용이 영문 저서에 기초하고 있음을 앞에서 이미 밝힌 바 있다. 필자는 책에 나오는 주요 개념을 영어로 병행 기록하였다. 요목을 소개하는 것은 책의 전체적 내용을 조망하고 분석하는 데 있어서 일차적인 작업이 되기 때문이다. (필자 주)

〈一題目 人의 性品〉

장(章)	대지(大旨)	고(股)	단(段)	층(層)
一章 人의 位가 잇는 者	一大旨 행동ᄒᆞᆫ 者	一股 人은 자유로 행동ᄒᆞᄂ 神 Man a Self-Active Spirit	一段 人은 自由로 行動ᄒᆞᄂ 者/ 人의 몇 가지 行動ᄒᆞᄂ 法	
			二段 人은 恒常行動ᄒᆞᄂ 者/ 理學士의 證據	
			三段 人은 行動이 前進ᄒᆞᄂ 者/ 前進ᄒᆞᄂ 法	
			四段 人은 永遠히 行動ᄒᆞᄂ 者/ 永遠토록 行動ᄒᆞᄂ 쯧/ 永遠토록 살게 ᄒᆞ시는 證據/ 聖經말ᄉᆞᆷ이 永遠히사는 거슬 證據ᄒᆞᆷ	
		二股 人은 體에神이 有ᄒᆞᆷ Man a Spirit Embodied	一段 神이 居ᄒᆞ고 일ᄒᆞᄂ 장소	
			二段 神이 體로 因ᄒᆞ야 萬物을 感覺ᄒᆞᄂ 事/ 伍官/ 神이 前進ᄒᆞᄂ 事/ 男女의 分別	
			三段 身은 神의 일ᄒᆞᄂ 機械/ 神과 身이 互相關係됨	
		三股 人이 하ᄂᆞ님과 親히 相關됨 Man Consciously Linked with God	一段 人이 하ᄂᆞ님을 알게 지어내심	一層 原因으로 알 것
				二層 經營으로 알 것
				三層 祈禱ᄒᆞᆷ으로 알 것
				四層 良心으로 알 것
			二段 人이 現世에서 豫備ᄒᆞᆯ 事	一層 前進ᄒᆞᄂ 法
				二層 治理ᄒᆞ시ᄂ 法/ 現世의 形便
				三層 道德으로 전진ᄒᆞᄂ 法/現世에 賞과 罰이 잇슴

장(章)	대지(大旨)	고(股)	단(段)	층(層)
一章 人의 位가 잇는 者	二大旨 行動의 動力/ 目的과 原因을 解釋홈	一股 行動의 目的動力 The Good as the Motive Object in Action		
		二股 行動의 原動力 The Motive Cause in Action	一段 人的行動의 根本事實	一層 善美호 거슬 願홈
				二層 知能이 行動을 始作호는 相關
				三層 感覺으로 行動을 始作홈/ 知能과 意志와 感覺이 互相關係됨
			二段 動力의 分類	一層 分類의 處理
				二層 普通으로 感覺分解홈
				三層 特別호 愛를 分析홈

				四層 特別호 欲望을 分析홈/
				首要欲望/ 單純欲望
				• 一階級 喜樂호
				  거슬得하려고 호는 心
				• 二階級 穩全호 거슬 懇切히
				  엇고져 호는 心
				• 三階級 德을 세우고져 호는
				  心/ 錯雜欲望/ 一 氣質, 二
				  성질- 次要欲望

	三大旨 行홀 主掌力	一股 擇定홀 能力 Power of Choice	一段 擇定호는 原質	一層 自然擇定
				二層 理性으로 選擇홈
			二段 擇定호는 本理致	
		二股 執意호는 能力 Power of Volition	一段 執意의 原質	
			二段 意志로 人의 位가 出現홈	

장(章)	대지(大旨)	고(股)	단(段)	층(層)
一章 人의 位가 잇는 者	四大旨 行홀 引導力	一股 知慧가 引導力이라 Prudence as a Guide		
		二股 理想的 觀念과 穩全홈이 關心이 引導力이라 The Ideal, or Perfect, as a Guide		
		三股 良心이 引導力이라 Conscience as a Guide		
二章 人의 特性을 言호면 道德이 有호 者	一大旨 理學士들의 道德意識의 理論을 슯힘	一股 經歷으로 됨 The View of the Experientialists		
		二股 卽覺으로 됨 The View of the Intuitionalists	一段 良心은 單純훈 才能이라 홈	一層 良心은 知能의 作用
				二層 良心은 感覺의 作用
				三層 良心은 意志의 作用
			二段 良心은 錯雜훈 才能	
			三段 良心의 속規則	
	二大旨 道德的意 識의 大體를 슯힘	一股 經歷으로 된 道德的意識의 事實 The Experiential Facts of Moral Consciousness	一段 知能의 道德的 事實/ 道德的 判斷의 理致	
			二段 感覺의 道德的 事實	一, 正當훈 事에 感動
				二, 不正當훈 行爲의 感動
			三段 意志의 道德的 事實	一, 意志가 自己 行爲를 相關홈
				二, 意志가 他人의 行爲와 相關됨

장(章)	대지(大旨)	고(股)	단(段)	층(層)
二章 人의 特性을 言ᄒ면 道德이 有ᄒᆫ 者	二大旨 道德的意 識의 大體를 슙힘	二股 卽覺으로 된 道德意識의 事實 The Intuitional Facts of Moral Consciousness	一段 卽覺으로 된 道德的 觀念	

			二段 卽覺으로 되ᄂᆞ 道德判斷	一層 卽覺으로 되ᄂᆞ
				道德的判斷을 슙힘
				1. 三般大關係를 相關된 卽覺
				  道德的 判斷/ 상관된즉
				  각ᄒᆞᄂᆞ 道德判斷人은
				  上帝와 關係됨/人이
				  自己의게 關係됨/人이
				  人과 關係됨/此人은 彼人과
				  關係됨
				2. 三般大善美ᄒᆫ 거슬 相關된
				  卽覺ᄒᆞᄂᆞ 道德的 判斷
				3. 此道德判斷은 卽覺으로
				  되고 恒常도 잇슴
				4. 此道德的 判斷은 人을
				  교육ᄒᆞ야 더 分明히 되게 ᄒᆞᆷ

				二層 卽覺ᄒᆞᄂᆞ 道德判斷은 속 法으로 슙힐 것 1. 構成ᄒᆫ 內心法된 事實 2. 卽覺으로 道德判斷 3. 人의 本分을 ᄀᆞᄅ침

〈二題目 本分의 理致를 論ᄒᆞᆷ〉

장(章)	대지(大旨)	고(股)	단(段)	층(層)
一章 德行의 至極ᄒᆫ 目的	一大旨 至極한 目的의 理論	一股 有益ᄒᆫ 理論 First General Theory: Utilitarianism	一段 良心이 悅樂ᄒᆞᄂᆞ 理論	
			二段 血肉이 悅樂ᄒᆞᄂᆞ 理論/ 自己의게 有益ᄒᆫ 理論/ 一般的 人의게 有益ᄒᆫ 理論	
		二股 穩全ᄒᆫ 理論 Second General Theory: Perfectionism	一段 自己의 穩全ᄒᆫ 理論	
			二段 一般的 人의 穩全ᄒᆫ 理論	

장(章)	대지(大旨)	고(股)	단(段)	층(層)
一章 德行의 至極한 目的 一 目的이 잇스야 될 것 二 目的과 方法을 分干홈	一大旨 至極한 目的의 理論	三股 義의 理論 Third General Theory: the Rectitude Theory		
	二大旨 義의 理論이 眞된 証據	一股 人의 普通된 意識으로 된 証據		
		二股 德行의 理致로 된 証據	一段 有益한 理論은 不足홈	
			二段 穩全한 理論이 不足홈	
		三股 本分의 限定 가온딕 證據		
		四股 目的과 偏向을 分干하지 못ㅎ는 證據	一段 德은 喜樂ㅎ고 穩全한 偏向	
			二段 喜樂ㅎ는 것과 穩全한 거시 德行中에 至極한 目的이 아님	
		伍股 人이 宜當히 應用홀 理致의 証據	一段 有益한 것과 穩全한 것은 人이 行홀 規則이 過히 蒙昧홈	
			二段 義가 行爲에 쓸만한 規則	
二章 義의 至極한 規則	一大旨 至極한 規則의 不合한 理論	一股 國法이 至極한 法則이라 ㅎ는 理論/ 國法을 至極한 規則이라고 못홀 것 First General Theory: Authority of the State		
		二股 世上의 如何한 關係가 至極한 規則이라 ㅎ는 理論 Second General Theory: the Nature of Things		

장(章)	대지(大旨)	고(股)	단(段)	층(層)
二章 義의 至極호 規則	一大旨 至極호 規則의 不合호 理論	三股 人의 性品이 至極호 規則이라 호 理論 Third General Theory: the Nature of Man		
	二大旨 至極호 規則의 合當호 理論	一股 合호는 理論의 証據 The Theory Confirmed	一段 上帝와 人이 互相關係됨을 証據홈	
			二段 人의 道德意識으로 証據됨	
			三段 人의 德行으로 証據홈	
			四段 合호 理論과 不合호 理論을 比較홈으로 証據됨	
		二股 上帝의 旨가 세 貌樣으로 나타남 The Three Revelations Considered	一段 上帝의 旨가 萬物노 나타남	
			二段 上帝의 旨가 性品으로 나타남	
			三段 上帝의 旨가 聖經으로 나타남	
三章 義의 至極호 憑據	一大旨 不合호 理論	一股 義의 宜當호 憑據는 上原理에셔 나온다 호는 理論 First General Theory: the Nature of Things		
		二股 上帝의 全權으로 나온다 호는 理論 Second General Theory: the Arbitrary Will of God		

장(章)	대지(大旨)	고(股)	단(段)	층(層)
三章 義의 至極훈 憑據	二大旨 當然훈 原理의 理論			

〈三題目 本分의 理致를 論홈〉

장(章)	대지(大旨)	고(股)	단(段)	층(層)
一章 人의 本分의 當然훈 槪念	一大旨 德行의 眞觀念	一股 德行은 義의 規則에 合ᄒ여야 德行이라 홈 A Virtuous Action must be Materially Right		• 一階級 規則ᄃ]로 正當훈 行爲 • 二階級 規則ᄃ]로 正當훈 行爲 • 三階級 規則ᄃ]로 正當훈 行爲
		二股 德行은 正當훈 思想이 有ᄒ여야 德行이라 홈 A Virtuous Action must be Intentionally, or Formally Right	一段 分明히 ᄀ르치ᄂ 規則과 思想/ 行爲는 規則ᄃ]로 行ᄒ엿스되 思想이 誤謬되면 不足홈/ 行爲가 正當훈 思想과 合ᄒ되 義의 規則ᄃ]로 아니ᄒ엿스면 不足홈	
			二段 道德에 相關업ᄂ 行爲와 思想	
			三段 義行과 德行을 分干홈	
	二大旨 一平生 本分의 眞觀念	一股 一平生에 行홀 本分 The Moral Task or Life of Duty		
		二股 道德相關된 穩全훈 人 The Complete Moral Manhood		

장(章)	대지(大旨)	고(股)	단(段)	층(層)
二章 一平生 當然 일에 應用 資料	一大旨 能 知能	一股 知能이 잇스야 責任을 擔當 Intelligence before Responsibility	一段 聰明이 有 여야 德行이 될 것	
			二段 人의 責任은 聰明이나 機會 로 됨	
			三段 知能을 敎育 여야 됨	
			四段 知能이 穩全 여야 일을 擔當	
	一大旨 能 知能	二股 敎育 知能이 有 여야 一平生의 宜當 일을 擔當 Broad Intelligence before the Complete Life Task	一段 自己의 才能을 知 여야 됨	
			二段 人의 自己의 形便과 地位에 相關됨을 知 여야 됨	
			三段 人이 宜當 거슬 知 여야 됨	
二章 一平生 當然 일에 應用 資料	二大旨 敎育 良心	一股 良心이 有 여야 責任을 擔當 Conscience before Responsibility	一段 道德性이 有 여야 홀 것	
			二段 道德性을 敎育 여야 홀 것	
			三段 良心이 不足 것	
		二股 敎育 良心이 有 여야 一平生의 宜當 일을 擔當. Cultivated Conscience before the Complete Life Task	一段 人의 良心은 敎育 으로 前進	• 一 良心에 分干 는 能力은 多樣으로 前進 • 二 良心에 感動된 情照 는 能力이 行 으로 젼진 • 三 良心이 衝動 는 能力이 行 으로 前進 • 四 良心의 內法이 確實
			二段 良心을 敎育 으로 穩全케 됨	

기독교윤리학의 한국적 수용과 정립

장(章)	대지(大旨)	고(股)	단(段)	층(層)
二章 一平生 當然혼 일에 應用홀 資料	三大旨 自由ᄒ고 神聖혼 意志	一股 自由ᄒᄂ 意志가 有ᄒ여야 責任을 擔當홀 것 Free Will before Responsibility	一段 行爲ᄂ 自願 ᄒ여야 道德의 相關되ᄂ 行爲라 홈	
			二段 行爲ᄂ 自由ᄒ여야 道德의 相關되ᄂ 行爲라 홈/ 行爲의 分干/ 自由와 自願을 分干홈/ 眞自由ᄒᄂ거시 眞理致라	
			三段 自願과 自由ᄒᄂ 行爲ᄂ 道德相關되ᄂ 責任	
二章 一平生 當然혼 일에 應用홀 資料	三大旨 自由ᄒ고 神聖혼 意志	二股 神聖ᄒ고 自由ᄒᄂ 意志가 有ᄒ여야 現世에서 一平生本分을 穩全히 行홀 것 Holy Free Will before the Complete Life Task	一段 平生에 宜當히 行홀 事를 思ᄒ면 神聖혼 意志가 有ᄒ여야 될 것	
			二段 惡事에 戰鬪홀 形便을 思ᄒ면 神聖혼 意志가 有ᄒ여야 될 것	
三章 道德性을 維新홀 方策	一大旨 人의 性稟이 病됨	一股 人의 道德性의 形便 Condition of the Moral Nature		
		二股 道德行爲로 낫타남 Workings of the Moral Nature	一段 三般大相關ᄒᄂ 일을 홀 때에 人의 行爲가 律法에 ᄀ릇치ᄂ 딕로 能히 合ᄒ지 못홈	
			二段 三般喜美혼 일을 行홀 時에 人의 行爲가 律法에 ᄀ릇치ᄂ 것과 不合홈	

장(章)	대지(大旨)	고(股)	단(段)	층(層)
三章 道德性을 維新홀 方策	一大旨 人의 性稟이 病됨	三股 人의 病된 性稟이 結果로 現홈 Consequences of the Moral Disorder	一段 惡혼 일을 罰ᄒᄂᆫ 理致	一層 人의 心身이 病된 罰
				二層 苦楚밧ᄂᆫ 罰
			二段 法을 違反ᄒ면 刑罰을 免홀 수 업슴	一層 罪가 스스로 罪되ᄂᆫ 거슬 記錄
				二層 罪가 스스로 刑罰을 줌
			三段 罪 짓ᄂᆫ 人이 刑罰밧ᄂᆫ 論	
	二大旨 眞維新홀 方策	一股 不足혼 方策 Inadequate Solutions of the Moral Problem	一段 自改ᄒᄂᆫ 方策	一層 善惡을 分干ᄒᄂᆫ 理致의 証據
				二層 史記의 証據
			二段 僞敎會理致로 改ᄒ랴ᄂᆫ 方策	一層 理致의 証據
				二層 史記의 証據
三章 道德性을 維新홀 方策	二大旨 眞維新홀 方策	二股 能히 維新홀 方策 Christianity the only Adequate Solution	一段 예수 敎理致로 維新홀 方策	
			二段 此方策이 快足홈	一層 理致로 現홈
				二層 史記로 現홈
			三段 예수 敎理致外에 維新홀 方策이 無홈/合同	

〈一題目 自己의게 홀 本分〉

장(章)	대지(大旨)	고(股)	단(段)	층(層)
一章 自己를 保存홈	一大旨 自守홈	一股 身을 守홈 Preservation of Bodily Life	一段 我가 自我의게 仇敵됨을 직힘	
			二段 他人이 我의게 仇敵딤을 직힘	
			三段 身이 第一貴흔 거시 아님	
		二股 神을 직힘 Preservation of Spirit's Life		
	二大旨 自保홈	一股 身을 保存홈 Care of the Body	一段 免홀 것	
			二段 有益흔 것	
		二股 神을 保存홈 Care of the Spirit	一段 身과 神이 互相關係됨	
			二段 神의 行動을 論홈	
	三大旨 自當	一股 身을 自當홈 Support of the Body	一段 植物을 利用홈	
			二段 動物을 利用홈	
			三段 定物을 利用홈	
		二股 神을 自當홈 Support of the Spirit		
二章 自己를 培養홈	一大旨 倍體	一股 普通倍體 General Physical Culture	一段 體格을 培養홈	
			二段 伍官을 培養홈	
			三段 才能使用ㅎ기를 培養홈	
		二股 特別倍體 Special Physical Culture	一段 性品되로 肉體를 培養홈	
			二段 男女를 分干ㅎ야 培養홈	
			三段 職分을 爲ㅎ야 培養홈	

장(章)	대지(大旨)	고(股)	단(段)	층(層)
二章 自己를 培養홈	二大旨 培神	一股 自己의 神을 알 것 Knowledge of the Individual Spirit		
		二股 敎訓의 適合흔 理論을 알 것 Correct Theory of Education	一段 才能을 나타냄으로 進取케 홀 것	
			二段 才能을 行홈으로 進就케 홀 것	
			三段 才能을 平均케홈으로 進就케 홀 것	
			四段 習慣을 思ᄒ야 敎育ᄒ여야 홀 것	
			伍段 興味와 熱心을 思ᄒ야 進就케 홀 것	
		三股 適合흔 理論디로 自育의 應用홈 Application of the Theory to Self-Culture	一段 知能을 培養홈	
			二段 感覺을 培養홈	
			三段 意志를 培養홈	
			四段 分干ᄒᄂ 能을 培養홈	
			伍段 道德性과 하ᄂ님 恭敬홈을 培養홈	
三章 自己의 行爲를 主掌홈	一大旨 自制	一股 情慾을 制勝홈 Government of the Active Propensities	一段 體慾을 禁홀 것	
			二段 心慾을 禁홀 것	
		二股 才能을 平均케 홀 것 Balance of the Powers	一段 大度흔 性稟	
			二段 平氣의 心	
	二大旨 自主	一股 眞實홈과 至極흔 目的 The True and Noblest Purpose	一段 單純흔 目的	
			二段 合當흔 目的	
			三段 至極흔 目的	

장(章)	대지(大旨)	고(股)	단(段)	층(層)
三章 自己의 行爲를 主掌홈	二大旨 自主	二股 目的을 成就홈 The Execution of Purpose	一段 至極호 目的을 爲호야 才能을 使用호는 論	
			二段 至極호 目的을 爲호야 資料를 使用호는 論	
			三段 至極호 目的을 主掌호야 作定홀 意志를 論홈	

〈二題目 他人의게 홀 本分〉

장(章)	대지(大旨)	고(股)	단(段)	층(層)
一章 萬民과 相關된 義務	一大旨 萬民을 保守홀 義務	一股 生命의 相關된 義務 Duties Pertaining to Life	一段 人의 生命을 保存홀 것	
			二段 人의 生命을 健康호게 保存홈	
		二股 自由의 相關된 義務 Duties Pertaining to Liberty	一段 自由를 合當호게 막는 것	
			二段 自由를 合當치 안케 막음	
		三股 財政의 相關된 義務 Duties Pertaining to Property	一段 財政의 理致와 保守호는 權	
			二段 財政權의 違反	
		四股 眞實홈의 相關된 義務 Duties Pertaining to Truthfulness	一段 眞實홈이 名譽의 相關됨	
			二段 私談의 眞實홀 것	
			三段 公談의 眞實홀 것	
		伍股 同胞兄弟의게 相關된 義務 Duties Pertaining to Human Brotherhood	一段 人을 깃부게 홈	
			二段 人의 苦勞로옴을 免케 홈	
			三段 人의 罪를 容恕홈	
			四段 人의 恩惠를 報홀 것	

장(章)	대지(大旨)	고(股)	단(段)	층(層)
一章 萬民과 相關된 義務	二大旨 萬民을 發達케 홀 것	一股 萬民을 培養홈의 總則 General Principles of Social Improvement		
		二股 萬民을 培養홈의 特則 Special Principles of Social Improvement	一段 萬民을 培養홈의 至極훈 目的	
			二段 成就홀 方策	
	三大旨 萬民의 管理	一股 特別훈 管理 Special Duties of Social Control	一段 人의 自禁力을 弱ᄒ게 말 것	
			二段 人의 情慾을 活動케 말 것	
		二股 特別훈 指揮 Special Duties of Social Direction		
		三股 會와 會社를 홀 義務		
二章 家屬과 相關된 義務	一大旨 婚姻의 相關된 義務	一股 婚姻의 理致 The Nature of Marriage	一段 婚姻ᄒ는거슨 卽約條라	
			二段 婚姻은 一男一女	
			三股 婚姻은 終身토록 홀 것	
		二股 婚姻의 原因 The Origin of Marriage	一段 上帝끠셔 婚姻法을 세우신 證據	
			二段 國法도 上帝끠셔	
		三股 婚姻의 意向 The Design of Marriage	一段 婚姻ᄒ야 家屬을 일우는 거슨 社會를 淨潔케 홈	
			二段 家屬은 敎育홀 만훈 곳	
		四股 婚姻훈 後에 홀 義務 Duties Imposed by Marriage	一段 夫婦가 宜當히 홀 義務	
			二段 夫婦의 特別훈 義務	

장(章)	대지(大旨)	고(股)	단(段)	층(層)
二章 家屬과 相關된 義務	二大旨 父母와 子女의 相關된 義務	一股 父母가 子女의게 홀 義務 Duties of Parents toward Children	一段 父母가 子女를 愛홀 것	
			二段 父母가 子女를 敎育홈	
			三段 父母가 子女를 治理ᄒᆞᆫ 權勢	
		二股 子女가 父母의게 홀 義務 Duties of Children toward Parents	一段 子女가 父母를 愛홀 것	
			二段 子女가 父母의게 順良홀 것	
			三段 子女들이 順從ᄒᆞ여야홀 것	
	三大旨 主人과 役軍의게 相關된 義務	一股 主人이 代理人의게 홀 義務 Duties of Masters toward Servants		
		一股(二股를 잘못 인쇄한 것으로 보임) 役軍과 代理人이 主人의게 홀 義務 Duties of Servants toward Masters		
三章 國家의 相關된 義務	一大旨 國家에셔 홀 義務	一股 國家가 人民의게 홀 職責 Duties of the State toward its Citizens	一段 國家에셔 治理ᄒᆞᆫ 權勢	
			二段 國家의 改善ᄒᆞᆫ 일	
		二股 國家가 自國內와 外國의게 홀 職責 Duties of the State toward Itself and other States	一段 國家가 自己의게 홀 義務	
			二段 外國의게 宜當히 홀 義務	

장(章)	대지(大旨)	고(股)	단(段)	층(層)
三章 國家의 相關된 義務	一大旨 國家에셔 홀 義務	三股 國家가 上帝씌홀 義務 Duties of the State toward God	一段 上帝를 宜當히 알 것	
			二段 上帝의 法을 順從홀 것	
	二大旨 人民이 國家의게 홀 義務	一股 人民들이 國家의 保護밧음을 因ㅎ야 宜當히홀 義務 The Citizen as Protected in Freedom		
		二股 人民들이 國家에셔 홀 職責을 因ㅎ여 홀 義務 The Citizen and the National Mission		

〈三題目 上帝씌 홀 분분〉

장(章)	대지(大旨)	고(股)	단(段)	층(層)
一章 知能을 上帝씌 穩全히 밧칠 것	一大旨 義務의 宜當호 証據	一股 義務를 自知홀 것 The Obligation of Self–Evident		
		二股 義務는 아는딕셔 始作홈 The Obligation beings with Knowledge		
		三股 此義務가 一般人의게 宜當홈 The Obligation Universal		

기독교윤리학의 한국적 수용과 정립

장(章)	대지(大旨)	고(股)	단(段)	층(層)
一章 知能을 上帝끠 穩全히 밧칠 것	二大旨 義務의 限定	一股 萬物을 슯혀 工夫홀 것 Study of Material System		
		二股 人의 生理를 슯혀 工夫홀 것 Study of Human System		
		四股(三股가 편집상 생략되었거나 三股를 잘못 표기한 것으로 생각됨) 工夫홀 목적 The Aim of the Study	一段 上帝의 屬性	
			二段 상제끠셔 攝理ㅎ심	
			三段 上帝의 恩惠	
二章 感覺을 上帝끠 穩全히 밧칠 것	一大旨 義務의 宜當ㅎ 証據	一股 義務를 自然히 알 것		
		二股 처음으로 아는 것브터 始作홈		
		三股 義務는 全體로 홀 것		
	二大旨 義務의 限定	一股 하ᄂ님은 至極히 穩全ㅎ심		
		二股 하ᄂ님은 至極히 義로 오심		
		三股 하ᄂ님은 至極히 恩惠스러옴		
三章 意志를 上帝끠 穩全히 밧칠 것	一大旨 上帝를 順從홀 것	一股 順從ㅎᄂ 理致 The Nature of the Obedience		
		二股 順從ㅎᄂ 憑據 The Grounds of the Obedience	一段 上帝끠셔 人을 創造ㅎ시고 道德을 主管ㅎ심	

장(章)	대지(大旨)	고(股)	단(段)	층(層)
三章 意志를 上帝끠 穩全히 밧칠 것	一大旨 上帝를 順從홀 것	二股 順從ᄒᄂ 憑據 The Grounds of the Obedience	二段 上帝끠셔 人의 本이나 穩全호 關心이 되심	
			三段 上帝끠셔 人의 至極호 目的이 되심	
	二大旨 上帝를 敬慕홀 것	一股 祈禱홀 義務 The Duty of Prayer	一段 祈禱ᄒᄂ 義意	
			二段 祈禱의 定則	
			三段 祈禱홀 憑據	
			四段 祈禱홀 條件	
		二股 主日을 직히ᄂ 義務 The Duty of Sabbath Observance	一段 主日의 源	
			二段 主日을 직히ᄂ 意向	
			三段 主日을 宜當히 직힐 証據	
			四段 主日을 合當히 직힘	
	三大旨 上帝끠셔 維新케 ᄒ신 方策을 밧을 것	一股 個人이 維新케 ᄒ신 方策을 밧고 하ᄂ님을 恭敬홈 Personal Acceptance and Devotion		
		二股 一般人이 維新케 ᄒ신 方策을 밧고 하ᄂ님을 恭敬홈 Acceptance and Devotion for Mankind		

기독교윤리학의 한국적 수용과 정립

참고문헌

초기 교리서

『셩경문답』(1890)

『그리스도문답』(1893)

『셩교촬리』(1893)

『미이미 세례문답』(1895)

신학교 및 기독교계 교과서

Hardie, R. A. (1926), 『기독교 사회사상』, 조선예수교서회.

______(1929), 『그리스도륜리표준』, 조선예수교서회.

Rauschenbush G. (1930), 『예수의 사회훈』, 조선예수교서회.

Soltau, T. Stanly (1936), 『신자생활의 첩경』, 조선예수교서회.

Stalker, James (1929), 『그리스도 모범』, 조선예수교서회.

Swallen, William L .(1919), 『도덕학』, 조선예수교서회.

『윤리학등사본 1』, 장로회신학대학교 도서관 소장.

『윤리학등사본 2』, 장로회신학대학교 도서관 소장.

한국의 서양사상 수용문제와 관련된 연구들

간하배(1997), 『한국장로교신학사상』, 개혁주의신행협회.

강영안(2002), 『우리에게 철학은 무엇인가: 근대, 이성, 주체를 중심으로 살펴본 현대 한국철학사』, 궁리.

김광열(2013), "총신에서 조직신학 논의", 『신학지남』 317호(2013. 12).

김명배(2010), 『세계교회사 전통에 비추어본 한국 기독교사』, 북코리아.

김영재(2004), 『한국교회사』, 이레서원.

김위성(2000), "서양철학의 파악과 연구에 있어서 일본의 영향", 『韓國民族文化』 16집, 부산대학교 한국민족문화연구소.

김재현(2002), 『한국사회철학의 수용과 전개』, 동녘.

민경배(2012), 『글로벌시대와 한국, 한국교회』, 대한기독교서회.

______(2007), 『교회와 민족』, 연세대학교 출판부.

______(1988), 『韓國基督敎 社會運動史』, 大韓基督敎出版社.

______(2007), 『한국기독교회사』, 연세대학교 출판부.

박영식(1972), "인문과학으로서 철학의 수용 및 전개 과정", 『인문과학』 20집, 연세대인문과학연구소.

박종홍(1969), "서구사상의 도입 비판과 섭취", 『아세아연구』 35집.

박형룡(1930), "無神論의 活動과 基督敎의 對策", 『神學指南』(1930. 7).

______(1928), "次代에 宗敎는 消滅될가?", 『神學指南』 10권 3호(1928. 5).

백낙준(2002), 『한국개신교사』, 연세대학교 출판부.

______(2003), 『현대 한국사회의 철학적 문제: 윤리개념의 형성』, 철학과현실사.

백종현(1998), 『독일철학과 20세기 한국의 철학』, 철학과현실사.

서울대 종교문화연구소 편(2006), 『종교와 역사』, 서울대학교 출판부.

서울대학교 철학사상연구소 편(1994-1996), 『철학사상』 4-6집.

신오현(1988), "한국철학연구의 반성과 전망", 『철학의 철학』, 문학과지성사.

______(1988), "한국적 주체성과 한국철학", 『철학의 철학』, 문학과지성사.

심재룡 편(1986), 『한국에서 철학하는 자세들』, 집문당.

안수강(2014), "길선주의 성화론 연구", 『한국교회사학회지』 39집.

______(2012), "이수정의 信仰告白와 宣教師派送呼訴文 문헌 분석", 『한국교회사학회지』 33집.

______(2014), "최양업(崔良業)의 서한(書翰) 소고", 『역사신학논총』 27집.

옥성득(1999), "초기 한국 북감리교의 선교신학과 정책: 올링거의 복음주의적 기독교 문명론을 중심으로", 『한국기독교와 역사』 11호.

용환규(2011), "한국장로회 신앙고백 연구", 백석대학교 기독교전문대학원 박사학위논문.

우리사상연구소 편(1999), 『이 땅에서 철학하기』, 솔.

유초하(1995), 『한국사상사의 인식』, 한길사.

윤사순 · 이광래(2001), 『우리 사상 100년』, 현암사.

이광래(2003), 『한국의 서양사상 수용사』, 열린책들.

이기상(2002), 『서양철학의 수용과 한국철학의 모색』, 지식산업사.

이만열(2000), 『한국기독교와 민족의식』, 지식산업사.

______(1998), 『한국 기독교 수용사 연구』, 두레시대.

______(2001), 『한국기독교와 민족통일운동』, 한국기독교역사연구소.

______(1992), 『한국 기독교 문화운동사』, 대한기독교출판사.

이명현(1979), "한국철학의 전통과 과제", 『이성과 언어』, 문학과지성사.

이영헌(1983), 『한국기독교사』, 컨콜디아사.

이종국(2001), 『한국의 교과서 출판 변천 연구』, 일진사.

이태우(2010), "일제강점기 한국철학자들의 철학관: 신문, 잡지를 중심으로", 『인문연구』 58호, 영남대학교 인문과학연구소.

이한우(1995), 『우리의 학맥과 학풍』, 문예출판사.

이화여자대학교 한국문화연구원 편(2003) 『철학연구 50년』, 혜안.

정종(1959), "한국 철학자의 철학연구의 동기에 대한 고찰", 『백성욱 박사 송수기념 불교학논문집』.

______(1974), "韓國의 現代思想에 미친 西洋哲學의 影響: 韓國에 있어서의 西洋哲學硏究의 諸 傾向(1931-1968)", 『哲學硏究』 19권.

______(1967), "한국철학계에 있어서의 미국철학의 수용과 영향", 『아세아연구』 10집.

조요한(1972), "한국에 있어서의 서양철학 연구의 어제와 오늘", 『사색』 3집, 숭전대학교 철학과.

______(1988), "서양철학의 도입과 그 연구의 정착", 『서의필 선생 회갑기념 논문집』.

조희영(1968), "韓國의 現代思想에 미친 西洋哲學의 影響", 『龍鳳論叢』, 全南大學校.

______(1974), 『現代韓國의 前期 哲學思想硏究』, 전남대학교 박사학위논문.

______(1974), "韓國의 現代思想에 미친 西洋哲學의 影響: 韓國에 있어서의 西洋哲學硏究의 諸傾向(1931-1968)", 『哲學硏究』 19권.

______(1975), "현대 한국의 전기 철학사상연구", 『龍鳳論叢』 4집, 全南大學校.

______(1977), "한국과 일본에 있어서의 서양철학의 수용형태에 관한 비교연구", 『용봉논총』 7집.

______(1982), "현대 한·일 철학사상의 비교연구: 1930년대 박종홍과 미끼 기요시(三木淸)의 철학사상을 중심으로", 『용봉논총』 9집.

______(1990), "서양철학 수용 이후의 한국철학", 『한국철학종교사상사』, 원광대학교 종교문제연구소.

______(1993), "서구 사조의 도입과 전개: 철학 사조를 중심으로", 『한국사상대계』 6권, 한국정신문화연구원.

주상희(1991), "한국철학서적출판에 대한 실태분석: 해방 이후부터 1990년까지", 중앙대학교 신문방송대학원 석사학위논문.

진교훈 "서양철학의 수용과 전개", 한국철학회 편, 『한국철학사(하권)』, 동명사, 1987.

______(1987), "서양철학의 전래기", 『한국철학사(하권)』, 동명사.

채필근 편(1971), 『한석진 목사와 그 시대』, 대한기독교서회.

철학연구회 주최, "현대 사회와 철학의 정체성", 1996 가을 연구발표회.

철학연구회 주최, "동서철학의 수용과 한국철학의 정립", 1997 봄 연구발표회.

철학연구회 주관, "'동서철학의 융합' 프로젝트 추진", 1997 가을.

최재석(1977), "1930년대의 사회학 진흥운동", 『민족문화연구』 12호.

특집-철학원전 번역을 통해 본 우리의 근현대; 〈특집부록〉 서양철학 자료 총목록.

학술원(1987), 『학술총람』 철학 2(1975-1985).

학술원(1975), 『학술총람』 철학편(1901-1974).

한국기독교역사연구소 편(2007), 『한국기독교의 역사 II』, 기독교문사.

한국철학회 편(2000), 『한국철학의 쟁점』, 철학과현실사.

한국철학사상연구회, 『시대와 철학』 14권 2호, 2003년 가을.

     기독교윤리학의 한국적 수용과 정립

한국 기독교윤리학의 수용사 관련 연구

단행본

강명숙(1999),『일제하 한국 기독교인들의 사회경제사상』, 백산자료원.

고재식(1990),『기독교윤리학 방법론』, 대한기독교출판사.

길진경(1980),『영계길선주』, 종로서적.

김봉희(1999),『한국 개화기 서적 문화연구』, 이화여자대학교 출판부.

김상태 편역(2001),『윤치호 일기』, 역사비평사.

김양선(1971),『한국기독교사 연구』, 기독교문사.

김인수 편(2003),『사료 한국신학사상』, 장신대학교 출판부.

김인수(1998),『한국기독교회의 역사』, 장로회신학대학교.

김태길(2010),『한국윤리의 재정립』, 철학과현실사.

노고수(1981),『한국기독교 서지연구』, 예술문화사.

맹용길(1998),『기독교윤리 실천방법론』, 장로회신학대학교 출판부.

______(1993),『한국 기독교 윤리사상(Ⅰ)』, 장신대학교 출판부.

______(1994),『한국 기독교 윤리사상(Ⅱ)』, 장신대학교 출판부.

민경배(1987),『한국기독교사회운동사』, 대한기독교출판사.

박봉배(1983),『기독교윤리와 한국문화』, 성광문화사.

박용규(2004),『한국기독교교회사(1, 2)』, 생명의말씀사.

박정신(2004),『한국 기독교사 인식』, 혜안.

박충구(1995),『한국사회와 기독교 윤리』, 성서연구사.

손규태(1998),『개신교 윤리사상사』, 대한기독교서회.

송길섭(1997),『한국신학사상사』, 대한기독교출판사.

숭실대학교 100년사 편찬위원회(1997),『숭실대학교 100년사(1권 평양숭실편)』, 숭실대학교
　　　출판부.

숭실대학교 부설 한국기독교문화연구소 편(1992),『**韓國基督敎**와 **倫理**: 생활 속의 기독교윤리』,
　　　숭실대학교 출판부.

숭실대학교 한국기독교박물관 학예과(2007),『한국기독교박물관 소장 기독교 자료 해제』, 숭실

대학교 한국기독교박물관.

유경동(2011), 『한국 감리교 사상과 기독교 윤리』, 감리교신학대학교 출판부.

유동식(2000), 『한국신학의 광맥: 한국신학사 서설』, 다산글방.

이덕주 · 조이제(1994), 『한국그리스도인들의 신앙고백』, 한들.

이덕주(2001), 『한국 토착교회 형성사 연구』, 한국기독교역사연구소.

이만열(1987), 『한국기독교문화운동사』, 대한기독교출판사.

이성삼(1992), 『韓國監理敎會史』, 기독교대한감리회 본부교육국.

이장식(1984), 『대한기독교서회 백년사』, 대한기독교서회.

______(1966), "韓國 倫理思想과 基督敎 神學", 『기독교사상』 104호(1966. 12).

이종성(1992), 『윤리학Ⅰ』, 대한기독교출판사.

장동민(1998), 『박형룡 신학연구』, 한국기독교역사연구소.

전택부(1979), 『한국 에큐메니칼 운동사』, 한국기독교교회협의회.

정규훈 편저(2004), 『한국근대와 기독교』, 그리심.

조경현(2011), 『초기 한국장로교 신학사상: 평양 장로회신학교 교수단을 중심으로』, 그리심.

조경현(2006), "한국 초기 미 북장로교 선교사들의 신학의 뿌리", 『敎會史學』 6집.

한국기독교역사연구소(1990), 『한국 기독교의 역사』, 기독교문사.

한국기독교윤리학회 편(2010), 『기독교윤리학 개론』, 대한기독교서회.

현영학 외(1986), 『한국문화와 기독교윤리』, 문학과지성사.

논문

강원돈(2003) "한국기독교의 어제와 오늘", 『신학연구 50년』, 도서출판 혜안.

김양선(1968), "한국기독교 초기 간행물에 대하여", 『사총』 12 · 13 합집.

박충구(1999), "한국기독교의 윤리 성향에 대한 비판적 고찰", 『해석과 윤리』 3권, 한들.

박용규(1974), "평양신학교 초기편사", 『신학지남』 165호.

배석원(2000), "한국 도덕 · 윤리 교육의 형성과 구조", 『한국 도덕 · 윤리 교육백서』, 한울.

백종구(2001), "초기 개신교 선교부의 사회윤리", 『교회사학』 1권 1호, 한국교회사연구원.

성갑식(1960), "기독교윤리의 원리와 적응", 『기독교사상』, 1960년 3월.

   기독교윤리학의 한국적 수용과 정립

이영숙(1992), "진보적 개신교 지도자들의 사회 변동 방안 연구", 한국사회사연구회 편, 『현대 한국의 종교와 사회』, 문학과지성사.

이장식(1966), "한국 윤리사상과 기독교 신학", 『기독교사상』 10권 11호.

이장형(2014), "신자생활의 첩경을 통해 본 일제강점기 기독교인들의 기독교윤리 인식", 『기독교사회윤리』 29집, 한국기독교사회윤리학회.

______(2009), "한국기독교 초기 윤리학교과서 문헌해제 및 한국적 수용과정 연구", 『기독교사회윤리』 18집.

이장형 · 안수강(2014), "그리스도륜리표준에 나타난 인간본분과 실천윤리", 『신학과 실천』 41집, 한국실천신학회.

______(2015), "그리스도 모범에 기독교사회윤리: 국가관과 노동관을 중심으로", 『기독교신학논총』 96집, 한국기독교학회.

조만식(1936), "청년이여 앞길을 바라보라", 『삼천리』 11호(1936. 1).

현영학(1958), "기독교 윤리의 근본문제", 『기독교사상』 2권 3호(1958. 3).

출판, 도서관학 및 일제강점기의 사회사 관련

강명관(1999), "근대 계몽기 출판운동과 그 역사적 의의", 『민족문학사연구』 14호, 민족문학사연구소.

강상중 · 이경덕 외 역(1997), 『오리엔탈리즘을 넘어서』, 이산.

강윤호(1975), 『개화기의 교과용도서』, 교육출판사.

곽동철(1986), "일제 치하 도서검열과 도서관에서의 지적 자유에 관한 연구", 연세대학교 석사학위논문.

김경일(1997), 『한국 근현대사에서 근대성의 경험과 근대주의, 현대사상 2』, 현대사상사.

김근수 편(1974), 『일제치하 언론출판의 실태』, 영신한국학아카데미.

______(1973), 『한국잡지 개환 및 호별 목차집』, 한국학연구소.

김남석(1991), 『일제하 공공도서관의 사회교육활동』, 계명대학교 출판부.

김도형(1994), 『대한제국기의 정치사상연구』, 지식산업사.

김동춘(2000), 『근대의 그늘: 한국의 근대성과 민족주의』, 당대.

김영모(1982), 『한국 지배층 연구』, 일조각.

김진규·정근식 외(1997), 『근대 주체와 식민지 규율권력』, 문화과학사.

김진송(1998), 『현대성의 형성: 서울에 딴스홀을 허하라』, 현실문화사.

김화영(1994), "책, 독서, 교육", 고은 김우창·유종호·이강숙 편, 『책, 어떻게 읽을 것인가』, 민음사.

노영택(1994), "일제시대의 文盲率 추이", 『국사관논총』 51집, 국사편찬위원회.

노인화(1995), "애국 계몽운동", 『한국사 12』, 한길사.

동아일보사 편(1976), 『일정하의 금서 33권』, 동아일보사.

배성준(2000), "'식민지 근대화' 논쟁의 한계 지점에 서서", 『당대비평』 13집, 삼인.

백운관·부길만(1992), 『한국출판문화 변천사』, 타래.

신용하(1987), 『한국 근대 사회 사상사 연구』, 일지사.

신동우(1970), "신소설에 반영된 서구 문화 수용의 형태", 『동서문화』 4집, 계명대학교 동서문화연구소.

윤해동(2007), "식민지 인식의 '회색지대'를 위한 변증", 『역사와 현실』, 2007-12집, 한국역사연구회.

이광린(1999), 『한국 개화사 연구(전정판)』, 일조각.

이기훈(2001), "독서의 근대, 근대의 독서", 『역사문제연구』 7집, 역사문제연구소.

이대위(1924), "기독교가 현대자본주의제도에 대ㅎ야 취ㅎ 태도", 『기독신보』, 1924. 1. 10.

이만열(2001), "한말, 일제 강점기의 지식인", 장회익·임현진 외, 『한국의 지성 100년』, 민음사.

이재영 편(2006), 『제90회 총회 회의결의 및 요람』, 대한예수교장로회총회.

이화여대 한국문화연구원 편(1999), 『대한제국사 연구』, 백산자료원.

장로회신학대학교편집위원회 편(2008), 『장로회신학대학교 역사화보집(제1권)』, 장로회신학대학교.

정재철(1985), 『일제의 대한국식민지교육정책사』, 일지사.

조기준(1970), "개화기의 서적상들", 『월간중앙』, 1970. 9, 중앙일보사.

한국교육개발원(1997), 『한국근대 학교교육 100년사 연구: 일제시대의 학교교육』, 한국교육개발원.

구노 오사무, 쓰루미 유스케, 심원섭 역(1994), 『일본 근대사상사』, 문학과지성사.

"감리교협성신학교일람표", 『신학세계』 7권 1호(1922. 1).

"구약성경에 現훈 사회주의 1-5", 『기독교신보』 1923. 8. 29~9. 19.

"그리스도교의 사회성", 『기독신보』, 1924. 4. 2.

"사회에 대한 그리스도교의 본질", 『기독신보』, 1924. 2. 6~2. 13.

"신학교과정", 『신학지남』 3권 1호(1920. 4).

"예수와 社會運動", 『기독신보』, 1923. 10. 24.

Nightinggale, V., 박창희 외 역(2001), 『수용자 연구』, 커뮤니케이션북스.

Ong, Walter J., 이기우 · 임명진 역(1995), 『구술문화와 문자문화』, 문예출판사.

Robinson, M., 김민환 역(1999), 『일제하 문화적 민족주의』, 나남출판.

Annual Catalogue of Presbyterian Theological Seminary of the Northwest, Chicago, Illinois. 1874-1875, Chicago: Steam Press of Birney Hand & Co., 1875.

Appletons' Encyclopeia of American Biogralhy, edited by James Grant Wilson and John Fiske, New York: Appleton, 1888-1889.

한지진의 윤리학 연구 관련 문헌(연대순 단행본 · 논문)

『종교개혁사요』, 철학연구사, 1933.

『(增補)윤리학개론』, 철학연구사, 1934.

『기독교인생관』, 철학연구사, 1934.

『宗敎哲學槪論』, 철학연구사, 1934.

『(정정)윤리학개론』, 조선문화연구사, 1948.

『宗敎哲學』, 조선문화연구사, 1949.

『현대사회문제』, 조선문화연구사, 1949.

『東西文化哲學』, 조선문화연구사, 1949.

"동적생활주의로 본 도덕문제", 『조선지광』 65호, 1927.

"價値的 判斷의 意義", 『신생』 2권 10호, 1929.

"自由와 責任問題", 『청년』 10권 5호, 1930.

"基督敎의 道德觀", 『신학세계』 17권 6호, 1932.

"基督敎 倫理",『신학세계』 17권 12호, 1932.

"신학연구: 기독교윤리",『신학세계』 17 · 18권 합호(1932).

"良心의 起源과 誤錯問題",『청년』 12권 8호, 1932.

한치진의 철학사상에 관한 연구

권용혁(1999), "서구 철학의 수용과 "현실": 신남철, 박치우, 박종홍을 중심으로", 한국철학회 발표논문.

이만열(2002), "한말 · 일제 강점기의 지식인", 〈교수신문〉 창간 7주년 기념 학술세미나 − 한국 지성의 회고와 성찰: 근현대사 100년을 중심으로.

이장형(2012), "한치진을 통해 본 한국 기독교사상계의 기독교윤리 이해",『기독교사회윤리』 24집, 한국기독교사회윤리학회.

이진구(2006), "한국 근대 개신교 지식인의 종교인식",『종교와 역사』, 서울대학교 출판부.

이초식(2000), "귀납논리와 20세기 한국의 논리교육", 이초식 외,『귀납논리와 과학철학』, 철학과현실사.

정준영(2003), "근대 한국 사회에서 서양 중세 철학의 수용과 번역의 문제: 개화기에서 1953년까지의 시기를 중심으로",『시대와 철학』 14권 2호, 한국철학사상연구회.

하동호(1975), "한치진연구문헌지 1: 1945. 8. 15. 이전 분",『공주사범대학 논문집』 12권.

______(1980), "한치진연구문헌지 2" 1945. 8. 15. 이후 분",『공주사범대학 논문집』 18권.

______(1990), "韓稚振硏究文獻志",『古書硏究』 7집, 韓國古書硏究會.

홍정완(2010), "일제하 해방 후 한치진의 학문체계 정립과 민주주의론",『역사문제연구』 24호.

황필홍 · 이병수(2003), "50년대까지 영미철학의 수용과 용어의 번역",『시대와 철학』 14권 2호, 한국철학사상연구회.

 기독교윤리학의 한국적 수용과 정립